ちくま学芸文庫

フィレンツェ史 上

ニッコロ・マキァヴェッリ
在里寛司 米山喜晟 訳

筑摩書房

目次

献辞……7
序文……11
第一巻……17
第二巻……101
第三巻……203
第四巻……285
訳注……363

凡例

一、本書は『マキァヴェッリ全集3』（筑摩書房、一九九九年四月二十日）所収の「フィレンツェ史」を文庫化したものである。
二、訳出にあたっては、ウテット版（アレッサンドロ・モンテヴェッキ監修、トリノ、一九七一年）を用い、リッチャルディ版（マリオ・ボンファンティーニ監修、ミラノ・ナポリ、一九六三年）を参照した。
三、本文中〔　〕内は訳者による補注である。
四、人名をマキァヴェッリはかなり独特のスペルで記している。原則として一度目だけはマキァヴェッリのスペルのまま表記し、その下に〔　〕で通例の表記を併記した。二度目からは通例の表記を用いている。たとえば一度目は「パーゴロ〔パオロ〕・グイニージ」、二度目からは「パオロ・グイニージ」と表記した。
五、本文中の改行はテキストに沿うものではなく、読み易さを考慮して適宜施した。

フィレンツェ史　上

献辞

至聖にして至福なる、私たちの父
教皇クレメンス七世(1)聖下に、

従順なる下僕ニッコロ・マキァヴェッリより

至聖にして至福なる、私たちの父たる聖下が、まだ枢機卿であらせられたころ、フィレンツェの市民によって行われた事蹟を書くようにと、不肖私にお命じ下さいました。そこで私は、自然と経験によって私に貸し与えられた勤勉さと技能のすべてを、お心を満たすために投じてまいりました。こうして書き進めますうちに、ついに偉大なるロレンツォ・デ・メディチ殿の死によってイタリアの政体が一変し、その後の事態はさらに高度でかつ大規模となり、したがって、より高度で広大な精神で書かれるべき時代まで到達いたしました。かくて私は、聖下ご自身で蒔かれた種と私の労苦との成果の、いくぶんかをご賞味し始めていただくため、これまで記してまいりましたすべての部分を一書にまとめ、聖下に献上することが好ましい、と判断いたしました。

こうして聖下は、それらの各巻をお読み下さるとき、まずローマ帝国が西方においてその力を失った後、どのような破壊に遭い、どのような君主の下でイタリアがその政体を変化させたかを、ご覧になることでしょう。また、どのようにして教皇、ヴェネツィア市民、ナポリ王国、ミラノ公国がその地方の至高の地位と支配権を獲得したかをお読みになり、さらに聖下の祖国が国家の分裂によって皇帝の支配下から独立いたしましたものの、聖下のご実家の保護下での統治が始まるまでの間、いかに分裂したままであったかを、ご覧になることでしょう。

そして、聖下のご先祖がなされた事蹟を記す場合には、（皆さまにとって、人びとの真実の賛辞を聞くことが好ましければ好ましいほど、好意を得るために書かれた、偽りの賛辞が聖下には厭わしいものですので）あらゆる阿諛《あゆ》を近づけないよう気をつけることを、聖下は私に対して特に念入りに注文され、お命じになりましたので、ジョヴァンニの善良さ、コジモの叡智、ピエロのやさしさ、ロレンツォ(2)の偉大さと深慮などを叙述いたしました際に、聖下のご命令を私が無視したと聖下のお目に映りはしないかと、大いに恐れている次第です。そこで私は、聖下をはじめとするいかなるお方に対しても、こうした事がらの記述は、もしそれが信用できないものだった場合には、いかに不愉快なものであるかということで弁明しておきたいと思います。なぜなら、私はさまざまな時代に、それを記した人びとの記録が、聖下のご先祖への賛辞で溢れていることを見出して、見たとおりにそのまま記すか、指をくわえて沈黙するか、のいずれかを選ばなければならなかったからです。

そこで、もしもご先祖の方がたの立派な行為の下に、ある人びとが言うような公共の利益に反する野心が隠されていた場合には、私がいったんそれを知った以上、聖下のために遠慮して書かないでおくような真似は決してしないことに致しました。なぜなら、私のあらゆる叙述において、不正な行為が正しい意図を口実にして覆い隠されたり、賞賛されるべき行為が、実は反対の目的でなされたものとして、隠されてしまうようなことを私は決して望まなかったからです。

しかし私が、どんなに阿諛から遠ざかっているかは、私のフィレンツェ史のあらゆる部分で分かることでありまして、とりわけ直接、間接に引用される演説や私的な議論において、それが明らかです。つまり、それらは言葉も語順もそのままで、話している人物の気質の美点を、何の留保もなしにそのまま止めているからです。私は、歴史の尊厳と真実にとってあまり必要ではない憎悪のこもった言葉を、あらゆる箇所でうまく避けるように努めました。だから、私が書いた物を正しく考慮する人は、だれ一人として私の記述を、阿諛する者の作品だ、などと非難することはできないはずです。私が多くを語らなかった聖下のお父上についての記録を見るとき、とりわけそのように思うはずです。その原因は、お父上の寿命が短かったがために、世に御名を知られることが不可能だったことと、私も叙述によってそのお姿を描くことができなかったことによるものです。しかし、聖下をお生ませになったことによって、お父上のご功績はきわめて偉大で素晴らしいものでした。そのご功績は、何代もの長きにわたるご先祖の、あらゆるご功績にも匹敵するものでありました。それはお父上の非運も、その寿命を奪い取ることがなかった名声を、さらに何世紀にもわたって追加することになるでしょう。

至聖にして至福なる父よ、したがって私は、以下の私の記述におきまして真理を汚すことなく、あらゆる人びとを満足させようと試みました。しかし、おそらくだれ一人として満足させることができないことでしょう。もしそうだったとしても、たぶん私は驚かないでしょう。なぜなら大勢の人びとを怒らせずに、彼らの時代について記すことは不可能だ、と私は判断しているからです。それにもかかわらず、私は喜んで戦場に立つことにいたしました。それは、まさに自分が聖下の優しさによって重んじられ、養われているのと同様に、至聖なるご判断という軍団によって、援助され防御されることを期待しているからです。そして、現在まで書き進めて参りました意志と信念を持ちまして、生命が私から離れ、また聖下が私をお見放しになる時まで、私は自分の企てを続けてまいりましょう。

序文

フィレンツェ市民によって都市の内外でなされた事蹟を書こうと考えたとき、当初の私のつもりでは、キリスト教暦一四三四年、メディチ家がコジモとその父ジョヴァンニの功績によって、他のどの家よりも権威を得た時点から私の叙述を始めるはずだった。なぜなら私は、リオナルド〔レオナルド〕・ダレッツォ殿とポッジョ殿(1)という二人のとても優れた歴史家が、この時以前に起こったあらゆる事件をくわしく記しているもの、と思いこんでいたからである。

しかし、その後私は、それらの著作を真似ることによって、私の歴史が読者からよりいっそう認められたいと考えて、彼らがどのような順序と方法とでその記述を進めたかを見るために、それらを丹念に読んでみたところ、彼らはフィレンツェ人が外国の君主や人民相手に行った戦争についての記述ではきわめて勤勉であるが、内乱や内輪同士の敵意、そしてそこから生じた結果については、全体のうちのある部分では沈黙し、他の部分でも読者に何らの利益も喜びももたらさないような、簡潔な仕方で記していることを発見した。

彼らがそうしたわけは、そうした行動が彼らにはあまりにもつまらない出来事に見えたために、文字で記録するに値しないと判断したためか、もしくはそうした叙述によって中傷されざるをえない人びとの子孫を怒らせることを恐れたためだ、と私は考える。そうした二つの理由は、(別に彼らを咎める気はないけれども)偉大な人物にはまったくふさわしくないもののように思われる。なぜなら、もしも歴史において、何か人を楽しませたり、人にものを教えたりすることがあるとすれば、それこそ特に書かれるべき事がらだからである。また共和国を統治する市民にとって、何か有益な教訓があるとすれば、それは他人の経験によって賢明になり、団結が保てるよう、憎しみや都市の分裂の原因を示す事がらだからである。そして、あらゆる共和国の実例が興味を引くとすれば、自分の共和国について読むことは、それよりもはるかに多くの興味を引き、またはるかに有益である。

もし何らかの共和国の分裂が注目に値するならば、フィレンツェの分裂は特に注目に値する。なぜなら、それに関して何らかの情報が得られる他の共和国の大部分では、事件の成行き次第で彼らの都市をときには発展させ、またときには破滅させた一つの分裂で満足しているのに対して、フィレンツェは一つで満足するどころか、多くの分裂を抱えていたからである。

周知のとおり、古代ローマでは王が追放された後、貴族と平民の間で分裂が生じて、その分裂のおかげでローマはその滅亡まで存続した。アテナイも同様であり、この当時繁栄していたあらゆる共和国でも同様だった。(2) しかしフィレンツェの場合、まず最初に貴族の間で分裂し、続いて貴族と平民の間で分裂し、そして最後に、平民と下層民の間で分裂した。多くの場合、両派の内で優位に立って生き残ったほうの党派が、二つに分裂するという事態が生じた。そうした分裂から、記録が得られるいかなる都市にも生じなかったほど、多数の死者と亡命者と家族の破壊とが生じた。

そして実際、私の判断では、どんなに偉大でこのうえなく有力な都市でも、破壊する力があったであろうこれらの分裂による実例ほど、私たちの都市の能力を証明する実例は、ほかにはないように思われる。にもかかわらず、私たちの都市はますます大きくなっていったようである。彼ら自身とその祖国を偉大にするその市民たちの力量と、彼らの才能や意欲の力たるや大したもので、数々の不幸を免れた多くの人びとは、彼らを減少させたかもしれないそれらの災厄の害が祖国を圧迫できた以上に、彼らの力量によって祖国を高めることができたのだった。

もしも、フィレンツェが皇帝権から解放された後に、その統一を保持しうるような政体を取るという幸運を得ていたら、疑いなく古代と現代のいずれにおいても、それに優る共和国を私は知らなかったことだろう。それほどまでに、その軍事力と勤勉の力は充実していたはずである。

なぜなら、トスカーナとロンバルディーアに満ち溢れるほど多数のギベッリーニ党員[3]を追放した直後、すなわちカンパルディーノ戦争[4]の日の一年前に、グェルフィ党員[5]が市内に残った人びととともに、アレッツォとの戦争[6]に、フィレンツェの市民だけで騎兵千二百騎と歩兵一万二千人を市から動員しているからである。さらにその後、ミラノ公フィリッポ・ヴィスコンティ[7]に対する戦争[8]では、すでに当時自分の軍隊を失っていたために自軍によってではなく、才覚によって事態に対処せねばならなかったので、その戦争が続いた五年間に、なんと三百五十万フィオリーノもの金を使ったことが知られている。しかも、その戦争が終わったとき、フィレンツェ市民は平和に暮らすことでは飽きたらず、自分たちの都市にはまだ余力があることを示すために、ルッカに出陣[9]しているのである。

したがって私は、こうした分裂が特別記録するに値しないと決めつけるような、いかなる理由も知らないのである。また、もしもあの最高の歴史家たちが、彼らが論じなければならない人びとの記憶を傷つけるからという理由で遠慮したのだとすれば、彼らは誤っており、人間の野心や、自分たちの先祖と自分たち自身の名前を永遠のものにしたいという、人びとの願望を彼らがほとんど知らないことを証明している。彼らは多くの人びとが、何らかの賞賛すべき事蹟によって名声を得るチャンスがない場合、恥ずべき出来事によってなんとかそれを得ようとすることをも悟っていないのである。そして彼らは、政治や国家に関する事件がそうであるような、それ自体の内に偉大さを含む行動は、たとえそれがどんな結末に至ろうとも、とにかくそれに関係してさえいれば、人びとに非難よりもむしろ名誉をもたらすことをも考慮していないのである。

以上のような事情を考慮した結果、私は当初の意図を変更して、自分の歴史を私たちの都市の起源から書き始めることに決めた。他人の領域を侵すことが私の本意ではないので、一四三四年までは市内で起こった事実だけを細かく記していくことにしたい。市外における出来事は、市内の出来事を理解するのに必要な事実を語るだけに止めよう。その後、一四三四年を過ぎた時点の出来事については、内外双方の事がらをくわしく記したい。こうした事実に加えて、この歴史がよりよくあらゆる時代について理解されるよう、フィレンツェのことを記す前に、いかなる経過でイタリアが、当時それを支配していた君主たちの支配下に入ったかを記しておく。そうした出来事は、イタリアに関することでも、フィレンツェに関することでも、最初の四巻のうちに終わるであろう。

第一巻は、ローマ帝国の滅亡から一四三四年までの間にイタリアで起こったすべての事件を、簡潔に語るであろう。第二巻はフィレンツェ市の起源から、アテネ公[10]の追放後に教皇に対して行なった戦争[11]を叙述することになるであろう。第三巻は一四一四年のナポリ王ラディスラーオ[12]の死とともに終わる。そして第四巻で一四三四年に到達する。その時点以後の時代については、私たちの生きている現代にいたるまで、フィレンツェの内外で起こった出来事が詳細に記されるであろう。

第一巻

1

ライン川とドナウ川の北方地域に住んでいた諸民族は、生殖に適した健康な地方に生まれたために、人口が何倍にも増えて莫大な数に達したので、その一部は生まれた祖国を捨てざるをえなくなり、住むための新しい国を探さねばならなくなった。その際、彼らが採用した方式とは、住民の人口の圧力を緩和したいと望む地方のうちの一つで全体を三分して、各部分に貴族と平民、金持と貧乏人とが均等に割り当てられるように分割することだった。その後、抽籤によって決められたそのうちの一つの部分が幸運を探しに出発し、残りの二つの部分は止まり、第三の部分の重圧から解放されて祖国の富を享受した。ローマ帝国の支配を打倒したのは、まさにこうした民族であった。

彼らにチャンスを与えたのは、帝国のかつての本拠であったローマを捨てて、コンスタンチノープルに引きこもった皇帝たちであった。つまり彼らは、帝国の西方部分を、自分たちの監視からもっと遠ざけるとともに、いっそう自らの属僚や宿敵による略奪の手にさらすことによって、さらに弱体化させてしまったのである。

実際、いくたの優れた人物の血の上に築かれたこれほどの帝国の支配を滅ぼすためには、君主たちの怠惰、属僚たちの不忠、そしてそれを攻撃した連中の力や執拗さのうち、どれ一つとして欠かすわけにはいかなかったであろう。なぜなら、それらを滅亡させるために協力したのは、一つの民族ではなくて、多数の民族だったからだ。ローマ市民マリウス(1)によって撃滅されたキンブリ族(2)以後、帝政に立ち向かった最初の北方の民族は、ヴィジゴート〔西ゴート〕(3)族であった。彼らの言葉では、そういう変わった呼ばれ方をしていたが、その名前は私たちの言葉では西方のゴート人という意味にほかならない。

彼らは帝国領の国境で何度か紛争を繰り返した後、皇帝たちの譲歩によって長い間ドナウ川の河畔に本拠を構えていた。さまざまな原因によって、彼らはいろいろな時に何度となくローマ領に攻撃を加えたが、そのつど皇帝たちの力によって喰い止められてきた。そして、彼らを見事に撃破した最後の皇帝がテオドシウス(4)であった。その結果、彼らはその支配下に属し、自分たちの上にはいかなる王も戴かず、彼らに認められた俸給で満足して、テオドシウスの支配と旗印の下で暮らし、そして戦っていた。

しかしテオドシウスが死ぬと、帝権の相続人である彼の息子アルカディウスとホノリウス[5]が残されたが、父の力量も幸運も相続はされずに、君主とともに時代も変わった。テオドシウスによって、帝国の三つの部分に三人の知事が任命されていた。東部にルッフィヌス、西部にスティリコ、アフリカにギルドヌス[6]である。皇帝の死後、三人とも知事として治めるよりも、君主としてそれらの地方を所有しようと考えた。そのうちルッフィヌスとギルドヌスは、初期に彼らの主君によって抹殺された。

しかしスティリコは、その野心を隠しおおせたので、新皇帝たちの信用を得ようと努めながら、一方では彼自身が後により容易にその国家を占有できるよう、彼らを混乱させようと試みた。そして、西ゴート族を彼らの敵に変えるため、もう恒例の皇帝からの贈り物を彼らに与えなくともよい、と皇帝に助言した。そのうえ、彼にはこの敵だけでは帝政を混乱させるのに十分ではないと思われたため、いずれも同様に北方の民族で、すでに新しい土地を求めて動きだしていたブルグンド族、フランク族、ヴァンダル族、アラン族[7]に、ローマの属州を攻撃するよう勧めた。

こうして、恒例の贈り物を失った西ゴート族[8]は、そうした侮辱に復讐する際によりよく統制が取れるよう、アラリックを自分たちの王に選出した。そして帝国を攻撃し、多くの事件の後にイタリアを荒らしまわり、ローマを占領して略奪した。この勝利の後にアラリクスは死に、アタウルフォ[9]が彼の後を継いだ。彼は、皇帝の妹プラキディア[10]を妻に娶《めと》った。この縁組のために、彼らは先にのべた原因で動きだしたヴァンダル族、ブルグンド族、アラン族、フランク族らによって攻撃されていた、ガリアとスペインを助けに行かねばならなかった。

その結果、スペインのベティカ[11]と呼ばれる地域を占領していたヴァンダル族は、西ゴート族によって激しい攻撃をうけ、やむを得ず帝国のためにアフリカを治めていたボニファツィオ[12]に呼ばれて、その属州を占領しに行くこととなった。なぜなら、彼は謀反を起こしており、自分の裏切りが皇帝に悟られることを恐れていたからである。いま述べたようなわけで、ヴァンダル族は勇躍してその遠征に乗り出し、ガイセリック王[13]の下でアフリカを支配下に収めた。アルカディウスの息子のテオドシウス[14]が帝位を継いだのは、ちょうどこのころであった。彼は西方のことをほとんど考慮しなかったため、結果として、これらの民族は獲得したものを所有できると考えるようになった。

2

こうしてヴァンダル族はアフリカを、アラン族と西ゴート族はスペインを支配した。またフランク族とブルグンド族は、ガリアを奪っただけではなくて、彼らが占領した地域が、彼らの名前によって呼ばれることとなった。

そこでガリアの一部はフランス、他の部分はブルゴーニュと呼ばれることになったのである。彼らの幸運な成功は、新しい民族の間にローマ帝国の破壊熱を呼び覚ますこととなり、フン族(1)と呼ばれる他の民族が、ドナウ川のこちら側の河畔に設けられた属州パンノニア(2)を占領した。そこで、その地域はフン族の名前をとって、今日ハンガリーと呼ばれている(3)。こうした混乱に加えて、皇帝は四方八方から攻め込まれたので、敵の数を減らすために、今日はヴァンダル族、明日はフランク族といった具合に妥協をし始めた。そうしたことは蛮族の権威と勢力を高めるとともに、帝国の権威を低下させた。

今日英国《インギルテルラ》と呼ばれるブリテン島も、そうした破壊に対して安全ではなかった(4)。なぜなら、ブリテン島民たちはフランスを占領した民族を恐れ、とても皇帝には彼らを守る力がないと見て、ゲルマーニアの民族であるアングル族を呼び寄せたからだ。ヴォルティジエリオ〔ヴォルティゲル〕(5)王のもとで、アングル族はその遠征を行い、当初は島民を保護したが、のちに彼らを島から追放して、そこに定住した。そして彼らの名前を取って、島をアングリアと呼んだ。しかし、島の住民たちは祖国を奪われたので、やむをえず凶暴化して、もはや自分たちの国を守ることは無理だとしても、他人の国を奪うことは可能だと考えた。彼らは家族とともに海を渡り、彼らが海の近くに見出した地方を占領して、彼らの名前からその地方をブルターニュ(6)と呼んだ。

3

すでに述べたとおり、パンノニアを占領したフン族は、ゲピド、ヘルリ、トゥリング、オストロゴーティ(1)（なぜなら東ゴート族は彼らの言葉で、こう呼ばれていたからだが）などと呼ばれる他の民族と混じりあい、新しい領地を探そうと動きだした。そして、フランスは蛮族の兵力によって守られていたために侵入できず、アッティラ王(2)の下でイタリアへとやって来た。アッティラはその少し前、王国を単独で支配するために、兄のブレダ(3)を殺害していた。その結果きわめて強力となり、ゲピド族の王アンダリーコ(4)〔アルダリック〕も、東ゴート族の王ヴェラミル(5)も、彼の臣下のようになってしまった。だからアッティラはイタリアにやって来て、(6)アクイレイアを包囲し、その土地で他の妨害に遭わずに、二年間止まった。その包囲の際に周辺のあらゆる地方を荒らし、その住民をすべて四散させた。このことが、後にその機会に述べるように、ヴェネツィアという都市の起源をもたらしたのである。(7)アクイレイア、およびその他多くの都市を占領し破壊した後、彼はローマに向かい、教皇の懇願によってローマの破壊は自制した。彼の教皇を敬う気持は一方ならぬもので、その結果イタリアを去るとアウストリアに引き揚げて、そこで死んだ。(8)彼の死後、東ゴート王ヴェラミルをはじめ各民族の首領たちは、アッティラの息子エルリコとウリク[9]に対して武器を取り、一人を殺し、もう一人をフン族とともにドナウ河の向こうへ無理やり渡らせ、彼らの故郷に戻らせた。そして、東ゴート族とゲピド族はパンノニアに、ヘルリ族とトゥリング族は、ドナウ川の向こう岸にとどまった。アッティラがイタリアを去ると、西ローマ皇帝ウァレンティニアヌス[10]はイタリアを立て直そうと考えて、蛮族からイタリアを防衛するのにより便利なように、ローマを放棄して、その本拠をラヴェンナに移した。[11]

西ローマ帝国がこうした敵の攻撃にさらされた原因は、コンスタンティノープルに居住する皇帝が、危険と出費がかかり過ぎるとして、西ローマ帝国の所有権を何度も他人に譲り渡したためであり、またローマ市民が見捨てられたのを知って、身を守るために東ローマ皇帝の許可なしに、自分たち自身で皇帝を選出したり、あるいは誰かがその権威によって皇帝権を簒奪したためであった。たとえばこの当時、ウァレンティニアヌス帝の死後、ローマ市民マクシムス[12]がその地位を奪い、皇后だったエウドクシア[13]に強要して自分を夫に選ばせている。皇帝の血を引いて生まれたエウドクシアは、一私人である市民との結婚に我慢できず、このような屈辱に復讐したいと望み、ひそかにヴァンダル族の王でアフリカの領主であるガイセリックに対して、イタリア占領の容易さと有利さを示して、イタリアに来るようにすすめた。ガイセリックは戦利品に誘われて、すぐやって来た。ローマが見捨てられているのを見て、ると、略奪を加えて、十四日間止まり、さらにイタリアのその他の土地をも占領し略奪して、自分も軍隊も戦利品をいっぱい抱えてアフリカへ引き揚げていった。ローマ市民はローマに戻ると、マクシムスが死んだので、ローマ市民アウィトゥス[14]を皇帝に選んだ。その後イタリアの内外で多くの事件が起こり、多数の皇帝が死んだ後、コンスタンティノープルではゼノン[15]、ローマでは欺瞞によって帝位についたオレステス[16]と、その息子アウグストゥルス[17]とが皇帝として治めていた。彼らが力ずくで帝位を保とうとしていたとき、すでに述べたとおり、アッティラの死後ドナウ川の向こう岸に定着していたヘルリ族とトゥリング族が同盟を結び、彼らの隊長オドアケル[18]の下でイタリアに襲来した。彼らが捨てていった空所に、やはり北方の民族であるロンゴバルド族[19]が、彼らの王ゴドゴ[20]に率いられて入り込んだ。彼らこそ、その時期がくると述べるが、イタリアの最後のペストだったのである。

そこでオドアケルはイタリアに来ると、パヴィーアの近くでオレステスを撃ち破って殺し、アウグストゥルスは逃亡した。その勝利の後、ローマは権力によって称号も変わるので、オドアケルは皇帝という名前を捨てて、自らをローマ王と呼ばせた。彼こそ当時、世界を流動していた諸民族の首領のなかで、イタリアに定住し始めた最初の者であった。なぜなら、その他の者はそれを保持できないと思ったか、東ローマ帝国の皇帝から容易に援軍が得られるためか、あるいはその他の隠れた理由によって、イタリアを略奪した後に、本拠を定めるために他の国を探し求めたからである。

4

したがってこの当時、古代のローマ帝国領は、以下のような君主の支配下にあった。コンスタンティノープルを治めるゼノンは東ローマ帝国領を支配していた。東ゴート族はメシア[1]とパンノニアを支配し、西ゴート族、スエビ族[2]とアラン族はグァスコーニュとスペイン、ヴァンダル族はアフリカ、フランク族とブルグンド族はフランス〔ガリア〕、ヘルリ族とトゥリング族はイタリアを占有していた。

東ゴート族の王位はヴェラミルの孫テオドリック[3]に伝わっていたが、東ローマ皇帝ゼノンと親交を結んでいた彼は、力量では他のすべての民族に勝りながら、支配圏では劣っているので、東ゴート族にとって事態がなんとも不公平に見えること、したがって自分たちをパンノニアの領域内に閉じ込めておくことは不可能であり、自分たちに武器を取って新しい領地を探しに行かせることがどれほど必要であるかを手紙で伝えた。さらにそこで自分たちが感謝しながらより正しくまたずっと安楽に暮らせるよう、何らかの国を自分たちに譲るよう配慮してもらいたいので、こうした意図を皇帝に真っ先に伝えておきたい、と記した。

そこでゼノンは、一部は恐怖から、また一部はオドアケルをイタリアから追放したいという願望から、オドアケルに挑戦する権利とイタリアを領有する権利をテオドリックに譲った。[4] テオドリック王はただちにパンノニアを出発し、その地方を友人のゲピド族に残して、イタリアにやって来た。オドアケルとその息子を殺すと、オドアケルの先例にならってイタリア王と名乗り、かつて皇帝ウァレンティニアヌスをそこに移住させたのと同じ原因で、ラヴェンナ[5]に本拠を構えた。

テオドリック王は、戦争と平和時のいずれにもきわめて優秀な人物で、戦争では常に勝利者であり、平和時には配下の都市や人民に大いに恩恵を施した。彼は戦争の際には彼らを指揮し、平和時には助言を与えるよう、首長を決めて、その後見付きで東ゴート族を各地に割り当てた。ラヴェンナを拡大し、ローマを再建し、軍事訓練以外のあらゆる名誉をローマ市民に返してやった。彼らの領土の境界の内部に、何一つ戦争騒ぎを起こさずに、ただ彼の権威だけで、帝国の占領者である蛮族の王たちを閉じこめた。イタリアを攻撃しようと望む新手の蛮族の進行をより容易にさえぎるため、アドリア海の先端とアルプスに町と砦を建設した。もしもこれほど多くの徳行が、彼の統治の際のさまざまな疑惑が原因となった、このうえなく高潔なシンマクスやボエティウス[6]の処刑が示すような、いくつかの残酷な行為で汚されていなければ、彼の記憶は、あらゆる点でいかなる名誉にも完全に値したことであろう。なぜなら彼の美徳と善良さとを通して、ローマとイタリアのみならず、その他の西ローマ帝国領も、蛮族のたび重なる侵入がもたらした絶え間ない損害から解放されて再起し、立派な秩序と非常に幸福な状態に戻ったからである。

5

さて、実際イタリアや蛮族が侵入したこれらの地方で、もしも悲惨な時代があるとすれば、それはまさしくアルカディウスやホノリウスから、このテオドリック王にいたるまでの時代であった。なぜなら、ある共和国やある王国にとって、何らかの外部の力によらず、単に内部の抗争（そこではどんなに強大であろうとも、ほんのわずかな変化が、あらゆる共和国や王国を滅ぼすことがみられるのだが）によって君主や政府を変えることが、どんなに大きな損害の原因となるかを考えるならば、当時イタリアやその他のローマの属州が、どんなに大きな損害を受けたかを、もっと容易に想像できるからである。それらの諸国では、単に政府や君主を変えただけではなくて、法律も習俗も、生活も宗教も、言語も服装も、名前も変えたのだった。そうした事がらは、全部ではなくそのうちのどれか一つについて、それも別に見たり体験しなくとも、ただ想像するだけで、どんな確固不抜の精神力の持主をも、仰天させるのに十分なものである。

こうしたことから、多くの都市の崩壊と誕生と発展が生じることとなった。崩壊した都市のなかには、アクイレイア、ルーニ、キュウジ、ポプロニア、フィエーゾレ[1]その他多数があり、新しく建設された都市のなかにはヴェネツィア、シエナ、フェルラーラ、ラクィラや、その他のわずかの間に抹殺されてしまった多くの町や城塞があった。小から大へと発展した都市には、フィレンツェ、ジェノヴァ、ピサ、ミラノ、ナポリ、ボローニャがあった。そうしたすべてに、さまざまな仕方で破壊されては再建されたローマを始めとする、多くの都市の破壊と再建とが加わる。

こうした破壊と新しい民族のなかから、フランスやスペインやイタリアで常用される言葉にみられるような、新しい言葉が出現したのだ。その言葉は、新しい民族の祖国の言葉とローマの古い言葉を混ぜ合わせながら、新しい話し方の秩序を形成したものであった。そのうえ、地域だけではなく、湖も川も、海も人びともその名前を変えた。なぜならフランスも、イタリアもスペインも、古い名前とは無縁な新しい名前でいっぱいになっているからである。他の多くの例は無視するとして、たとえばポー、ガルダ、アルチペーラゴ[2]などが、古代に呼ばれていた名前が歪められたものに由来することから、そのことが分かる。人名も同様で、カエサルやポンペイウスから、ピエーリ、ジョヴァンニ、マッテイなどと変わった。

だが多くの変化のなかで、宗教の変化は少なからぬ重要性を帯びている。なぜなら、新しい信仰の奇跡を通して古い信仰の習慣と戦っていた際、人びとの間できわめて重大な騒乱や争いが生じたからである。もしもキリスト教の信仰が統一されていたならば、混乱はずっと小さかっただろう。だがギリシャ、ローマ、ラヴェンナの各教会がともに争い、おまけに異端の宗派がカトリックの各派と戦うことによって、世界を多様な仕方で悲惨にした。その証人はアフリカで、そこではヴァンダル族が信仰していたアリウス派(3)のために、ヴァンダル族のいかなる貪欲さや、生来の残酷さがもたらしたものよりも、はるかに多くの災難を受けることとなった。

したがって人びとは、これほど多くの迫害のなかに生きて、その目のなかに精神的恐怖を刻みこまれることとなった。なぜなら、限りない不幸に耐えただけではなく、通常すべての不幸な人びとが期待を寄せる神に救いを求めることすら、大多数の人びとには困難となったからである。つまり大多数の人びとは、どの神に救いを求めるべきか不確かなまま、あらゆる救済や希望から見捨てられて、惨めに死んでいった。

6

こうした多くの不幸を真っ先に鎮静させた人として、テオドリック王は少なからぬ賞賛に値する。すなわち、彼は三十八年(1)もの間イタリアを統治して、過去にさかのぼっても前例が見られないほどイタリアを偉大なものにしたのであった。しかし彼が死に、その娘アマラスンタの息子アタラリック[2]が王位につくと、まだ幸運に満ち足りてもいなかったのに、たちまち以前の不幸な状態に復帰した。というのは、祖父の死後間もなくアタラリックが死去し、王国がその母親にゆだねられると、彼女は王国の統治を助けてもらおうと招いたテオダート[3]によって裏切られてしまったからだ。この男はアマラスンタを殺して自ら王位についたが、この行為によって東ゴート族から憎まれ、その結果、皇帝ユスティニアヌス[4]にイタリアから彼を追放できるという自信を与えてしまった。

皇帝はベリサリウス[5]を、こうした遠征軍の隊長に選んだ。ベリサリウスは、すでにアフリカでヴァンダル族に勝って彼らを追放し、アフリカを皇帝の支配下に戻していた。こうしてベリサリウスはシチリアを占領し、その後イタリアに渡ってナポリとローマを占領した。ゴート族はこうした敗北を見て、彼らの王テオダートがその原因だとして殺し、その代わりにヴィティジェーテ[6]を選んだが、彼も何度かの合戦の後に、ラヴェンナでベリサリウスに包囲され捕えられた。ところが、まだ完全に勝利を達成していないのに、ベリサリウスはユスティニアヌスによって召還され、力量や習慣において、ベリサリウスにまったく似ても似つかぬヨハンネス[7]とヴィタレスがその代わりに任命された。そこでゴート族は勇気を取り戻し、ヴェローナの知事だったイルドヴァード[8]〔イルディヴァード〕を王に選んだ。

彼が殺されると、その後でトティラ[9]が王位についた。彼は皇帝の軍隊を打ち破り、トスカーナとナポリを奪回した。そして敵の隊長たちを、ベリサリウスが占領した領土の末端部まで追い詰めた。そのためにユスティニアヌスは、ベリサリウスをイタリアに再び派遣すべきだと考えた。ベリサリウスはわずかな兵力とともに戻ってきたが、以前の活躍で勝ち得た名声を再び取り戻すどころか、むしろそれを失うことになった。というのは、トティラはベリサリウスが軍隊を率いてオスティアにいるのを見て、その目前でローマを占領したからである。彼はローマを、放棄も保持もできないとみると、その大部分を破壊し、人民を追い払い、元老院議員たちを連行していった。そしてベリサリウスをほとんど無視して、ベリサリウスを助けにギリシャからやって来た軍隊を迎え撃つためにカラブリアへ行った。

そこでベリサリウスは、ローマが捨てられているのを見ると、立派な事業に取り組んだ。すなわちローマの廃墟に入ると、可能なかぎり早く城壁を再建し、住民をその中に呼び戻したのである。しかし、彼のこうした賞賛すべき事業を運命が反対した。というのは、当時パルティア人〔ササン朝ペルシャ〕(10)の攻撃を受けたユスティニアヌス皇帝が、彼を呼び戻したからである。ベリサリウスは主君の命に従うためにイタリアを捨て、その地方はトティラの意のままに従うこととなった。彼はふたたびローマを占領した。しかし、今度は前のように残酷には扱わなかった。なぜなら、この当時その聖徳によって大変評判が高かった聖ベネディクトゥス(11)の依頼を受けて、むしろローマの再建に取り組んだからである。

やがてユスティニアヌスはペルシャ人と和解し、イタリアへの援軍を派遣しようとしていたが、それはドナウ川を越えてイリュリアやトラキア[12]に攻めこんだ新しい北方の民族、スラヴ族[13]によって引き留められた。そこでトティラはほとんど全イタリアを支配した。しかし、ユスティニアヌス帝がスラヴ族を破るやいなや、宦官だが戦争にはきわめて優れているナルセス[14]を軍隊とともにイタリアに派遣した。

ナルセスはイタリアに到着すると、トティラを破って殺した[15]。この敗北後に生き残ったゴート族の残党たちは、パヴィーアに引き揚げて、テイアス[16]を王に選出した。他方ナルセスは、勝利の後にローマを占領し、最後にノチェーラの近くでテイアスと戦い、彼を破って殺した。この勝利によって、テオドリック王からテイアスにいたる七十年間[17]この地を支配したゴート族の名前は、完全にイタリアから消滅した。

7

しかしユスティニアヌスは、イタリアがゴート族から解放されるかされない内に死去し、その息子ユスティヌス[1]がその後継者となった。ユスティヌスは妻のソフィア[2]の勧めでナルセスをイタリアから召還し、その後継者としてロンギヌス[3]を派遣した。ロンギヌスは他の人びとの注文どおりラヴェンナに住み続けたが、それだけではなくイタリアに新しい行政組織を与えた。

つまりゴート族がやっていたように、州ごとに知事を置く代わりに、多少とも重要なあらゆる都市や町には、公《ドゥーカ》と名づけた首長を置いた。その配属に際して、ローマを他の町以上に重んじたりはしなかった。すなわちこの時まで、その名称がこの都市で保持されてきた執政官や元老院を排除し、毎年ラヴェンナから派遣される一人の公の下に服従させて、ローマのドゥカートと呼んだ。また皇帝のためにラヴェンナにいて、全イタリアを統轄する者を総督《エザルコ》〔エザルカ〕[4]と名づけた。こうした分割はイタリアの崩壊をさらに容易にし、ロンゴバルド族によるイタリアの征服をさらに早めることとなった。

8

ナルセスは、彼の力量と血とによって獲得したこの属州の支配権を取り上げられたことで、皇帝に対してひどく腹を立てていた。なぜなら、ソフィアには彼を呼び戻すだけでは彼の面目を潰すのに十分ではなかったので、さらに侮辱的なことばを付け加えて、彼を他の宦官たちの機織りの席に戻らせたい、と述べていたからである。そこで立腹のあまり、ナルセスは当時パンノニアを治めていたロンゴバルド族の王アルボイーノ[1]に、イタリアにやって来て占領するように勧めた。

すでに記したように、その領土はヘルリ族やトゥリング族が彼らの王オドアケルに率いられてイタリアに侵入した時、放棄していったものだった。ロンゴバルド族はしばらくその土地で過ごしていたが、残忍で大胆なアルボイーノが王位につくと、ドナウ河を渡って、パンノニアを治めるゲピド族の王コンムンド〔クニムンド〕[2]と戦い、これを破った。戦利品の中にクニムンドの娘ロズムンダ[3]が混じっていたので、アルボイーノは彼女を妻に娶り、パンノニアを占有した。その残忍な性質に動かされて、クニムンドの頭蓋骨で茶碗〔杯〕を作り、その戦勝を記念してそれで飲み物をとっていた。ところが、すでにゴート族相手の戦争の際に友好を結んでいたナルセスによってイタリアに招かれたため、すでに述べたとおり、アッティラ王の死後祖国に戻っていたフン族の手にパンノニアを残して、イタリアへとやって来た。そしてイタリアが多くの部分に分かれているのを見て、一挙にパヴィーア、ミラノ、ヴェローナ、ヴィチェンツァ、トスカーナ全域、今日ロマーニャと呼ばれるフラミニア街道沿いの地域の大部分を征服した。[4]

彼はこんなに多くの領地をこれほど早く獲得したため、すでにイタリアで勝利を収めたような気になって、ヴェローナで祝宴を催した。大いに飲んで陽気になった彼は、クニムンドの頭蓋骨に葡萄酒をなみなみと注ぐと、彼の目の前で食事をしていた王妃ロズムンダのところに運ばせて、彼女に聞こえるような大きな声で、こんな愉快な時には父上と一緒に飲んでほしい、と言った。そのことばは、ロズムンダの胸に深い傷を残した。

彼女は復讐を決意し、たまたまロンゴバルド族の若く勇敢な貴族エルメルキルデ〔エルミーキ〕(5)が自分の侍女を愛しているのを知ると、その侍女と話をつけて、エルミーキが侍女の代わりに自分と寝るようひそかに手配させた。そこでエルミーキは、手筈に従って暗がりで女に会いにやって来た時、侍女と寝ているものと信じてロズムンダと寝てしまった。ことが終わると、ロズムンダは自分の正体を明らかにして、アルボイーノ王を殺して王位につき、永久に彼女を我が物とするか、さもなければ王妃を強姦したかどで死刑にされるか、どちらか一つを選ぶよう迫り、エルミーキは王を殺すことに同意した。しかし彼らはアルボイーノを殺してしまうと、とても王位を奪うことはできないことを悟り、逆にロンゴバルド人たちが王に対して抱く愛のために殺されることを恐れて、王の宝物を全部持ってラヴェンナのロンギヌスの許に逃げ込んだ。ロンギヌスは彼らを丁重に迎え入れた。

こうした紛争の最中に皇帝ユスティヌスが死去し、ティベリウス(6)が後を継いだ。彼はペルシャ人との戦いに手いっぱいで、とてもイタリアには援軍を送れなかった。だからロンギヌスは、ロズムンダとその宝物を通して、ロンゴバルド族の王位とイタリア全土の支配権を握るための好機が到来したもの、と考えた。そこで彼は彼女に自分の意図を打ち明け、エルミーキを殺して自分を夫にするよう説得した。彼女はその提案を受け入れ、毒入り葡萄酒の入った杯を求めて、風呂から出てきて喉が乾いたエルミーキに自分の手で差し出した。彼は半分まで飲んだ時、胃袋がむかつくのを感じてそれが何かに気づき、ロズムンダにその残りを無理やり飲ませた。こうしてわずかの間に二人とも死んでしまい、ロンギヌスは王となる望みを失った。

やがてロンゴバルド族は、彼らの王国の本拠と定めていたパヴィーアに集まり、クレーフィ[7]を王に選んだ。彼はナルセスによって破壊されたイモラを再建し、リミニとローマまでのほとんどすべての場所を占領した。しかし、その勝利の途上で死んだ。このクレーフィは外部の人間に対してのみならず、ロンゴバルド族の人びとにもとても残酷だったために、彼らは王の権力に肝をつぶし、もはや二度と王を選ぶ気がなくなった。その代わりに彼らは他人を治めるために、仲間同士で三十人の公《ドゥーカ》を選んだ。

この会議こそ、ロンゴバルド族が一度もイタリア全土を征服できず、また彼らの王国がベネヴェントを越えることができず、ローマ、ラヴェンナ、クレモーナ、マントヴァ、パドヴァ、モンセーリチェ、パルマ、ボローニャ、ファエンツァ、フォルリ、チェゼーナなどの都市が、一部はしばらくの期間防御でき、残りの都市は決して彼らによって征服されなかったことの原因であった。なぜなら、王を持たないことは、戦争の際に彼らの行動をより即応しにくいものにしたからである。

また王位が復活した後も、一時期自由であったために、服従の程度が低く、またお互いの間で不和が生じやすかったのだ。そうした事情が当初彼らの勝利を遅らせ、後には結局彼らをイタリアから追放することとなった。ロンゴバルド族がこうした状態にあったために、ローマ人とロンギヌスは彼らと和平を結び、各自が武器を置いて自分が持っているものを享受することにした。

9

この当時、教皇たちはそれ以前にはなかった大きな権威を帯び始めていた。というのも、聖ペテロ以後の最初の教皇たちはその神聖な生き方と奇跡とによって、人びとに崇拝されていたからである。彼らの模範がキリスト教を広く普及させた結果、世俗の君主たちもこの世に起こる多くの紛争を除くために、キリスト教に従わざるをえなくなった。そこで皇帝がキリスト教徒となり、ローマを去ってコンスタンティノープルに移ると、すでに冒頭で述べたとおり、いち早くローマの皇帝権が崩壊し、それに即応してローマ教会が興隆した。それにもかかわらず、ロンゴバルド族が来るまでは、イタリア全体が皇帝または王に服従しており、当時の教皇たちが、その習慣や教理が彼らに与えている以上の権威を帯びることはなかったのである。他の事がらに関しては、教皇たちは皇帝や王に服従していて、ときには彼らに殺されることもあり、いわば彼らの事業に雇われているその属僚のようなものであった。

しかし、イタリアに関する問題で教皇たちの重要性を高めたのは、ラヴェンナにその本拠を定めた際のゴート王テオドリックであった。なぜなら、ローマに君主が不在になってしまったために、ローマ市民たちには自分たちの避難所として教皇により強く服従すべき原因が生じたからである。だからといって、教皇たちの権威が大して高まったわけではない。単にローマの教会が、ラヴェンナの教会よりも上位にあることを認められたにすぎなかった。しかしロンゴバルド族が到来して、イタリアが四分五裂になった時、彼らは教皇にずっと活動的になる契機を与えた。なぜなら、教皇はほとんどローマの首長であり、コンスタンティノープルの皇帝もロンゴバルド族も彼に対して敬意を抱いていたので、結果的にローマ市民は教皇をとおして、ロンゴバルド族やロンギヌス相手に、臣下としてでなく、友人として同盟することとなったからである。こうして、教皇たちはときにはロンゴバルド族、ときには皇帝たちの味方と立場を変え続けることによって、その権威を高めていった。

だがその後も、東ローマ帝国の崩壊は続き（それは当時ヘラクリウス帝[1]の治下で起きた。それは、すでに述べたスラヴ族が再びイリュリアを攻撃し、それを占領し、自分たちの名前〔スクラーウィ〕に基づいてスキアヴォーニアと名づけたからである。さらに、この帝国の残りの部分は最初ペルシャ人によって攻撃され、次にマホメット[2]の下でアラビアから出てきた回教徒、最後にトルコ人[3]に攻撃され、シリア、アフリカ、エジプトなどを失った）、その帝国の無力さのために、教皇には他から圧迫を受けたとき、もはや皇帝のもとに逃げ込むという便宜が残されず、他方ロンゴバルド族の勢力が増大したために、新しい援助を求めることが必要だと考えて、フランスの王たちに頼ることにした。

その結果、この時代以後にイタリアで蛮族によって戦われる戦争は、その大部分が教皇によって引き起こされることとなり、またイタリアに侵入したあらゆる蛮族は大抵の場合、教皇に呼ばれてやって来ることとなった。こうしたやり方は、われわれの時代でさえまだ続いている。このことが、イタリアを分裂した弱体なままの状態に止めている。(4) したがって、この時代から今日のわれわれの時代に至るまでの出来事を記すにあたって、もはや全土で生じたローマ帝国の崩壊の模様を示すことはやめて、その代わり、その後シャルル八世(5)の到来に至るまでの間に、イタリアを治めた教皇たちや他の君主たちの伸長ぶりを示すことにしよう。まず第一に、破門によって、続いてそれに免罪をも混じえながら武力を行使することによって、教皇たちがいかに恐ろしい、そして敬われる存在となったかを、そしてまた、破門と免罪の使い方を誤った結果、一方は完全に効力を失い、他方は他人が勝手に行使するに至ったかを、示しておきたい。

10

では叙述の順序に戻って、グレゴリウス(1)三世が教皇で、アイストゥルフォ(2)(アストルフォ」がロンゴバルド族の王位についた当時、アストルフォが協定に反してラヴェンナを占領し、教皇に対して戦争を仕かけたことについて語ろう。そのためにグレゴリウスは、コンスタンティノープルの皇帝が先に記した原因で弱体化してもう当てにはできず、またすでにたびたび約束を破ったロンゴバルド族の誓約も信用できなかったので、フランスのピピン二世(3)に頼っていった。アウストラシアとブラバン(4)の領主の彼は、フランス王となっていたが、それは彼自身の力量のためというよりは、その父カール・マルテル(5)と祖父ピピン(6)のおかげであった。というのは、カール・マルテルはその王国を統治していたとき、ロワール河畔トゥールの近くで、回教徒に記録的な敗北を与えたからである(7)。回教徒は、そこで実に二十万人以上の死者を出した。その結果、その息子のピピンは、父の評判と自分の力量とによって、その国の王となった。すでに述べたとおり、グレゴリウスは彼に使いを送り、ロンゴバルド族に対抗するための援軍を求めた。それに対してピピンは援軍を約束したが、その前に彼と会って、自分から敬意を表すことを望んだのである。

そのためグレゴリウスはフランスに赴いたが、途中で敵ロンゴバルド族の領地を通りながら、妨げられることはなかった。当時の人びとが信仰に対して抱いていた尊敬の念は、それほど大きかったのである。こうしてグレゴリウスはフランスに着き、王によって敬われ、彼の軍隊とともにイタリアに送られた。その軍隊はパヴィーアでロンゴバルド族を包囲した。こうしてアストルフォは、必要に迫られてフランク族と和平を結んだ。フランク族は、敵の死を望んでいたわけではなくて、改心して生きることを望んでいた教皇の懇願を受け入れて、和平を許したのである。

その和平の協定で、アストルフォは教会から占領していたあらゆる領地を、元どおり教会に返還することを約束した。しかし、ピピンの軍隊が全員フランスに引き揚げてしまうやいなや、アストルフォはもう協定を守ろうとはせず、教皇は再びピピンの助けを求めた。ピピンは改めて軍隊をイタリアに派遣し、ロンゴバルド族を破ってラヴェンナを占領した。[8]そしてギリシャの皇帝の意に反して、その総督の下にあったすべての領地とともに、ラヴェンナを教皇に寄進し、さらにウルビーノの町とマルケ地方をもそれに加えた。

ところがアストルフォは、これらの領地を引き渡す際に死んだので、トスカーナ公であったロンゴバルド人のデシデーリオが[9]王位につくために武器を取り、友好関係を約束して教皇の助けを求めた。そこで教皇が大いに助力を与えてやり、その結果、他の領主たちも彼に譲歩した。するとデシデーリオは当初の約束を守り、ピピンとの間で結ばれた協定に従って領土の引き渡しを進めた。もはやラヴェンナにはコンスタンティノープルから総督がやって来なかったので、その都市は教皇の意のままに統治されることとなった。

11

その後ピピンが死去して、その息子のシャルル(1)が王位を継いだが、彼こそ行った事業の偉大さのために、大王《マーニュ》と呼ばれている人である。やがて教皇位についたのはテオドルス一世(2)であったが、彼はデシデーリオ王と不和になり、彼の軍によってローマで包囲された。そこで教皇は、またシャルルに助けを求めた。するとシャルルはアルプスを越えてやって来て、パヴィーアでデシデーリオを包囲し、彼とその子供たち(3)を捕えると、フランスに送ってその牢獄に閉じ込めてしまった。それからローマへ教皇を訪問しにやって来た。そこで彼は、神の代理人である教皇が人間によって裁かれるようなことがあってはならない、と判断した。教皇とローマ市民は、彼を皇帝に選出した。こうして、ローマは再び西方に皇帝を持ち始めることとなった。

他方、教皇も皇帝によって権威が確認され、皇帝はその選出に当たって教皇を必要とすることになった。皇帝権がその特権を失い、教会がそれを獲得することとなった。こうした手段によって、教会は常に世俗の君主に対して、その権威を高めていったのである。ロンゴバルド族は、イタリアに来てからすでに二百三十二年におよび、外国人とは名ばかりになっていた。それは教皇レオ(4)三世の時代のことだったが、シャルルはイタリアを再編成したいと望み、ロンゴバルド族がその食糧を得ている地域に定住することを許し、その地方は彼らの名前に基づき、ロンバルディーアと呼ばれることとなった。また、ロンゴバルド人たちがローマという名前に敬意を払うように、彼はかつてラヴェンナの総督の支配下に服していた、イタリアのなかで彼らの領地に接する全地域がロマーニャと呼ばれることを望んだ。それに加えて、シャルルは自分の息子のピピン[5]をイタリア王に任命した。その王権の管轄区はベネヴェントにまでおよび、その残りのすべての地域を、シャルルが協定を結んだ相手のギリシャ〔東ローマ帝国〕皇帝が領有していた。

このころパスカリス一世[6]が教皇位についたが、ローマの教会の教区主任司祭は教皇の最も身近にいてその選出に加わっていたために、自分たちの特権を華やかな称号で飾り立てようとして、自ら枢機卿と名乗り始めた。そして大変な権威を勝手に主張することとなったが、彼らがローマ市民から教皇を選ぶ権利を剥奪し、さらに自分たちの集団以外から教皇の選出が行われることが稀になった後には、とりわけそうなった。だからパスカリスが死ぬと、エウゲニウス二世[7]が「サンタ・サビーナ〔教区〕の」という称号付きで選出されることとなった。

イタリアはフランク族の手に落ちた後に一部の組織や体制を変更したが、それは教皇が世俗においてより大きな権威を帯びたためと、かつて総督のロンギヌスによって公という称号がもたらされたのと同様に、フランク族がイタリアに侯《マルケーゼ》や伯《コンテ》という称号をもたらしたためであった。ある教皇の後にローマ人オスポルコが教皇の地位についたが、名前が不潔であるために、セルギウス[8]と名乗った。これこそ教皇が選出された際に行う、改名の始まりであった。

12

皇帝のシャルルが死ぬと、その息子のロドヴィーコ[1]〔ルートヴィヒ〕が後を継ぎ、その死後にはルートヴィヒの息子たちの間で大変な紛争が発生し、その孫の代に、皇帝の位はフランスの王家から奪われて、ドイツの王家に移されてしまった。ドイツの最初の皇帝の名をアイヌルフォ〔アルヌルフ〕[2]といった。紛争によってシャルルの家族は皇帝位を失っただけではなく、イタリアの王権をも失った。なぜなら、ロンゴバルド族は再び戦力を回復して、教皇やローマ人を圧迫したからである。その結果、教皇はどこに助けを求めればよいのか分からず、やむをえずフリウーリ公ベレンガーリオ[3]をイタリア王に任命した。こうした出来事はパンノニアにいたフン族を勇気づけて、イタリアを攻撃させた。しかし、彼らはベレンガーリオの手中におちて、力ずくでパンノニアへ、もしくは彼らの呼びかたによると、フン族の地《ウンゲリーア》〔ハンガリー〕へ帰国させられてしまった。

その当時の東ローマ帝国の皇帝は、その軍隊の長官をしていた時にコンスタンティヌスからその位を奪いとったロマヌス[4]であった。すでに述べたとおり、こうした政変のために彼が帝位にあった時、東ローマ皇帝に服従していたプーリアとカラブリアで、皇帝に対する反乱が発生した。するとロマヌスは、こうした反乱に腹を立てて、回教徒にその地方への侵入を許した。回教徒たちはその地方に来て占領すると、ローマをも奪取しようと試みた。

しかしローマ市民たちは、ベレンガーリオがフン族相手の防衛で手一杯なのを見ると、トスカーナ公アルベリーゴ[5]を自分たちの指揮官に選び、その力量によってローマを回教徒から防衛した。回教徒たちはローマ包囲を放棄すると、ガルガーノ山[6]上に砦を築き、そこからプーリアとカラブリアを支配し、イタリアの他の部分を攻撃した。こうして、この当時のイタリアは、アルプスの側ではフン族に攻撃され、ナポリの側では回教徒に攻撃されて、驚くほどの苦難に遭っていた。

イタリアは多年にわたって、こうした災難に巻き込まれ、相次いで即位した三人[7]のベレンガーリオの治下にあった。当時、教皇と教会はことあるたびに混乱させられながら、西方の君主たちの分裂と、東方の君主たちの無力のために、助けを求める相手もいなかった。ジェノヴァの都市とその海岸全域は、この当時、回教徒によって破壊された。このことから、祖国を追われた多くの人びとが逃げ込んだピサ市が偉大になった。こうしたことが生じたのは、キリスト教暦九三一年以降のことであった。しかし、ザクセン公でハインリヒとマティルデ[8]の息子である、思慮深く評判の高いオットー[9]が皇帝に選ばれると、イタリアに来て、ベレンガーリオの圧政からイタリアを救い出してくれるよう、教皇アガペトゥス[10]が彼に要請した。

13

この当時のイタリアは、以下のとおり編成されていた。ロンバルディーアは、ベレンガーリオ三〔二〕世とその息子アルベルト〔アダルベルト〕[1]の支配下にあった。トスカーナとロマーニャは、西ローマ帝国の一属僚に治められていた。プーリアとカラブリアは、一部はギリシャの皇帝に、一部は回教徒に服従していた。ローマでは毎年二人の貴族の執政官《コンソレ》が選ばれ、彼らは古い習慣に従ってこの都市を治めていた。

さらに、そこへ市民の裁判を行う一名の長官が加えられた。十二人委員会があり、毎年ローマの支配下に属している領地に統治者を派遣した。ローマとイタリアの全土で、教皇は皇帝やそれぞれの土地で比較的大きな権力を有している者の好意の程度に応じて、多少の権威を有していた。だからオットー皇帝は、イタリアに来ると、イタリアで五十五年間支配してきたベレンガーリオたちから王国を奪回して、教皇にその権威を返してやった。

この皇帝には、やはりオットーという名の息子と孫がいて、彼の後に続いて相次いで帝位についた。オットー三世[2]の時代に、ローマ市民によって教皇グレゴリウス五世[3]が追放された。そこでオットーはイタリアにやって来て、彼をローマに戻してやった。教皇は彼らに復讐するために、彼らから皇帝を選ぶ権利を取り上げて、それをドイツの六人の領主に与えた。すなわちマインツ、トリール、ケルンの三司教と、ブランデンブルク、パラティーノ（ラインファルツ）、ザクセンの三領主がそれで[4]、このことは一〇〇二年に生じた。オットー三世の死後、バヴィエーラ（バイエルン）公ハインリヒ[5]が、選帝侯たちに選ばれて皇帝となり、十二年後ステファヌス八世[6]によって戴冠された。ハインリヒとその妻シメオンダ〔クニグンデ〕[7]は、とても敬虔な生涯をおくった。そのことは彼らが寄進したり建立した多くの教会によって分かる。そのなかの一つは、フィレンツェ市のすぐ近くにあるサン・ミニアートの教会である。ハインリヒは一〇二四年に死去し、その後をシュヴァーベン〔実はザリエル王家〕のコンラート[8]が継ぎ、その後ハインリヒ二世〔三世〕[9]が継いだ。彼はローマに来た。たまたま三人の教皇[10]に教会が分裂したところに来あわせたため、全員を解任してクレメンス二世[11]を選出させ、その手から皇帝の冠を戴いた。

14

当時イタリアは一部は市民によって、一部は君主によって、また一部は皇帝が派遣した家来によって支配されていた。そうした家来のなかで、他の者たちが彼に対して報告を行なっていた最大の者は、書記官長《カンチエラーリオ〔カンチエッリエーレ〕》(1)と呼ばれていた。それら領主たちのなかで最大の者は、ゴッティフレーディ〔ゴットフリート〕とその妻のマティルダ女伯(2)で、彼女はハインリヒ二世の妹ベアトリーチェ(3)の娘であった。彼女とその夫は、今日世襲財産《パトリモーニオ》(4)と呼ばれている全領土のほかにルッカ、パルマ、レッジョ、マントヴァを領有していた。

ローマの市民の野心は、当時しきりに教皇に対して戦いを仕かけていた。彼らは当初、皇帝から解放されるために教皇の権威を利用したが、その後、皇帝から市の支配権を取り戻して、自分たちの気にいるようにそれを改革してしまうと、たちまち教皇の敵となった。教皇はローマ市民から、他のいかなるキリスト教の君主から受けたよりも多くの侮辱を受けた。そして、教皇たちが全西方世界を破門によって震えあがらせていたこの時代に、ローマ市民によって反逆されており、双方ともに、名声と権威をお互いに奪い合うことに余念がなかった。

だからニコラウス二世(5)は、教皇の位についた時、かつてグレゴリウス五世が教皇位についた時にローマ市民から皇帝を選ぶ権利を取り上げたように、教皇選出に参加する権利を彼らから奪い取った。そして教皇を選出する権利は、枢機卿にのみ帰属することを求めた。彼は、このことで満足しなかった。というのは、少し後に述べる原因で、カラブリアやプーリアを治める君主たち(6)と合意に達して、ローマ市民によってその管轄区内に派遣されていたすべての役人たちに教皇に服従するよう強制して、そのうちの何人かから地位を剝奪したからである。

15

ニコラウスの死後、教会分裂《シスマ》が起こった。なぜならロンバルディーアの聖職者たちは、ローマで選出されたアレクサンデル二世(1)に服従を誓うことを望まず、カードロ・ダ・パルマ(2)を対立教皇に選んだからだ。教皇の権力に憎悪を抱いていたハインリヒは、教皇アレクサンデルに教皇位を放棄させて、枢機卿たちにドイツへ行って新しい教皇を選出することを納得させた(3)。こうして彼は、精神的な傷がどれほど重大なものであるかを味わう最初の君主となった。なぜなら、教皇はローマで宗教会議を開催し、皇帝から皇帝権と王位を剝奪したからである。

イタリアのいくつかの都市の市民は教皇に従い、いくつかの都市の市民はハインリヒに従った。このことが、グェルフィ党とギベッリーニ党の闘争の種となった。それは蛮族の洪水が途絶えた後のイタリアが、内乱によって四分五裂に引き裂かれるようにと望む、運命の計らいであった。こうしてハインリヒが破門されたために、臣民たちによって、イタリアに来て教皇の前ではだしでひざまずいて謝るよう強制された。そのことは一〇八〇年(4)

に起こった。

しかしその後間もなく、教皇とハインリヒとの間で新しい紛争が起きた。そこで教皇はふたたびハインリヒを破門したが、皇帝の方でも同じくハインリヒ[5]と呼ばれる息子を、軍隊とともにローマに送った。彼は教皇を憎むローマ市民の助力を得て、砦に立てこもる教皇を包囲した。そこでルベルト〔ロベルト〕・グィスカルド[6]がプーリアから彼を救出しにやってきたが、ハインリヒは彼を待たずに引き揚げ、ドイツに戻ってしまった。ローマ市民たちだけが止まって、執拗に教皇を攻撃し続けた。そのためローマは、ロベルトによってまたもや略奪され、かつて多くの教皇によって再建される前の古い廃墟に戻った。このロベルトからナポリ王国の体制が生まれたのだから、彼の行動やその民族について詳しく語ることは、余分なことではないと考える。

16

すでに示したとおり、シャルルマーニュの子孫たちの間で分裂が起こったとき、ノルマン人と呼ばれる北方の新しい民族に、フランスを攻撃しに来るチャンスが与えられた。そして、今日彼らの名前に基づいて、ノルマンディーと呼ばれる地域を占領した。この民族の一部は、ベレンガーリオや回教徒や、フン族によってイタリアが荒らされていた当時、その地域にやって来て、ロマーニャ[1]の一部を占領し、あの戦乱のなかで立派に持ちこたえた。そうしたノルマン人の君主の一人タンクレーディ[2]から、多くの息子が生まれたが、そのうちには鉄の腕《フェレバック》と呼ばれるグリエルモ[3]と、グィスカルドと呼ばれるロベルトがいた。

グリエルモが君主の位につき、イタリアにおける紛争は幾分収まったのだが、それでも回教徒がシチリアを抑え、日毎にイタリアの海岸を荒らしていた。そのためにグリエルモは、カプアとサレルノの領主たち、そしてギリシャ皇帝のためにプーリアやカラブリアを治めていた、ギリシャ人のメロルコ[4]〔マニアケス〕と協力して、シチリアを攻撃しようと約束した。そして勝利を得た後には、彼らのいずれもが戦利品や領地に関して、それぞれ四分の一の分配にあずかることを定めておいた。

この遠征は成功した。回教徒が追放されて、彼らはシチリアを占領した。この勝利の後、マニアケスはひそかにギリシャの人びとを呼び寄せ、皇帝のために島を占領し、戦利品だけを分配した。そこでグリエルモは満足しなかったが、自制して不満を示すのにもっと都合のよい時期が来るのを待っていた。そして、サレルノやカプアの領主たちとともにシチリアを出発した。後者の二人は帰宅するために彼と別れたが、グリエルモはロマーニャには戻らず、彼の軍隊とともにプーリアに向かい、たちまちメルフィを占領し、それからわずかの間にギリシャ皇帝の軍勢に立ち向かい、ほとんどプーリアとカラブリアの全域を占領した。

ニコラウス二世の時代には、それらの地域[5]をグリエルモの弟ロベルト・グィスカルドが治めていた。これらの領地の相続をめぐって、彼と甥たちの間で大きな紛争が生じたので、それをまとめるために彼は教皇の権威を利用しようとした。ドイツの皇帝やローマ市民の傲慢に対して身を守ってもらうために、ロベルトを味方にしようとしていた教皇は、喜んでこのことに協力した。そこから生じた結果として、すでに先に記しておいたとおり、彼はグレゴリウス七世の求めに応じて、ローマからハインリヒを追い払い、ローマの市民を屈服させた。ロベルトの後を継いだのは、その息子ルッジェーリ〔ルッジェーロ〕とグリエルモ[6]であった。彼らの領地には、ナポリおよびナポリとローマ間のすべての地域、そして後にシチリアが加えられた。ルッジェーロ[7]〔一世〕はそれらの領主となった。

しかしその後、グリエルモが皇帝の息女を娶るためにコンスタンティノープルに出かけた隙に、ルッジェーロ[8]〔二世〕によって攻撃され、領地を奪われてしまった。こうした取得によって思い上がったルッジェーロは、当初イタリア王と名乗ったが、後にプーリアとシチリアの王と名乗ることで満足した。彼こそ、この王国に名前と秩序を与えた最初の王であった。そして、この王権は血統だけでなく、民族もたびたび変わったけれども、今日でもなお古い名称で呼ばれている。つまりノルマンの血統が絶えると、ドイツ人、続いてフランス人、それからアラゴン人の手に移り、今日ではフランドル人[9]によって保持されているのである。

17

ウルバヌス二世(1)が教皇位についたが、彼はローマで憎まれていた。また紛争が生じていたため、イタリアではとても身の安全は保てないと考えた彼は、ある壮大な事業を目指して、すべての聖職者たちとフランスに赴き、オーヴェルニュ〔南フランス〕に多くの民族を集め、彼らを相手に異教徒を非難する演説を行った。その結果として、やがて人びとの間では回教徒と戦うためにアジアへ遠征すべきだとする熱意が高揚した。そうした遠征は、他のあらゆる類似の遠征とともに、その後十字軍と呼ばれることとなった。なぜならそこへ赴いた人びとは、全員武器や服装に赤い十字の印を付けていたからである。

この時の遠征に加わった君主たちは、ブグロー〔ブィヨン〕のゴッティフレーディ〔ゴドフロワ〕、エウスタキオ〔ユスターシュ〕とバルドゥイーノ〔ボドヤン〕、ブーローニュの伯(2)たちで、またその神聖さと深慮によって名高い隠者ピエトロ(3)〔ピエール〕も加わっていた。それには、多くの王や民衆が、私財をなげうち、多くの私兵を伴って馳せ参じ、何の報酬もなしに戦った。この当時、彼らの首長である人びとの模範的行動に感動した人びとの心中で、宗教はこんなに大したことをやってのけることができたのだ。この事業は当初、輝かしい成果を挙げた。というのは、小アジアとシリアの全部と、エジプトの一部がキリスト教徒の手中に収められたからである。そうした事業を通じて、今日もロードス島を保持し支配していて、マホメット教徒の勢力にとって最後の障害となっているエルサレム騎士修道会(4)が生まれた。また聖堂騎士修道会も生まれたが、それはその悪しき品行のために、程なくして消滅してしまった(5)。

さまざまな時代にさまざまな事件が起こり、そこでは多くの民族と特定の人びとが名声を獲得した。フランス王やイギリス王がその事業を援助しに赴き、またピサ、ヴェネツィア、ジェノヴァなどの市民が、そこで特別大きな名声を獲得した。そして運命が変転を繰り返すなかで、回教徒サラディン(6)の時代まで戦いが続いた。サラディンの力量とキリスト教徒の内輪もめが、当初獲得されたあらゆる栄光を結局キリスト教徒から奪い取ってしまった。そして彼らは、幸運にも大いなる栄光とともに回復したその場所から、九十年後には追放されてしまったのだ。

18

ウルバヌスの死後、パスカリス二世(1)が教皇に選出され、ハインリヒ四〔五〕世が皇帝位についた。彼は教皇と友好を結びたがっている振りをして、ローマにやって来た。そして教皇と聖職者一同を投獄すると、ドイツの教会を自分の意のままにできる特権を認めさせるまでは、彼を釈放しなかった。このころマティルダ女伯が死去し、そのあらゆる領地を教会に遺贈した。

パスカリスとハインリヒ四（五）世の死後、教皇も皇帝も何代も変わり、ついに教皇位にはアレクサンデル三世[2]、皇帝位には赤髭（バルバロッサ）と呼ばれるシュヴァーベンのフリードリヒ〔フェデリーゴ〕[3]がついた。

当時、教皇たちはローマ市民や皇帝との間で多くの困難を有していたが、バルバロッサの時代に、それは極度に増大した。彼は戦争においては優れた武将であったが、きわめて高慢な人物だったので、教皇相手にいかなる妥協も許さなかった。しかし皇帝に選出されると、戴冠式のためにローマにやって来て、平和裡にドイツへと帰国した。だが、こうした方針に止まっていたのは、ほんのわずかの間だけだった。なぜなら彼は、自分に服従しようとしないロンバルディーアのいくつかの都市をこらしめようと、イタリアに戻って来たからである。

このときローマ出身のサン・クレメンテの枢機卿が、教皇アレクサンデルと不和となり、何人かの枢機卿によって教皇に選ばれた[4]。当時、皇帝はクレーマ攻撃の戦陣にいたが、この皇帝に対してアレクサンデルが対立教皇のことを訴えると、皇帝は二人がそろって彼に会いに来れば、そのとき自分が二人のうちでだれが教皇であるかを判定してやろう、と答えた。この返答は、アレクサンデルにとって大いに不愉快なものであった。そして、皇帝が対立教皇の味方をしたがっているように思われたので、彼を破門して、フランス王フィリップ(5)の許に逃れた。

やがてフェデリーゴは、ロンバルディーアで戦争を続け、ミラノを占領して破壊した。このことが原因で、ヴェローナ、パドヴァ、ヴィチェンツァは共同で防衛に当たるために、皇帝に対して同盟(6)を結んだ。こうしている間に対立教皇が死に、フェデリーゴはグイド・ダ・クレモーナ〔実はクレーマ〕(7)をその後任に指名した。このころ教皇が不在で、皇帝はロンバルディーアに障害を抱えていたため、ローマ市民はローマにおける権威を幾分か取り戻し、また通常彼らの支配下にあった領地の服従を再確認しつつあった。トゥスコロ家(8)の人びとが彼らの権威の下に服従しようとしなかったために、ローマ市民たちは大挙して彼らの許に押しかけたが、フェデリーゴの支援を受けていた一族は、ローマ市民の軍隊を散々に打ち破り、その後ローマの人口も富も貧弱なものになってしまった。

そのころ教皇アレクサンデルは、ローマ市民がフェデリーゴに対して抱く敵意のために、またフェデリーゴがロンバルディーアで抱える敵のために、そこにいても安全だと考えてローマへ戻ってきた。しかし、フェデリーゴはあらゆる問題を後回しにして、ローマへと陣を進めた。アレクサンデルは皇帝の来るのを待たず、ルッジェーロの死後その王国を継いでプーリア王となったグリエルモ(9)の許に逃れた。しかし、フェデリーゴは疫病に追われて、包囲の陣を解くと、ドイツに帰国してしまった。

そこでロンバルディーアの都市は、皇帝の党派《ギベッリーニ》に与《くみ》しているパヴィーアとトルトーナを攻撃できるようにと謀略を仕かけ、そうした戦争の拠点となるよう、一つの都市を建設し、教皇アレクサンデルの名誉のため、また皇帝フェデリーゴの面目をつぶすために、その都市にアレッサンドリアと名づけた。対立教皇グイドも死んだので、後任にジョヴァンニ・ダ・フェルモ[10]が選ばれ、皇帝の党派の人びとの好意によって、彼はモンテフィアスコーネに滞在した。

19

このころ教皇アレクサンデルは、その住民から呼ばれて、自分の権威によってローマ市民からその町を守ってやるために、トゥスコロへ行った。その土地にいる彼の許へ、英国〔イングランド〕王ヘンリー〔二世〕[1]から派遣された二人の弁護人がやってきたが、それはカンタベリー大司教、福者トマス〔・ベケット〕[2]の死について王を弁護するためで、その死について公然と非難されているにもかかわらず、彼らの王にはいかなる罪もなかった、と彼らは弁じた。

教皇はその問題のために二人の枢機卿を英国に派遣し、事の真相を確かめさせた。そして、彼らは王が明白な罪を犯した証拠を見つけなかったけれども、罪を犯したという悪評が立っていることや、トマスに対して正当な敬意を払わなかったという理由に基づき、改悛の印として以下の条件を課した。

すなわち王国中の全領主を招集し、その面前で誓いの言葉とともに謝罪すべきこと、またただちにエルサレムに二百人の兵を、一年の給与を与えて派遣すること、そしてヘンリー王自身もできるだけ多くの兵を集めて、自らその軍とともに三年以内に出発すること、また彼の王国において決められた、教会の自由にとって不利なあらゆる事項を破棄しなければならないし、彼の臣民は何人であれ、もしそれを希望するならば、ローマに訴えることに同意してやらなければならないこと。

こうした条件は、すべてヘンリーによって受け入れられ、今日なら一私人といえども服従するのを恥じるようなこの判決に、これほど大物の国王が従ったのである。だが教皇は、遠方の君主に対してはこれほどの権威を保ちながら、ローマ市民を服従させられず、彼が教会以外の問題には決して関与しないと約束したにもかかわらず、ローマに滞在する許可すら得られなかった。このように、現実というよりも見せかけである事象は、近くよりも遠方で恐れられるものである。

この時期にフェデリーゴ〔・バルバロッサ〕はイタリアに戻ってきて、教皇に対して新たに戦さを仕かけようと準備していたが、彼の周囲のあらゆる高位聖職者や領主たちは、もしも彼が教皇と和解しなければ、彼を見捨てるであろうということを彼に悟らせた。そこで彼は、教皇を崇めるためにヴェネツィアに行かざるを得なくなった。そこで両者は和解した。その協定において、教皇は彼がローマに対してもっていた権威をすべて、皇帝から剝奪した。そしてグリエルモを、自分の同盟者として、シチリアおよびプーリア王に任命した。

フェデリーゴは、戦争をしないではいられなかったので、キリストの代理人たち相手には晴らせなかった彼の野望を、マホメット教徒相手に晴らすために、アジアへの遠征(3)にでかけて行った。しかし〔セレフ〕河畔についたとき、水があまりにも透明なことにつりこまれて、その中に入って身を洗った。すると霍乱《かくらん》が起きて、死んでしまった。こうして、破門がキリスト教徒のために役立った以上に、水が回教徒のために役立った。なぜなら破門は、ただフェデリーゴの傲慢を抑制したに止まったが、水は彼を死滅させてしまったからである。

20

フェデリーゴが死ぬと、教皇にはローマ市民の執拗な敵意を鎮める仕事だけが残された。執政官選出をめぐっての多くの論争の後、ローマ市民は彼らの習慣に従って執政官を選ぶが、彼らは教会への忠誠を守ることを誓わないかぎり、職務につけないということで妥協が成立した[1]。こうした妥協は、対立教皇ジョヴァンニ〔カリストゥス三世〕をモンテ・アルバーノに逃走させ、その後間もなく彼はその土地で死んだ。

この時期にナポリ王グリエルモも死んで、この王は庶子のタンクレーディ[2]しか息子を残さなかったので、教皇はこの王国を占領することを考えた。しかし領主たちは教皇に同意せず、タンクレーディを王に選ぶことを望んだ。当時の教皇はケレスティヌス三世〔実はクレメンス三世[3]〕であったが、彼はタンクレーディの手からこの王国を取り上げたいと望み、フェデリーゴの息子のハインリヒ[4]が皇帝に選ばれるよう工作し、彼に対して、教会に属する領地を返還するという条件で、ナポリ王国を与えようと約束した。ことを容易にするため、すでに老いていたグリエルモの娘ゴスタンツァ〔コスタンツァ[5]〕を修道院から還俗させて、ハインリヒと結婚させた。こうしてナポリ王国は、その建設者であるノルマン人からドイツ人へと移った。

皇帝となったハインリヒは、まずドイツの問題を片づけてしまうやいなや、妻のコスタンツァと四歳になるフェデリーゴ[6]と呼ばれる息子とともにイタリアへやって来た。そして、大した困難もなしに王国を手に入れた。なぜなら、すでにタンクレーディは死んでいて、彼にはルッジェーロ[7]と呼ばれる小さな男の子が一人残されただけだったからである。ハインリヒはしばらくするとシチリアで死去し、王国はフェデリーゴが継ぎ、皇帝位は教皇インノケンティウス三世[8]の好意のおかげでザクセン公オットー[9]が継いだ。しかし戴冠式を挙げる前から、あらゆる世論に反して、オットーは教皇の敵となり、ロマーニャを占領し、ナポリ王国を攻撃するよう命令した。そのために教皇は彼を破門して、オットーは皆から見捨てられ、選帝侯たちはナポリ王フェデリーゴを皇帝に選出した。

フェデリーゴは戴冠するためにローマにやって来たが、教皇は彼の戴冠を望まなかった。なぜならその権力を恐れ、オットーからそうしたように、彼からもイタリアを奪おうと試みた。そこでフェデリーゴはドイツへ行き、何度もオットーと戦って彼を破った。そうしているうちにインノケンティウスが死んだ。彼は、その優れた業績に加えてローマのサント・スピリト病院を建設した。

その後を継いだのがホノリウス三世[10]で、彼の治世の一二一八年に、ドミニコ修道会とフランチェスコ修道会が始まった。この教皇はフェデリーゴに戴冠させた。アジアに残っていたキリスト教徒の軍隊とともにいて、なおその称号を保持していたエルサレム王バルドゥイーノ〔ボドヤン〕の子孫のジョヴァンニ〔ジャン〕[11]が、自分の娘を彼に嫁がせ、その持参金とともに王の称号を彼に譲った。このことから、どのナポリ王も皆エルサレム王の称号を名乗ることとなった。

21

当時イタリアでは、以下のような政体の下で暮らしていた。ローマ市民はもはや執政官を選ばなかった。その代わりに、それと同じ権限を持った一人ないしそれ以上の元老《セナトーレ》(1)を選んだ。フェデリーゴ・バルバロッサに対抗してロンバルディーアの都市が結んでいた同盟は、まだ存続していた。それらの都市とは、ミラノ、ブレッシャ、マントヴァと、ロマーニャの大部分の都市、それに加えて、ヴェローナ、ヴィチェンツァ、パドヴァ、トレヴィーゾであった。皇帝側の都市とは、クレモーナ、ベルガモ、パルマ、レッジョ、モデナ、トレントで、ロンバルディーア、ロマーニャ、マルカ・トリヴィジアーナの残りの都市や城塞は、必要に応じてときにはこちら、ときにはあちらと、いずれかの側を支援した。オットー三世(2)の時代に、イタリアにエチェリーノ〔エッチェリーノ〕(3)という者がやって来て、イタリアに居残った彼から別のエッチェリーノが生まれ、そのエッチェリーノが第三のエッチェリーノ(4)を生んだ。彼は富裕で有力であり、すでに述べたとおり教皇の敵となっていたフェデリーゴ二世に接近した。そこでフェデリーゴがイタリアにやって来る(5)と、エッチェリーノの好意によってヴェローナとマントヴァを奪い、ヴィチェンツァを破壊し、パドヴァを占領して同盟した諸都市の軍隊を破る(6)と、その後トスカーナへと向かった。エッチェリーノはその間にマルカ・トリヴィジアーナ全体を服従させた。しかし、アッツォーネ・ダ・エスティ〔エステ〕(7)と教皇がロンバルディーアに持っていた軍隊によって守られていたために、フェルラーラは奪えなかった。だから包囲していた軍隊が立ち去ったとき、教皇はこの都市を封土としてエステ家のアッツォーネに与えた。この祖先から、今日もこの都市を領有している人びとが生まれたのである。

フェデリーゴはピサに止まり、トスカーナを領有しようと望んだ。そして、この地域の敵と味方を区別しようとして大変な不和の種を蒔いたので、イタリア全土を破壊する原因となった。なぜなら教会に従う者はグェルフィ党と呼ばれ、皇帝に従う者はギベッリーニ党と呼ばれるようになり、グェルフィ党とギベッリーニ党の数が増大したためである。

最初にこうした呼び名が聞かれたのは、ピストイアにおいてであった。フェデリーゴはピサを出発すると、さまざまなやり方で教会の領地を攻撃して破壊した。そこで教皇は、他に対策がなかったために、彼の前任者たちが回教徒たちにそうしたように、彼に対する十字軍を発令した。フェデリーゴは、フェデリーゴ・バルバロッサや他の彼の先祖たちがそうだったように、一挙に彼の家来たちから見捨てられないよう、回教徒たちを多数傭兵として雇った。そして彼らを自分と結びつけ、また教皇の呪詛を恐れぬ、教会に対する確固とした障害を築くために、彼らに王国内のノチェーラ〔実際はルチェーラ〕(8)を与えた。それは自分たちの避難所を持つことによって、彼らがより確実に彼に仕えることを可能にするためであった。

22

インノケンティウス四世[1]が教皇位につくと、彼はフェデリーゴを恐れてジェノヴァに逃れ、そこからフランスへ行き、リヨンで公会議[2]を開催した。皇帝はそれに出席しようと考えていたが、パルマの反乱によって、それを阻止された。その反乱に出陣して反撃に遭い、そこからトスカーナへ移り、さらにそこからシチリア[3]に行って死んだ。シュヴァーベンには息子クルラード〔コンラート〕[4]、プーリアには妾腹の子でベネヴェント公に任命したマンフレーディ[5]を残した。コンラートは王国を占有するためにやって来て、ナポリに到着すると死去した。彼にはまだ幼いクルラディーノ〔コンラディン〕[6]が残されていたが、彼はドイツにいた。そこでマンフレーディは、まずコンラディンの後見人としてその領地を占有し、その後コンラディンが死んだという噂を流して、教皇[7]やナポリ市民の意向に反して王となった。ナポリ市民には無理に同意させた。

王国でこのような揉めごとが生じている間に、ロンバルディーアでは、グェルフィ党とギベッリーニ党の間で大きな紛争が続いていた。グェルフィ党には教皇使節が、ギベッリーニ党には、ロンバルディーアのポー川北方ほとんどすべてを占有するエッチェリーノがいた。戦争の最中にパドヴァが反逆したために、エッチェリーノは一万二千人ものパドヴァ市民を虐殺した。戦争が終わる前に彼は八十歳で死に、その死後、彼が領有していた都市は全部解放された。

ナポリ王のマンフレーディは、その先祖に従って教会に対する敵意を持続し続けた。そしてウルバヌス四世(8)と呼ばれる教皇を、絶え間ない苦境に追い込んでいた。その結果、教皇はマンフレーディを屈服させるために、彼に対する十字軍を呼びかけ、その兵力を求めにペルージャへ行った。しかし、その軍勢が少数で弱体で、遅いのを見ると、マンフレーディに勝つためには、より確かな助力が必要だと考えた。そしてフランスの好意にたよろうとして、フランス王ルイ(9)〔九世〕の弟、シャルル・ダンジュー(10)〔カルロ・ディ・アンジョー〕をシチリアとナポリの王に指名した。そして、イタリアへやって来て王国を取るよう彼を招いた。

しかしカルロがローマに来る以前に、ウルバヌスが死去し、その後任にクレメンス四世(11)が選出された。そのころ彼は三十隻のガレー船とともにオスティアに到着し、残りの軍勢は陸路で来るように命じていた。そして彼がローマに乗り込んだ際、ローマ市民たちはそのご機嫌を取るため彼を元老に任命した。また教皇は、毎年教会に五万フィオリーノ払い込む義務を課して、彼を王国の国王に封じた。また将来、カルロもその他の者も、その王位につく者は皇帝にはなりえないという命令を発した。

カルロはマンフレーディ目指して攻めこみ、ベネヴェントの近くで彼を破って殺し、[12]シチリアとナポリ王国を領有した。しかし、父の遺言でこの領地も相続していたコンラディンは、ドイツで多数の軍勢を集め、カルロを目指してイタリアに攻め込み、タリアコッツォで彼と戦った。[13]するとまず敗北を喫し、続いてひそかに逃亡したが、捕えられて処刑された。

23

イタリアは平静になり、ハドリアヌス五世[1]が教皇位を継いだ。カルロはローマにいて、元老として持っている地位に基づいてローマを治めたが、教皇はその権力が我慢できず、ヴィテルボに移住した。そして、カルロと対決しにイタリアに来るよう、皇帝リドルフォ〔ルドルフ〕[2]にけしかけた。こんなふうに教皇たちは、ときには宗教に基づく信仰心のため、またときには彼ら自身の野心のために、新しい人びとをイタリアに呼び入れ、新しい戦争を引き起こすことを決して止めようとはしなかった。そして、ある君主を強力にしてしまうと、そのことを後悔して、その破滅を画策した。また彼らの弱体さのために、決して占有できない地域を、他人が占有することを許さなかった。君主たちは教皇を恐れた。なぜならボニファキウス八世[3]のように、何らかの欺瞞によって屈服させられるか、他の何人かのように、友情を装って皇帝の手中に捕えられない限り、彼らは常に戦い、逃走しながら勝利し続けたからである。

ルドルフは、ボヘミア王[4]との間で引き起こした戦争に手間どって、イタリアには来なかった。その間にハドリアヌスが死に、大胆で野心的な人物、オルシーニ家[5]のニコラウス三世[6]が教皇位についた。彼は、何としてでもカルロの力を弱めたいと考えて、皇帝ルドルフに対し、カルロがマンフレーディの死後、トスカーナでグェルフィ党のための知事を任命して、そのままこの地域を治めていることに抗議するように命じた。カルロは皇帝に従って、知事たちを引き揚げた。教皇は皇帝の知事として、自分の甥にあたる枢機卿[7]をトスカーナに派遣した。その結果、皇帝は自分に対して与えられた名誉のお返しとして、前任者たちが教会から取り上げておいたロマーニャを教会に返した。すると教皇は、ベルトルド・オルシーニ[8]をロマーニャ公に任命した。

こうして、いまや十分有力になり、カルロと公然と対決できると信じた教皇は、彼からローマの元老の地位を剥奪し、今後彼の一族は何人といえども元老になってはならない、という命令を下した。さらにカルロからシチリアを奪いたいという望みが生じ、この目的でアラゴン王ピエトロ[9]〔ペドロ〕とひそかに交渉した。このことは、やがて彼の後継者の時代に実現した[10]。彼はさらに自分の家から、それぞれロンバルディーアとトスカーナを治める二人の王を出して、その力によって、イタリアにやって来るドイツ人や、ナポリ王国にいるフランス人から教会を守ろうとした。[11]

しかし、こうした構想を抱いたままニコラウス三世は死んでしまった。彼こそは自分の野心を公然と示し、教会を偉大にするためという口実の下で、自分の一族を重んじて恩恵を施そうと画策した最初の教皇であった。これ以前の時代には、いかなる教皇の甥や親族の名前も、言及されることは一度もなかったのだが、これ以後はまさにそれと対照的に、歴史はそうした名前だらけになる。そして、教皇の息子[12]のことまで語らねばならないことになる。また彼らが私たちの時代に至るまでに考えたのは、せいぜい彼らを君主にすることだったが、これから先はそれと同様に、教皇位の相続人にすることだって考えかねないだろう。たしかに今日までのところ、彼らが制定した君主国は短命であった。なぜなら大抵の場合、教皇たちが短命であったために、彼らの植木を植えるための準備ができないか、たとえ植えることはできても、わずかのひょろひょろした根しかついていなかったために、それを支える力が消えた途端、風がたった一吹きしただけで、へなへなと倒れてしまったからである。

24

彼〔ニコラウス三世〕の後を継いだのはマルティヌス四世[1]だったが、彼は国籍がフランスだったために、カルロの党派に味方した。カルロはその教皇を支援して、たまたま教皇に反逆したロマーニャに軍隊を派遣した。彼らがフォルリに陣を構えていたとき、占星術師のグイド・ボナット[2]〔ボナッティ〕は、彼が示すある時点で、民衆がフランス人を攻撃し、彼らはすべてそこで捕えられ殺されるだろう、と予言した。この時ニコラウス教皇がアラゴンのピエトロ王に対して行なっておいた工作が実現し、その計画に従って、シチリア人がその島にいたフランス人たちを皆殺しにした[3]。そのおかげでピエトロはシチリアの領主となり、マンフレーディの娘であるゴスタンツァ[4]〔コスタンツァ〕を妻にしていたので、この島は自分のものである、と主張した。

一方カルロは、シチリア奪回の戦争を再準備している最中に死んでしまった。彼にはカルロ二世[5]という息子がいたが、この戦争で捕虜となり、シチリアで囚われていた。カルロ二世はアラゴン王家がシチリアの王に封じられるように教皇に請願し、もし三年以内にその許しが得られなければ自分は再び捕虜の牢獄に戻ることを約束して、釈放された。

25

皇帝ルドルフは、イタリアに来て帝国の権威を立て直したという名声を樹立する代わりに、お金さえ払えばすべての都市に自由を与える権限を備えた彼の大使をイタリアに派遣した。そこで、多くの都市は自分を買い戻し、自由を得て生き方を変えた。

ザクセンのアドゥルフォ〔アドルフ〕[1]が皇帝位を継ぎ、ピエトロ・デル・ムルローネが教皇位について、教皇ケレスティヌス[2]と呼ばれた。彼は隠者で大変聖徳の高い人だったが、六か月後には教皇位を辞任した。そしてボニファキウス八世が選出された。たとえアルプスの彼方の勢力による妨害がないときでも、教皇がみだりにその権力を確立したり行使したりはできないように、諸天[3]（それらはフランス人とドイツ人がイタリアから去って、この地域が全部イタリア人の手中にとどまる時代が、どのようにやって来るはずであるかを知っている）は、その権力と地理的な近さによって教皇権を弱体なものにしておくため、コロンナ家[4]とオルシーニ家という二つのきわめて有力な家族をローマで発展させた。

教皇ボニファキウスは、このことを悟るとコロンナ家つぶしに取りかかり、彼らを破門するとともに対コロンナ家十字軍を発令した。このことは、多少は彼らに打撃を与えたとはいえ、教会に対してはさらに大打撃を与えることとなった。なぜなら信仰への愛のために立派に利用していた武器を、いわば自分の野心のためにキリスト教徒相手に利用したため、切れ味が悪くなり始めたからである。このように、自分の欲望を充たそうとする過大な望みが、少しずつ教皇の武力を解除していったのだ。そのうえコロンナ家の二人の枢機卿[5]は、その地位を剝奪された。コロンナ家の家長サッラ〔シャッラ〕[6]はひそかに身を隠して彼の前から逃亡したが、カタルーニャの海賊に捕えられて、ガレー船を漕がされていた。

しかし、その後マルセーユでその正体がばれ、フランスのフィリップ王[7]の許に送られた。この王も、やはりボニファキウスによって破門され、王権を剥奪されていたのだった。フィリップ王は、教皇相手に戦争することが身の破滅になるか、そうでなくとも大変危険なことだと考えて、詭計にたよることにした。そして教皇との間で妥協を望んでいる振りをして、ひそかにシャッラをイタリアに送りこんだ。彼は教皇がいるアラーニャ〔アナーニ〕に到着すると、夜中に仲間を呼び集めてボニファキウスを捕えた。その後間もなくアナーニの市民によって解放されたけれども、教皇はその時の侮辱の悔しさに耐えられず、怒りのあまり死んでしまった[8]。

26

一三〇〇年にボニファキウスによって大赦祭が制定され、またそれは百年ごとに挙行されることが定められた。この当時、グェルフィ党とギベッリーニ党との間では、多くの紛争が続いていた。イタリアは皇帝たちによって見捨てられていたために、多くの都市が自由になり、そして多くの都市が専制君主によって占拠された。教皇ベネディクトゥス[1]〔十一世〕は、コロンナ家の枢機卿たちに枢機卿の帽子〔地位〕を返してやり、フランス王フィリップの破門を解いた。クレメンス五世[2]がその後を継ぎ、彼はフランス人だったために、一三〇五年に教皇庁をフランスに移した。この間に、ナポリ王カルロ二世が死に、その息子ルベルト〔ロベルト〕[3]が後を継いだ。アッリーゴ・ディ・ルジンボルゴ〔ルクセンブルクのハインリヒ〕[4]が帝位につき、教皇が不在であったにもかかわらず、戴冠式のためにローマへやって来た。彼の到来によって、ロンバルディーアでは大変な激動が生じた。なぜならグェルフィ党、ギベッリーニ党のいずれを問わず、すべての亡命者たちに帰国を許されたからである。引き続いて双方の党派は互いに追放し合い、この地域は戦乱に充ち、皇帝が全力を尽くしてもそれを防げなかった。

ハインリヒはロンバルディーアを去ると、ジェノヴァを経てピサにやって来た。この町で彼はロベルト王からトスカーナを取り上げようと画策したが、どんな成果も上げることができないまま、ローマへ赴いた。しかしロベルト王に支援されたオルシーニ家の人びとに追われて、ローマにもわずかの期間しか滞在できなかった。そしてピサに戻り、トスカーナでの戦いをより確実にして、ロベルト王の支配からこの地域を取り戻すために、シチリア王のフェデリーゴ[5]にロベルトを攻撃させた。しかし、一挙にトスカーナを占領することと、ロベルトからその国土を奪うこととを目指していた最中に、彼は死んだ。その後、皇帝位を継いだのは、バヴァリア〔バイエルン〕のルートヴィヒ[6]であった。その間に教皇位についたのはヨハンネス二十二世[7]で、その時代にも皇帝は教会とグェルフィ党を迫害することをやめなかった。その教会を守ったのは、大部分ロベルト王とフィレンツェ市民とであった。そこでロンバルディーアでは、ヴィスコンティ家[8]によるグェルフィ党に対するたび重なる戦争、トスカーナではカストルッチョ・ダ・ルッカ[9]のフィレンツェ市民に対する多くの戦いが生じた。しかしヴィスコンティ家は、その後イタリアを統治する五大国の一つ、ミラノ公領に起源をもたらした家なので、さらに古い年代にさかのぼって記しておく必要がある、と私は考える。

27

ロンバルディーアでは、すでに述べたフェデリーゴ・バルバロッサから身を守るための都市の同盟が存続しており、ミラノもその廃墟から立ち直ると、受けた侮辱に復讐するためにその同盟に加わった。こうして、その同盟はバルバロッサの力を押え、一時期ロンバルディーアでは教会側の党派を活気づけた。こうして、持続したこれらの戦争の苦難のただなかで、この都市ではデッラ・トルレ家[1]と呼ばれる一族がきわめて強力になった。そして、皇帝たちがこの地域でほとんど権威を持たなかった間は、その名声がますます高まった。

しかしフェデリーゴ二世がイタリアにやって来て、エッチェリーノの働きにより、ギベッリーニ党が強力になると、至るところでギベッリーニ贔屓の気風が生じた。そこでミラノでは、ギベッリーニ党の立場を取っていた人びとのなかにヴィスコンティ家がいて、彼らはデッラ・トルレ家をミラノから追放した。しかし少しの間亡命しているうちに、皇帝と教皇との間の協定が成立し、彼らは祖国に戻ることが許された。だが、教皇庁を率いて教皇がフランスに去った後、ルクセンブルクのハインリヒがイタリアへやって来て、当時両家の家長であったマッフェオ〔マッテオ〕・ヴィスコンティとグイド・デッラ・トルレ(2)によって迎えられた。

マッテオはこの時、グイドが皇帝権と対立している党派なので、その計画は容易に実現できるものと考えて、グイドの追放のために皇帝を利用することを計画した。そしてドイツ人の忌まわしい振舞いが、市民の不満を掻きたてる機会を狙った。そこで彼は、注意深く市民の一人一人を勇気づけ、武器を取ってこの野蛮人に隷従するのを振り払うように説得した。目的に適うだけの火種が用意できたと判断した時、それをきっかけにして全市民が悪名高いドイツ人に向かって武器を取るよう、彼はある腹心の者に反乱を引き起こさせた。そして、その騒動が起こるか起こらないうちに、マッテオは息子たちや自分の党派の者たちとともに武装し、ハインリヒの所に駆けつけ、この騒動がデッラ・トルレ家の者によって引き起こされたことを伝え、彼らは私人としてミラノにいるだけでは満足できず、イタリアのグェルフィ党の好意を得て、この都市の君主になるために、皇帝からこの都市を奪おうとして決起したのだ、と訴えた。しかし自分は善意の持主であるため、自分たちもその党派も、皇帝が身を守ろうとする時には、何としてでも彼を救うつもりだ、と述べた。

ハインリヒはマッテオが語ったことはすべて真実だと信じて、自分の軍隊をヴィスコンティの軍隊と合体させると、反乱を鎮めようと市内のあちこちを走り廻っていたデッラ・トルレ家の軍隊を攻撃した。そして、できるだけ多くの敵を殺してしまうと、残りの者を追放に処して、その資産を奪いとった。

その結果マッテオ・ヴィスコンティは、君主としてミラノに残った。彼の後にはガレアッツォとアッツォ[3]、その二人の後にはルキーノとジョヴァンニ[4]が残った。ジョヴァンニはこの都市の大司教となり、彼に先立って死んだルキーノには、ベルナボとガレアッツォ[5]が残され、またその後間もなくガレアッツォが死んだので、彼の子としてヴィルトゥ伯と呼ばれたジョヴァン・ガレアッツォ〔ジャンガレアッツォ[6]〕が残された。彼は大司教の死後、詭計によって叔父のベルナボを殺し、ミラノの唯一の君主となった。彼こそ公の称号を得た最初の者であった。彼の子にはフィリッポとジョヴァンマリアニョーロ〔ジョヴァンニ・マリーア[7]〕とが残されたが、後者はミラノの市民によって暗殺され、フィリッポが領地を継いだ。フィリッポは男子を残さなかったため、その領地はヴィスコンティ家からスフォルツァ家へと移ったが、その経過や原因については、その時期に語ることにする。

28

さて話を元へ戻すと、皇帝ルートヴィヒは彼の党派の信用を高め戴冠式を行うためにイタリアへやって来た。そしてミラノにいた時、ミラノ市民から資金を引き出す口実を得るために、ミラノ市民を解放する振りをして、ヴィスコンティ家の人びとを投獄した。その後カストルッチョ・ダ・ルッカの仲介で、彼らを釈放した。そしてローマに着くと、イタリアをより容易に攪乱できるよう、ピエロ・デッラ・コルヴァーラ(1)を対立教皇にした。それは彼の名声とヴィスコンティ家の力によって、トスカーナとロンバルディーアの反対派を無力にするためであった。しかしカストルッチョが死に、その死がルートヴィヒの没落の開始の原因となった。なぜならピサとルッカが彼に反逆し、ピサ市民たちは対立教皇を捕えて、フランスの教皇の許に送ったからである。

その結果、イタリアの事態に絶望して皇帝はドイツに帰国してしまった。まだ彼が帰国しないうちに、ボヘミア王のヨハン(2)がブレッシャのギベッリーニ党員に招かれてイタリアにやって来て、ブレッシャとベルガモを領有した。その逆のように装われていたが、ヨハンの到来は教皇の同意によるものであり、ボローニャの教皇使節(3)は、これこそ皇帝がイタリアに戻って来ないための優れた対策だと判断して、彼に味方したのである。

ボヘミア王が出発すると、イタリアの情勢は一変した。なぜなら、フィレンツェ市民やロベルト王は、教皇使節がギベッリーニ党の計画を援助するのを見て、教皇使節やボヘミア王の味方をしたあらゆる人びとを敵視するようになったからだ。こうして、グェルフィ党やギベッリーニ党とは関係なく、多くの君主たちが彼らと結束した。そのなかにはマントヴァのフィリッポ・ゴンザーガ、ヴィスコンティ、デッラ・スカーラ、ダ・カルラーラ[4]、エステなどの家々の人びとがまじっていた。そこで教皇は、全員を破門した。するとボヘミア王は、こうした同盟から彼の家に対するより強力な反対勢力が結集されるのを恐れて、もっと大きな兵力を集めるために一旦は引き上げ[5]、その後また前以上の軍勢を引き連れてイタリアへとやって来た。それにもかかわらず、この遠征は彼にとって困難なものとなった。そこで彼は非常に驚いてボヘミアへ引き返し、教皇使節を失望させた。ただレッジョとモデナのみを監視下におき、またパルマできわめて有力だったマルシーリオとピエロ・デ・ロッシ[6]に同市を委ねた。彼が去るとボローニャは同盟に接近し、また同盟者は教会側に止まった四つの都市を分配し、パルマはスカーラ家、レッジョはゴンザーガ家、モデナはエステ家、ルッカはフィレンツェ市民に属することに決まった。しかし、それらの都市への遠征の際に、多くの戦争が起こった。その多くはヴェネツィア市民の画策によるものであった。

彼らの共和国は、その制度でも実力でも、イタリアの他のどんな国家〔君主国〕よりも賞賛されるべきだから、イタリアで起こったさまざまな事件を論じる際に、われわれがヴェネツィア人について論じることをこんなに後廻しにしてきたことが、おそらくある人にとっては不適当なように思われるかもしれない。しかしその原因を理解して、そうした意外感を除いていただくため、彼らの方針がどんなものであり、またなぜ彼らがイタリアの問題に苦労することをこれほど後廻しにしたかを、誰にでも理解していただけるよう、この後たっぷりと説明しておこう。

29

フン族の王アッティラがアクイレイアを包囲した時、その町の住民たちは長い間抵抗したあげく、自分たちの安全に絶望して、できる限りの動産を持つと、アドリア海の端に浮かぶ多くの無人の岩礁の上へと逃れた。パドヴァの人びとも戦火が近いのを見て、アクイレイアが敗れた後、アッティラが彼らを見つけにやって来ることを恐れ、特に貴重な彼らの動産のすべてを、同じ海のリーヴォ・アルト〔リアルト〕と呼ばれている場所に運んだ。また女子供、老人をもそこへ送った。そして若い人びとだけを、町を守るためにパドヴァに残した。これらの人びとに加えて、モンセーリチェの人びとも、周囲の丘の住民たちとともに、同じ恐怖に駆られて、同じ海の岩礁の上に逃れた。

ところがアクイレイアが占領され、アッティラがパドヴァ、モンセーリチェ、ヴィチェンツァ、ヴェローナを破壊すると、パドヴァの住民、とりわけ最も富裕な人びとが、リアルト周辺の沼地に定住し始めた。同様に、古くはヴィネツィアと呼ばれたこの地域の住民たち全員が、同じ災難に追われてその沼地に避難した。彼らはこうして必要に迫られ、非常に快適で肥沃な場所を捨てて、不毛で入りくんでいて、あらゆる便宜とは無縁な場所に住みついたのである。ところが、一挙に大勢の人びとがやって来たために、ほんのわずかの間に、彼らはその場所を住めるようにしただけでなく、好ましい場所にしてしまった。お互いの間で法律や制度を定め、イタリアの廃墟のなかで、安全を享受した。短期間の間にその名声と勢力は上昇した。なぜなら先に述べた住民たちに加えて、とりわけロンゴバルド族のクレーフィ王の残酷さにいたたまれなくなった、ロンバルディーアの諸都市の人びとが多数逃げ込んで来たからである。そのことは、この都市にとって少なからぬ利益となった。

こうしてフランス王ピピン(1)の時代に、彼が教皇の依頼に応えてイタリアからロンゴバルド族を追い払うためにやって来た時も、彼とギリシャ皇帝たちとの間で結ばれた条約では、ベネヴェント公とヴェネツィア市民とは、それらの君主のいずれにも属しておらず、その中間にあって自らの自由を享受することとなった。これに加えて、必要に迫られて水上で暮らすことになったために、やむを得ず彼らは陸をあてにしないで、水上で正直に生きようと考えざるを得なかった。そして、船で世界中を往来しているうちに、彼らの都市をさまざまな商品で一杯にしてしまった。他の人びともそうした商品が必要になり、その場所へ頻繁に出入りすることとなった。そこで彼らは長年の間、彼らの商取引をより容易にしてくれる場所を支配することと以外は、考えたことがなかった。

だから彼らは、ギリシャとシリアで多くの港を獲得した。またフランス人〔十字軍〕がアジアを往来した際、彼らに大いに船便を提供し、それに対する褒美としてカンディア島(2)を与えられた。こうした形で生きていたころには、ヴェネツィア市民の海上における評判は恐ろしいものだったが、イタリアの国内では尊敬すべきものであった。

したがって、ありとあらゆる争いが生じた時、大抵の場合、彼らはその審判役となった。たとえば同盟者同士の間で、互いに分け合う領地をめぐって紛争が生じた場合が、そうであった。その係争はヴェネツィア市民に委ねられ(3)、ベルガモとブレッシャはヴィスコンティ家のものとなった。しかし時とともに、彼らは支配するという貪欲に駆りたてられ、パドヴァ、ヴィチェンツァ、トレヴィーゾを、そしてその後、ヴェローナ、ベルガモ、ブレッシャを占領し、さらに王国とロマーニャの多くの都市も占領すると、彼らの力についての評価は、ただイタリアの君主の間だけではなく、アルプス以北の王たちにとっても恐怖の的となった。そこで彼らはヴェネツィア市民に対する陰謀をたくらみ、ある日、長い年月と莫大な資金をかけて獲得された領地をヴェネツィア市民から取り上げた(4)。最近、彼らはそのうちの一部を取り返しはしたが、その名声も権力も回復するにはいたらず、イタリアの他のすべての君主の場合と同様、他人の意志に左右されて生きている。

30

ベネディクトゥス十二世[1]が教皇位につくと、彼はイタリアで持っていた領土を全部失ったように思い込み、〔バイエルン人の〕皇帝ルートヴィヒがその領主となることを恐れた。そこでこれまで通常、皇帝に従っていた領地を簒奪《さんだつ》したあらゆる人びとを味方につけようと考えた。つまりそれは、彼らが、皇帝権を恐れる原因を抱えているので、イタリアを守るために自分と同盟を組ませるためであった。そこで一つの勅令を発して、ロンバルディーアのすべての独裁者は、すでに簒奪した領地を正当な権利に基づいて保有することになる、と宣言した。こうした譲歩を与えてこの教皇が死んだ後、クレメンス六世[2]がその後任に選ばれた。どんなに気前良く皇帝権に属する領地を教皇が分け与えたかを目の当りにした皇帝は、彼自身も他人の持物についての気前の良さという点で教皇にひけを取らないよう、教会の領土のなかでそれぞれの領地の専制君主となっている者たちに対して、皇帝権に基づいてそれを占有できるように、それらの領地を分け与えた。

このおかげで、ガレオット・マラテスタ[3]とその兄弟はリミニ、ペーザロ、ファーノの領主となり、アントニオ・ダ・モンテフェルトロ[4]はマルケ地方とウルビーノの、ジェンティーレ・ダ・ヴァラーノ[5]はカメリーノの、グイド・ダ・ポレンタ[6]はラヴェンナの、シニバルド・オルデラッフィ[7]はフォルリとチェゼーナの、ジョヴァンニ・マンフレーディ[8]はファエンツァの、ロドヴィーゴ・アリドージ[9]はイモラのそれぞれ領主となり、さらにもっと多くの他の領地が他の者の所有物となったために、結果として教会の領地で領主のいない所はほとんど残っていないあり様だった。こうしたことが、アレクサンデル六世[10]の時代まで教会を弱体なものにした。この教皇は私たちの時代に、これらの領主の子孫を滅ぼすことによって、その権威を教会に取り戻した。皇帝はこうした譲渡を行った時トレントにいて、イタリアを通過したいという意向を明らかにした。そこでロンバルディーアで多くの戦争が相次いで起こり、その結果ヴィスコンティ家がパルマを領有した。

　このころナポリ王ロベルトが死に、彼にはずっと前に死んだ息子のカルロの娘である二人の孫娘しか残っていなかった。ロベルトの遺言では、ジョヴァンナ[11]と呼ばれた姉が王国の相続人となり、彼の甥にあたるハンガリー王の息子アンドレーア[12]を夫にするよう指定されていた。アンドレーアはジョヴァンナと長く生活をともにしなかった。彼女によって殺害されたからである。彼女は、ターラント公でロドヴィーコ[13]と呼ばれる別のいとこと結婚した。しかし、ハンガリー王でアンドレーアの兄にあたるロドヴィーコ[14]が、弟の死に復讐するため軍隊を率いてイタリアに到来し、女王ジョヴァンナとその夫をナポリ王国から追放してしまった。

31

このころローマでは、記憶すべき出来事が起こった。それはカンピドーリオの書記官長のニッコロ・ディ・ロレンツォ〔コーラ・ディ・リエンツォ〕(1)という者が、ローマの元老を追放して自ら護民官《トリブーノ》という称号を名乗り、ローマ共和国の首長となったことである。そして共和国を古代の形態に戻すと、正義と美徳というたいそうな評判に包まれながら、近隣の領地のみならずイタリア全土に使者を派遣した。

ローマが復活したのを見ると、昔の属領では、ある地方は恐怖に駆られ、他の地方は希望に鼓舞されて、奮起して彼を敬った。しかしコーラは、それほどの名声を得たにもかかわらず、自ら最初の主義を放棄した。つまり、それほどの重責に恐れをなして、誰から追放されたわけでもないのに、こっそりと逃亡してしまったのだ。そして彼は、バヴァリアのルートヴィヒ(2)を軽んじた教皇の命令で皇帝に選出されていた、ボヘミア王カール(3)の許に出頭した。カールは教皇の機嫌を取るため、捕虜にしたコーラを教皇の許に送った。

その後しばらくして、コーラの真似をしたフランチェスコ・バロンチェッリ(4)という者が、ローマで護民官の地位につき、元老を追放した。そこで教皇は、もっともてっとり早くこれを鎮圧する手段として、コーラを牢獄から引き出してローマへ派遣し、護民官(5)の地位に戻した。こうしてコーラは地位を取り戻し、フランチェスコを殺した。しかし、コロンナ家を敵に回したため彼も程なくして殺害され、その権限は元老に返還された。

32

このころハンガリー王はジョヴァンナ女王を追放するやいなや、自分の王国に帰った。しかし教皇〔クレメンス六世〕は、この王よりも女王がローマの隣国を治めていることを好み、この王に対して工作した結果、王は女王の夫ロドヴィーコがターラント公という称号で満足して、王と呼ばれないという条件で、王国をジョヴァンナに返却することに同意した。

一三五〇年となると、教皇はボニファキウス八世が百年ごとに挙行すると決めておいた大赦祭を、五十年ごとに短縮することが妥当だと考えて、そのことを勅令として発布した(1)。ローマ市民はこの恩恵と引き換えに、教皇がこの都市国家を改革するために四人の枢機卿を派遣することと、教皇がその望みどおりに元老を選出することを認めた。教皇はまた、ロドヴィーコ・ダ・ターラントがナポリ王である、と宣言した。そこで女王ジョヴァンナは、この恩恵に報いるため、自分の世襲財産であるアヴィニョンを教会に寄進した。

当時ルキーノ・ヴィスコンティが死に、そこでミラノ大司教ジョヴァンニだけがその領主として残った。彼はトスカーナや自分の近辺に大いに戦争を仕かけ、その結果きわめて有力になった。彼が死ぬと、その甥ベルナボとガレアッツォが残されたが、その後まもなくガレアッツォが死に、その子ジャンガレアッツォが残され、彼がベルナボとその領土を分かちあった。

当時、皇帝はボヘミア王のカールで、教皇はインノケンティウス六世であった。教皇はイタリアにスペイン国籍の枢機卿エジーディオ〔・アルボルノス〕[2]を派遣し、彼はその力量によってロマーニャとローマだけでなく、イタリア全土で教会に対する信用を回復させた。当時ミラノ大司教によって占領していたボローニャを取り戻し、ローマ市民に毎年教皇から派遣されてくるはずの外国人の元老を受け入れさせ、ヴィスコンティ家相手に名誉ある協定を結び、四千人のイギリス人を率いて、ギベッリーニ党の味方としてトスカーナで戦ったジョヴァンニ・アウグート〔ジョン・ホークウッド〕[3]を破って、これを捕えた。そこでウルバヌス五世[4]が教皇位を継ぐと、これほど多数の勝利が得られたことを知って、イタリアとローマを訪問することを考えた。すると、カール皇帝もそこへやって来た。そしてほんのわずかな月日の後、カールは帰国し、教皇もアヴィニョンに戻った。

ウルバヌスの死後、グレゴリウス十一世[5]が選出されたが、彼の時代にアルボルノスも死去したため、イタリアは昔どおりの紛争に戻った。それはヴィスコンティ家に対抗して同盟した市民たちが引き起こしたものだった。そこで教皇は、まず六千のブルターニュ兵を率いる教皇使節[6]をイタリアに派遣し、その後彼自らがやって来て、すでにフランスに七十一〔実際は六十八〕年存在していた教皇庁を、一三七六年[7]にローマに戻した。この教皇の死後、ウルバヌス六世[8]が選出されたが、その後間もなくフォンディにおいて、ウルバヌスは正しく選ばれなかったとする十人の枢機卿によって、クレメンス七世[9]が選出された。

この当時、長年ヴィスコンティ家の支配下で生きて来たジェノヴァ市民が反乱を起こした。ジェノヴァ市民とヴェネツィア市民との間では、テネドス島[10]をめぐって、きわめて重要な戦争が勃発し、そのためイタリアは二分された。この戦争の途中で、ドイツ人によって新しく発明された武器である大砲が、初めて戦争に現れた。一時期ジェノヴァ市民は優勢で、何か月にもわたってヴェネツィアを包囲[11]したが、戦争の末期となるとヴェネツィア市民が優位に立っていた。そして教皇の仲裁で、一三八一年に和平が結ばれた。

33

すでに述べたとおり、教会大分裂が発生していた。そこでジョヴァンナ女王は、分裂派の教皇を支援した。そのためにウルバヌス教皇は、ナポリ王国の王族の子孫であるカルロ・ディ・ドゥラッツォ[1]に、彼女から王位を奪い取るための遠征を試みるようけしかけた。

彼はやってきてジョヴァンナから国家を奪い、王国の主となった。彼女はフランスに逃亡した。[2]フランス王[3]はこのことに腹を立て、女王のために王国を取り戻し、ウルバヌスをローマから追放して対立教皇をその主にするため、ロドヴィーコ・ダンジョー〔ルイ・ダンジュー〕[4]をイタリアに派遣した。しかし、ルイはその遠征の途中で死に、彼の軍隊は敗北してフランスへ逃げ戻った。

この間に教皇はナポリへ行き、そこでフランスと対立教皇の側についたという理由で、九人の枢機卿を投獄した。[5]その後、彼の甥の一人をカプアの領主にしないという理由でカルロ王に対して腹を立て、そのことはまったく意に介さない振りをして、自分が住むためにノチェーラを求めた。それからノチェーラで立場を固めると、王から王国を奪い取るための準備をした。そこで王はノチェーラに向かって出陣し、教皇はジェノヴァに逃れて、投獄していた枢機卿たちを殺させた。そこから彼はローマへ行き、自分の評判を高めるために、二十九人の枢機卿を任命した。このころナポリ王カルロは、自分が国王に選ばれたハンガリーへ行き、その後すぐに殺された。彼はナポリに妻とラディスラーオとジョヴァンナ[6]という子供たちを残していた。

このころ、ジャンガレアッツォ・ヴィスコンティもまた叔父のベルナボを殺して、ミラノの領土全体を奪っていたが、ロンバルディーア全体の公となるだけでは満足せず、トスカーナをも占領したいと望んだ。しかし、彼はトスカーナの支配権を握り、さらにイタリア王として戴冠できると確信した時に死んだ。ウルバヌス六世の後をボニファキウス九世[7]が継ぎ、アヴィニョンでも対立教皇クレメンス七世が死んで、後任にベネディクトゥス十三世[8]が選ばれた。

34

当時イタリアは、イギリス人、ドイツ人、ブルターニュ人など、一部はさまざまな時代にイタリアへやって来た君主たちに連れてこられ、また一部はアヴィニョンにいる教皇たちが送りこんだ多くの兵隊でいっぱいだった。イタリアのすべての君主たちは、長い間こうした兵士たちを用いて自分たちの戦争をしていたのだが、それはロマーニャの人、ロドヴィーコ〔実はアルベリーゴ〕[1]・デル・コーニオがサン・ジョルジョと称する傭兵隊を組織するまでのことだった。この部隊の力量と訓練は、軍事における名声をわずかの間に外国人から奪って、イタリア人の間に戻した。だから、その後イタリアの君主たちは、自分たち同士の間で行う戦争では、イタリア人を利用することとなった。教皇はローマ市民との不和のためアッシージに去り、一四〇〇年の大赦祭がくるまでその地に止まった。

この年ローマ市民は、この都市の利益のために教皇がローマに戻ってくれるよう、教皇が派遣する外国人元老を喜んで受け入れることを認めた。さらに、教皇がサンタンジェロ城を補強することを許した。こうした条件で戻ると、教皇は教会をもっと富ませるために、聖職録の空いたポストに就任した者に対し、全員その一年分を国庫に支払うよう命じた。

ミラノ公ジャンガレアッツォの死後、ジョヴァンニ・マリーアとフィリッポ〔・マリーア〕という二人の息子が残されたが、その領土は多くの部分に細分された。その後に続く苦難のため、ジョヴァンニ・マリーアは殺され、フィリッポもしばらくパヴィーアの要塞に閉じ込められていたが、その城塞長官の忠誠と力量とによって救出された。彼らの父ジャンガレアッツォが所有していた都市を占領した者の一人に、グリエルモ・デッラ・スカーラ[2]がいたが、亡命者である彼は、パドヴァの領主フランチェスコ・ダ・カルラーラ[3]の手中に逃れ、その力を借りてヴェローナを取り戻した。しかし、その地位に止まったのはわずかの期間だった。というのは、グリエルモはフランチェスコの命令で毒殺され、彼に領土を奪われたからである。

ヴィスコンティの支配下でも安全に生きたヴィチェンツァ市民は、パドヴァ領主が強大化することを恐れて、ヴェネツィア市民に身を寄せた。ヴェネツィア市民たちは、ヴィチェンツァ市民の支援の要請を口実にして、まずフランチェスコからヴェローナを奪い、その後パドヴァをも奪い取った。

35

この間に教皇ボニファキウス〔九世〕が死に、インノケンティウス七世[1]が選出された。ローマ市民は彼に対して、自分たちに城塞を返し、またその自由を回復してほしい、と陳情した。それに対して教皇は同意しようとしなかった。そこで市民は支援を求めて、ナポリ王ラディスラーオを招いた。教皇は市民を恐れてヴィテルボに逃れ、そこで自分の甥ロドヴィーコ[2]をマルケ伯に任命したが、その後彼らの間で和解が成立して、教皇はローマへ戻って来た。

その後インノケンティウスが死去すると、もしも対立教皇が辞任した場合には、自分もただちに教皇の地位を辞任する条件を義務づけられて、グレゴリウス十二世[3]が選出された。枢機卿たちの激励をうけて、教会の再統一が可能かどうかを試みるために、対立教皇ベネディクトゥスはポルト・ヴェネレへ、グレゴリウスはルッカへとやって来た。そこで多くのことが交渉されたが、何一つとしてまとまらなかった。その結果、双方の教皇の枢機卿が彼らを見捨ててしまい、ベネディクトゥスはスペインへ行き、グレゴリウスはリミニへ行った。

反対派の枢機卿たちは、ボローニャ枢機卿で教皇使節だったバルダッサレ・コッサ[4]の好意により、ピサで公会議を開催し、アレクサンデル五世[5]を選出した。彼は直ちにラディスラーオ王を破門し、ルイ・ダンジューをナポリ王に任命した。ルイはフィレンツェ市民、ジェノヴァ市民、ヴェネツィア市民、教皇使節バルダッサレ・コッサとともに、ラディスラーオ王を攻撃して、彼からローマを奪った。

　この戦争のほとぼりも冷めないうちにアレクサンデルが死に、バルダッサレ・コッサが教皇に選出されてヨハンネス二十三世と呼ばれた。彼は教皇に選出されたボローニャを出発してローマへ行き、そこでプロヴァンスの軍隊を率いてやって来たルイ・ダンジュー[6]と出会った。そしてラディスラーオ軍と戦い、それを破った。しかし傭兵隊長たちの失敗で、勝利をまっとうできず、ラディスラーオ王は間もなく戦力を立て直して、ローマを奪回した。そこで教皇はボローニャに逃走し、ルイはプロヴァンスに逃げ戻った。教皇は、どうすればラディスラーオの戦力を弱めることができるかを考えて、ハンガリー王シジズムンド〔ジギスムント〕[7]を皇帝に選出するようはからい、彼にイタリアへ来るように勧め、彼とマントヴァ[8]で会談した。そして、教会さえ一体となれば容易に敵の戦力に対抗できるはずだから、教会が一体となれるよう全体的な公会議を開催することで一致した。

36

この当時、三人の教皇がいた。それはグレゴリウス、ベネディクトゥス、ヨハンネスで、彼らの教会は弱体で信用がなかった。ヨハンネス教皇の意に反し、公会議の場所としてドイツのコンスタンツが選ばれた。ラディスラーオ王の死によって、この教皇には公会議の開催を進める動機がなくなっていたのだが、それにもかかわらずそれを義務づけられていたために、そこへ行くのを拒否できなかった。そしてコンスタンツに連行されると、あまり月日が経たないうちに自分の誤りに気づいたのだが、逃亡しようと試みたときには、すでに時期が遅かった。

そのためにヨハンネスは投獄され、教皇位を放棄するように強制された。また対立教皇の一人グレゴリウスは、その委任状で教皇位を放棄した。もう一人の対立教皇ベネディクトゥスは、放棄を望まなかったため異端者の宣告を受けた。最後に自派の枢機卿たちにも見捨てられて、彼も放棄せざるを得なくなり、公会議はその後マルティヌス五世[1]と呼ばれたコロンナ家のオットーを教皇に選出した。こうして何人もの教皇に分裂していた教会は、四十年後に統一された。

37

すでに述べたように、フィリッポ・ヴィスコンティはこの当時パヴィーアの要塞にいた。たまたまこの時ロンバルディーアの紛争に乗じてヴェルチェッリ、アレッサンドリア、ノヴァーラ、およびトルトーナの領主となったうえに莫大な富をかき集めていたファツィーノ〔ファチーノ〕・カーネ[1]が死んだ。彼には子供がなかったため、自分の領土の相続人として妻ベアトリーチェ[2]を指名し、さらに彼女がフィリッポと結婚できるよう運動するように、と友人たちに命じておいた。この結婚によってフィリッポは有力となり、ミラノとロンバルディーア全土を取り戻した。しかしその後フィリッポは、莫大な恩恵に対して恩義を感じていたため、ほとんど常にあらゆる君主がそうしているように、妻のベアトリーチェを不義の罪で告発して殺させた。こうしてこのうえなく強力になると、父ジャンガレアッツォの遺志を継いで、トスカーナへの戦争を考え始めた。

38

ナポリ王ラディスラーオは死んだとき、王国の他にイタリアの主要な傭兵隊長に率いられる大規模な軍隊を、妹ジョヴァンナに残した。そうした傭兵隊長の筆頭の一人に、その武力の優秀さによって評判が高かったスフォルツァ・ダ・コティニョーラ[1]がいた。女王は、ずっと自分の付き人だったパンドルフェッロ[2]という家来とのスキャンダルを避けるために、ターラント公という称号で満足し、王位と王国の統治は彼女に委ねるという条件で、フランス人で王族の一人であるイアコポ・デッラ・マルチャ[3]〔ジャコモ・ディ・ボルボーネ〕を夫とした。しかし彼がナポリに到着するや否や、兵士たちは彼を王と呼んだ。

こうして、この夫と妻の間には大喧嘩が起こり、何度も形勢が逆転した。しかし結局、女王が権力を握ったが、やがて教皇の敵となった。そこでスフォルツァは、彼女を窮地に追い込んで自分の懐に逃げ込むように仕向けようとして、彼女が予期していないときに、軍隊を率いて彼女の許を去った。そのため彼女は一挙に非武装の状態になり、他に手段がないのでアラゴンとシチリアの王アルフォンソ[4]に泣きつき、彼と養子縁組を結び、また武力においてはスフォルツァに匹敵すると評価され、ペルージャその他いくつかの教会の領地を占領したため、教皇の敵となっていたブラッチョ・ダ・モントーネ[5]を雇い入れた。その後、女王と教皇の間で和解が成立した。だがアルフォンソ王は、女王が彼を夫〔原文のままだが、養子の誤り〕として扱わなくなるのではないかと疑い、用心して砦を確保しようと努めた。しかし、奸知にたけた女王はそれを予防して、自らナポリの要塞で守りを固めた。こうして両者の間では疑惑が高まり、ついには武器を取るに至った。

女王は、すでに彼女の傭兵隊長に戻っていたスフォルツァの助けを借りて、アルフォンソを破り、彼をナポリから追放して養子縁組を破棄し、ルイ・ダンジューを養子にした。このことから、アルフォンソ側についていたブラッチョと、女王の味方をしたスフォルツァの間で新たに戦争が起こった。その戦争の最中に、スフォルツァがペスカーラの川を渡河中に溺死したため、女王はまたもや非武装の状態になってしまった。だから、もしミラノ公フィリッポ・ヴィスコンティによって助けられなかったならば、彼女は王国から追放されていたことだろう。

しかしミラノ公は、アルフォンソを強制してアラゴンに帰国させた。だがブラッチョは、アルフォンソが追い出されたことくらいでは驚かず、女王相手の遠征を続け、ラクィラを包囲した。教皇はブラッチョが大きな領地を抱えることは、教会にとってためにならないと判断し、スフォルツァの息子のフランチェスコ(6)を自分のお金で雇った。フランチェスコはラクィラへ行ってブラッチョと対決し、そこでブラッチョを破って殺した。ブラッチョの軍勢には、その息子オッド(7)が残されたが、教皇は彼からペルージャを取り上げ、オッドにはモントーネの城塞が残された。しかし、彼はその後まもなく、フィレンツェ人のためにロマーニャで戦って死んだ。こうしてブラッチョとともに戦った者たちのうちではニッコロ・ピッチーノ〔ピッチニーノ〕(8)の名声が最も高くなった。

39

さて、私たちは当初計画しておいた時点の近くまで叙述を進めてきたし、その残りの分は、特にフィレンツェを扱う箇所で語る予定のフィレンツェ市民とヴェネツィア市民のミラノ公フィリッポ相手の戦争を除くと、大部分重要ではないので、もうこれ以上先へは進まないでおきたい。ここではただ、私たちが筆を進めて到達した時点において、イタリアが君主と軍事に関してどのような状態にあったかを、簡潔にまとめて、記憶に止めておくことにしよう。

主要な君主国では、女王ジョヴァンナがナポリ王国を保持していた。ラ・マルカ〔マルケ地方〕、パトリモーニオ〔聖ピエトロの遺産〕、およびロマーニャでは、それらの領地の一部は教会に服従していたが、他の部分は教会の代理人や専制君主によって占有されていた。たとえばフェルラーラ、モデナ、レッジョはエステ家、ファエンツァはマンフレーディ家、イモラはアリドージ家、フォルリはオルデラッフィ家、リミニとペーザロはマラテスタ家、カメリーノはヴァラーノ家の人びとによって支配されていた。ロンバルディーアのうちの一部はフィリッポ公、他の一部はヴェネツィア市民に服従していた。なぜなら、この地域のある特定の領土を占有していた人びとは、マントヴァを支配しているゴンザーガ家を除くと、すべて滅亡してしまったからだ。トスカーナでは、フィレンツェ市民が最大の部分を支配していた。ただルッカとシエナだけが、自分の法律で暮らしていた。ルッカはグイニージ[1]家に支配され、シエナは自由であった。ジェノヴァ市民は、ときには自由であり、ときにはフランス王家やヴィスコンティ家に隷属して不名誉に生きており、小国家群の一つに数えられていた。

　これらの主要な国家は、すべて自分の武力では武装していなかった。フィリッポ公は自分の寝室に閉じこもったまま姿を見せず、代理人を介して戦争を指揮していた。ヴェネツィア市民は陸地に向かうようになると、海上で彼らに栄光を与えたかの武力を脱ぎ捨てて、他のイタリア人の習慣に従い、自分の軍隊を他人の指揮によって管理した。教皇は聖職者だったために、武器を携帯することが不都合であり、またナポリのジョヴァンナ女王も女性であったために、彼らは他の人びとが選択を誤ったことを必然的に行わざるを得なかった。フィレンツェ市民もまた、まさに同じ必然に従った。なぜなら、たび重なる分裂によって貴族が滅亡してしまい、この共和国は商業に熟練した人びとの手中に収まっていたため、他人の命令や運命に追随することにしていたのである。

　したがってイタリアの武力は、小君主や領土を持たない人びとの手中に握られていた。なぜならマイナーな君主たちは、いかなる栄光によってでもなく、ただより富裕に、あるいはより安全に生きるために、武器を帯びていたからである。またその他の人びとも、子供のころから軍事のなかで育てられたために、他の技術を扱うことを知らないので、武力によって財産や権力を得て、人に重んじられることを求めたからである。

そうした人びとのなかで当時最も有名だったのは、カルミニョーラ〔カルマニョーラ〕[2]、フランチェスコ・スフォルツァ、ブラッチョの弟子のニッコロ・ピッチニーノ、アーニョロ・デッラ・ペルゴラ[3]、ロレンツォおよびミケレット・アッテンドロ[4]、タルタッリア[5]、イアコパッチョ[6]、チェッコリーノ・ダ・ペルージャ[7]、ニッコロ・ダ・トレンティーノ[8]、グイド・トレッロ[9]、アントニオ・ダル・ポンテ・アド・エーラ[10]、その他多数のその同類たちであった。

これらの人びととともに、先に述べた領主たちがいた。それにはローマの領主であるオルシーニ家やコロンナ家が、ナポリ王国やロンバルディーアの他の領主や貴族とともに加えられる。彼らは戦場に出ると、同盟軍のように協力し合い、互いに知恵を出し合っていて、戦争を芸術に変えてしまった。それによって大抵の場合は戦争を長引かせ、また戦っている人びとが交互に負けるように仕組んでいた。結局、戦争を大変卑怯なものに変えてしまい、どんなに凡庸な隊長であろうとも、そこに古代の武勇の影がほんのわずかでも復活するようなことがあれば、イタリア中の賞賛をかち得たことだろう。イタリアは分別がたりないため、この恥知らずどもを賛美したのである。

それゆえ私の歴史は、こうした無気力な君主たちや卑劣きわまる軍隊で満ち溢れることになるだろう。だが、そうした事がらに取りかかる前に、はじめに約束しておいたとおり、元に戻ってフィレンツェの起源を語り、またこの当時のこの都市の状態がどうであったか、またイタリアで千年間に起こった多くの苦難を通して、どのような経過でそこまで到達したかについて、皆さんに大まかに理解していただかなければなるまい。

第二巻

1

私たちの時代にはすたれてしまった、古代の共和国や君主国の他の偉大な驚くべき制度にまじって、あらゆる時代に、それによって多くの城塞や都市が新しく建設されていた制度があった。なぜなら、最高の君主やよく治められた共和国にとって、人びとが防衛や耕作に便利なように、そこに退避できるような城塞を新たに建設すること以上にふさわしい事業はないし、またある属州にとっても、それ以上に有益なことはないからである。彼らはそうしたことを、敗戦を喫したか、さもなくば無人となった土地に、植民《コローニエ》と呼ぶ新しい住民を派遣する習慣を持つことによって、容易に実行できた。というのは、この制度は新しい都市を建設するための契機となっただけでなく、勝利者に対して敗戦国をより安全にし、無人の土地を住民で満たし、属州では人間の適当な分布を維持していたからである。

その結果として、ある属州によりいっそう快適に定住することによって、人びとはそこでいっそう人口を増加させ、攻撃においてはより敏速に、防御においてはより安全になることとなった。

今日こうした習慣は、共和国や君主の悪しき習性のためにすたれてしまい、結果として属州の崩壊や弱体化が生じた。なぜならこの制度だけが、帝国をより安全にし、すでに述べたとおり、そのおかげで国々が豊富な人口を維持したからである。安全性というものは、新たにある国を占領した君主によって、人びとに忠誠を守らせるための砦、または番人としての植民地が設立されるがゆえに生じるものなのである。そのうえ、この制度以外の方法では、属州全体に住民を維持することができないし、またそれなしでは住民を適切に配置しておくことも不可能である。なぜなら属州におけるあらゆる場所が、多産で健康的だというわけではないからだ。

だから、ある場所では人口が充満し、他の場所では不足する事態が発生する。人びとを密集している場所から連れ出して、不足している場所に導く手段がなければ、その属州は間もなく崩壊してしまう。ある部分は人口が少ないため無人化し、他の部分は人口過剰のために貧困化するからである。自然はこうした混乱を補正できないので、人間の働きによってその埋め合わせをする必要がある。なぜなら、大量の人間が一挙にある場所に住みつくと、耕作によってその土地を健康なものにし、自然なら決して改良できない空気を火を用いて浄化するために、たとえ不健康な地方であっても、健康的になるからだ。非衛生的な沼地に位置したヴェネツィア市が、そのことを証明している。そんな状態にもかかわらず、一挙にそこに集まってきた多くの住民が、その場所を健康的にしたのである。ピサもまた、ジェノヴァとその沿岸地帯が回教徒によって破壊されなければ、空気が悪いために、決して住民が満ち溢れることはなかっただろう。ところが、生まれ故郷を追われた人びとが大挙して押しかけたことによって、その地域を人口が多く有力な場所にしたのであった。

だから、植民を送り出すこの制度が存在しない場合、敗北した国々を維持していくことがますます困難になり、過疎の国々には決して人間が充満せず、過密の国々で人口の圧力が軽減されることもない。こういうわけで、世界の大部分、とりわけイタリアは、古代に比べて人口が希薄になったのだ。すべては、君主が真の栄光に対して何の熱意も持たず、共和国には賞賛に値するいかなる制度も存在しないために、かつて発生し、また今も起こり続けていることである。したがって古代には、こうした植民のおかげで、しばしば新しく都市が生まれ、またすでに生まれていたものが成長したのであった。そうした都市の一つがフィレンツェであり、それはフィエーゾレを起点として、植民によって発展したものであった。

2

ダンテとジョヴァンニ・ヴィッラーニ(1)が示したところによると、フィエーゾレの都市が山頂に位置していたため、その市場に人がより頻繁に出入りするよう、また商品を持ってそこを訪れようと望む人びとにより、大きな便宜を与えるため、市場の場所を丘の上ではなく山麓とアルノ川の間の平地に定めたとされているが、その説は、まったく真実である。これらの市場こそ、商人たちがその商品を収納するのに好都合な避難所を持ちたいという望みに駆られて、最初の建物をそれらの場所に建設した原因であった、と私は判断している。そうした避難所は、時とともに恒久的な建物となった。その後、ローマ市民がカルタゴ市民に勝利(2)して、外国人の侵略からイタリアを安全なものにしたとき、それらの建物は莫大な数に増加した。なぜなら人間というものは、必要に迫られない限り、決して不便な場所には止まっていないからである。

だから、戦争への恐怖から進んで険阻で強固な場所に住んでいた人びとも、そうした恐怖が消えると、快適さに誘われて便利で住みやすい場所にいっそう好んで移り住む。したがって、ローマの名声のおかげでイタリアに生まれた安全は、すでに述べたような仕方で始まっていた人口の増大をもたらし、やがてその数が増えて、そこは町の形態を取るに至った。

その町は当初、ヴィッラ・アルニーナ〔アルノの町〕と呼ばれた。その後ローマで、最初はマリウスとスッラ、続いてカエサルとポンペイウス、さらにその後カエサルの殺害者(3)と、彼の死に対する復讐を望む人びととの間で、内戦が勃発した。そこでまずスッラにより、続いてカエサルの復讐の後に権力を分かち合った三人のローマ市民(4)によって、フィエーゾレに植民(5)が派遣された。それらのうちの全部もしくは一部は、すでに建設され始めた町の近くの平地に彼らの住居を構えた。こうした増大の結果として、この場所は建物、人間、あらゆる公的施設でいっぱいになったので、イタリアの都市の一つに数えられることが可能なほどであった。

しかし、フロレンツィアという名前が何に由来したのかについては、さまざまな説がある。ある人びとは、植民者の首長の一人であったフロリーノ(6)にその名が由来するとし、また別の人びとは、アルノ川の流れ〔フルエンテ〕の近くに立地していたために、当初フロレンツィアではなくて、フルエンツィアと呼ばれていたとして、「フルエンティ人〔フルエンティーニ〕はアルノ川〔フルエンテ〕の近くにいる」と記したプリニウス(7)を引き合いに出している。それは偽りかも知れない。なぜならプリニウスは、フィレンツェ人がどこにいたかを示しても、どのように呼ばれていたかを示してはいないからだ。そして、この「フルエンティ人」という呼び名は、なまっている可能性がある。なぜならプリニウスとほぼ同時代に記した、フロンティヌス[8]やコルネリウス・タキトゥス[9]は、フロレンツィアおよびフロレンティーニと呼んでいるからだ。というのは、すでにティベリウス帝時代[10]には、この町はイタリアの他の都市と同じ習慣にしたがって治められていたからで、コルネリウスはフロレンティアの使者たちが、キアーネ川の水を彼らの町の方向に流さないでほしい、と陳情しに皇帝の許に来たことを記している。また、この町が同じ時期に二つの名前を持っていたということも、理に適わない。だから私は、フロレンティアはどんな理由があるにせよ、ずっとこう呼ばれていたものと信じている。また同様に、その起源がどんな動機に基づいているにせよ、それはローマの支配の下で生まれ、そして初期の皇帝時代の著者たちによって記録が記され始めたのである。

そして、この帝国が蛮族によって襲われた時代に、フロレンティアも東ゴート族の王トティラによって破壊され、それから二百五十年後、シャルルマーニュによって再建された[11]。そのときからキリスト降誕一二一五年までの間、この都市は、イタリアを支配している人びとと運命をともにした。これらの時代には、すでに前巻のイタリアの全体史のなかで記したとおり、当初シャルルマーニュの子孫が、続いてベレンガーリオ王たち、最後にドイツの〔神聖ローマ帝国〕皇帝たちが、イタリアを支配した。

この当時フィレンツェ市民たちは、彼らを支配していた人びとの権力のために、記憶に値するほどの成長や活動は何一つできなかった。しかし一〇一〇年、フィエーゾレ市民の守護聖人、聖ロムルス[12]の祝日に、彼らはフィエーゾレを占領して破壊した。そのことを行なったのは、皇帝の許可を得たうえでのことか、さもなければ皇帝が死んで次の皇帝が選ばれるまでの、皆がより自由になる時期だったか、のいずれかである。

しかしイタリアでは、教皇がますます権威を高め、ドイツの皇帝が弱体化したために、この地域のすべての土地では、統治者である君主に対する敬意がますます乏しくなった。その結果一〇八〇年、ハインリヒ三世[13]の時代に、イタリアでは皇帝と教会の間で、公然たる分裂が発生した。それにもかかわらず、フィレンツェ市民は一二一五年まで統一を保っていて、我が身を守ること以外にはいかなる目的を追うこともなく、勝利者に服従していた。しかしわれわれの身体の場合には、病気が現れるのが遅ければ遅いほど危険で致命的なものだが、フィレンツェの場合もイタリアの党派に従うことが遅かったぶんだけ、その後党派によってよりひどく悩まされることとなった。最初の分裂の原因は、ダンテ[14]を初めとする多くの著者によって記録されているので、周知の事実である。とはいえ私には、簡潔に語っておくべき事がらだと思われる。

3

フィレンツェには、他の非常に有力な家にまじってブォンデルモンティ家とウベルティ家[1]があった。両家の身辺には、それぞれアミデーイ家とドナーティ家[2]とがあった。このドナーティ家には一人の大変富裕な未亡人がおり、彼女にはとても容貌の美しい娘がいた。この母親は腹の中で、娘を若い騎士でブォンデルモンティ家の家長である、ブォンデルモンテ[3]殿に嫁がせようと考えていた。彼女はこの計画を、怠慢のためか、いつでも間に合うと高をくくっていたためか、誰にも漏らしてはいなかった。

ところが、たまたまブォンデルモンテ殿は、アミデーイ家の娘と結婚することに決まった。そこで母親は大いに不満を抱き、娘の美貌をもってすれば、結婚式が挙行される前に破談にしてしまえる、と考えた。そしてふと見ると、ブォンデルモンテ殿が一人で彼女の家の方にやって来るではないか。彼女は早速、後ろに娘を引き連れて下に降りた。そして騎士が通りかかったとき、その前に出て、「私はあなたのためにこの娘を残しておいたのですが、あなたが結婚されると聞いて、ほんとに喜んでいるのですよ」と言いながら、門を押し開けて娘を彼に見せた。騎士はたぐい稀な娘の美貌を見、さらに彼女の血統や持参金が婚約相手のそれに劣らないことを考えると、もう彼女が欲しくて欲しくてたまらなくなり、すでに交わした婚約の誓いや、それを破った場合に相手に与える侮辱、また契約を守らないことで体験することになる多くの不幸など何も考えずに、「あなたが私のために残していて下さったのなら、私がまだまに合う間に断ったりすると、恩知らずになりますね」と答えた。そして時をおかずに、結婚式を挙行した。

この事件はもちろん、アミデーイ家の人びとや彼らと親戚関係にあるウベルティ家の人びとを憤慨させた。そこで彼らは、他の多くの親戚の人びとと集まると、こうした侮辱は許しておいては恥だから、ブォンデルモンテ殿の死をもって復讐するしかない、という結論に達した。ある人びとはこのことによって生じるかもしれない不幸について述べたが、モスカ・ランベルティ[4]があんまり考え過ぎると何一つ結論が出せないと言い、「やりかけたことは、結局とことんまで行ってしまうものだ」という使い古された有名なことばを述べた。

彼らはこの殺人の任務を、モスカ、スティアッタ・ウベルティ、ランベルトゥッチョ・アミデーイ、オデリーゴ・フィファンティ[5]などに任せた。復活祭の朝、彼らはポンテ・ヴェッキオとサント・ステーファノ教会の間にあるアミデーイ家に閉じこもった。ブォンデルモンテ殿は、婚約破棄の侮辱なんて親戚関係を破棄するのと同じぐらい簡単に忘れてしまえることだと考えて、白馬にまたがって川を渡り終えた途端、橋の畔のマルス像[6]の下で襲撃を受け、殺されてしまった。

この殺人は都市全体を二分し、一方はブォンデルモンティ家、他方はウベルティ家に加担した。これらの家々は、家屋、城塔、人員が強固だったので、相手を追放できないまま長年にわたって交戦した。彼らの敵意は平和裡には終わらなかったが、一応休戦が結ばれた。そうしたやり方で、何か新しい事件が起こるたびに、戦いはときには鎮まり、ときには再燃した。

4

フィレンツェはフェデリーゴ二世〔フリードリヒ〕の時代まで、こうした苦難のうちにあった。フェデリーゴ二世はナポリ王であるため、自分の戦力を増強して教会と対抗していけるもの、と確信していた。そして、トスカーナにおける自分の勢力をより安定したものにするために、ウベルティ家とその党派を援助した。彼らはその助けを利用して、ブォンデルモンティ家を追放し(1)、こうしてイタリア全体がすでに久しくそうだったように、私たちの都市もグェルフィ党とギベッリーニ党に分裂した。

ここで私は、両派に従った家々の名前を記録しておいても無駄ではないと思う。そこでグェルフィ党に従った家々とは、ブォンデルモンティ、ネルリ、ロッシ、フレスコバルディ、モッジ、バルディ、プルチ、ゲラルディーニ、フォラボスキ、バニェージ、グイダロッティ、サッケッティ、マニエーリ、ルカルデージ、キアラモンテージ、コンピオッベージ、カヴァルカンティ、ジャンドナーティ、ジャンフィリアッツィ、スカーリ、グァルテロッティ、インポルトゥーニ、ボスティーキ、トルナクィンチ、ヴェッキエッティ、トシンギ、アルリグッチ、アーリ、シーズィ、アディマーリ、ヴィズドーミニ、ドナーティ、パッツィ、デッラ・ベッラ、アルディンギ、テダルギ、チェルキであった。ギベッリーニ党には、ウベルティ、マンネッリ、ウブリアーキ、フィファンティ、アミデーイ、インファンガーティ、マレスピーニ、スコラーリ、グイディ、ガッリ、カッピアルディ、ランベルティ、ソルダニエーリ、チプリアーニ、トスキ、アミエーリ、パレルミーニ、ミリオレッツリ、ピッツリ、バルッチ、カッターニ、アゴランティ、ブルネッレスキ、カポンサッキ、エリゼーイ、アバーティ、テダルディーニ、ジュオーキ、ガリガーイであった。(2)

これらの他に、こうした貴族の家々からなる両派には、多くの平民の家々が加わった。その結果として、ほとんど都市全体が、この分裂に巻き込まれてしまったのだ。こうして追放されたグェルフィ党は、彼らの砦の大部分を保有していたアルノ川渓谷上部の一帯に引きこもった。そうしたやり方で彼らは、敵の戦力に対して精いっぱいの防衛ができたのである。

しかしフェデリーゴ二世が死ぬと、フィレンツェで中流階級を占め、人民の間でより大きな信用を得ていた人びとは、分裂したままで都市を滅亡させるよりは、それを統一させるべきだと考えた。そして彼らは、グェルフィ党が屈辱を水に流して帰国し、ギベッリーニ党が疑惑を棄てて彼らを受け入れるように工作した。こうして一体となったとき、彼らは新しい皇帝が力を得る前に、自由に生きる政体と自衛するための体制を取ることができる時機が到来したと考えた。

5

そこで彼らは市を六区に分け、また市を治めるために各区に二人ずつ、十二人の市民を選んだ。彼らは長老《アンツィアーノ》(1)と呼ばれて、一年ごとに交代した。裁判によって生じる敵意の原因を除くため、人びとは市民たちの間で起こる民事および刑事の訴訟に判決を下すために、二人の外国人の裁判官を用意して、一人を市民軍隊長《カピターノ・ディ・ポポロ》、もう一人を法務長官《ポデスタ》と呼んだ。(2)またいかなる体制も、それを防衛する者がいなければ安定しないので、市内に二十人、周辺領域部《コンタード》に七十六人(3)の旗手を設け、その指揮下にすべての若者を登録した。そして隊長または長老に召集されたときに、全員ただちに武装して旗手の下に集まることを定めた。

それぞれの旗印は、武器が異なるのにしたがって異なっていた。というのは、石弓兵はある旗印を担ぎ、大盾兵は別の旗印を担いだからだ。また毎年五旬節(4)の祝日に、新しい人びとに旗を引き渡し、この制度全体に新しい指導者を指名した。また彼らの軍隊に威厳を与え、兵士が小競り合いに負けて退却したとき、一度は逃げてもすぐに立ち直って敵に反撃できるような拠点を設けるために、赤い布で覆われた二頭の牡牛で引かれ、その上に白と赤の一枚の旗印を掲げている大きな車を制定した。[5] そして軍隊を市外に動員しようと望むときには、メルカート・ヌオーヴォにこの牛車を引いて行き、華麗、厳粛に市民の指導者たちにそれを引き渡した。さらに彼らの遠征を壮大にするため、マルティネッラと呼ばれる鐘を持っていて、敵が防衛のために間に合うよう、軍隊を市外に送り出す一か月前から、ずっと鳴らし続けた。

当時のこうした人びとは大変立派な美徳の持主で、きわめて寛容な精神で身を持していた。今日では敵を不意打ちすることは、高潔で賢明な行為だと見なされているが、当時は恥ずべき欺瞞的な行為だと見なされていたのである。その鐘はまた軍隊に運びこまれ、その音を通して戦争の警備隊もその他の分隊も指揮されていた。

6

フィレンツェ市民たちは、こうした軍事的、市民的制度によって彼らの自由を樹立した。フィレンツェがほんのわずかの時間で、どれほど大きな権威と力を獲得したかは、とても考えられないほどである。そしてトスカーナの盟主となっただけでなく、イタリア第一流の都市の一つに数えられるにいたった。もしも、たび重なる新しい分裂がこの町を襲わなければ、いかなる偉大さにでも到達できたことだろう。フィレンツェ市民は、この政府の下で十年間生きた[1]。その間にピストイア、アレッツォ、シエナの市民たちを強制して、自分たちとの同盟を結ばせた。シエナから軍隊を戻すとヴォルテルラを占領し、またいくつかの城塞を壊して、その住民たちをフィレンツェに連行した[2]。

彼らはこうした遠征を、すべてグェルフィ党の助言に従って行った。グェルフィ党の人びとの方が、ギベッリーニ党の人びとよりもはるかに多くのことができた。それはギベッリーニ党の人びとが、フェデリーゴの時代に市を統治していた当時の傲慢な振舞いのために、民衆から憎まれていたためでもあり、またグェルフィ党が教会側の党派であるため、皇帝の党派よりも愛されていたためでもあった。なぜなら、彼らは教会の助力で自分たちの自由を維持することを期待し、皇帝の下では自由を失ってしまうのではないか、と恐れていたからである。そこでギベッリーニ党の人びとは、自分たちの権威がどんどん下っていくのを見て、もうじっと落ち着いていられず、ひたすら権力を取り戻すチャンスを待望していた。フェデリーゴの息子マンフレーディがナポリ王国の主となり、教会の勢力を大いに痛めつけたときに、彼らはそのチャンスがきたと信じた。そこで彼らは権力を取り戻すために、マンフレーディとひそかに交渉した。しかし、その交渉が長老にばれないよう、うまく仲間を統制できなかった。

そこで長老はウベルティ家の人びとを召喚したが、彼らはそれに従わなかったばかりか、武器を取って、自分たちの館を固めて立てこもった。そこで怒った人民は武装し、グェルフィ党の助けを借りて彼らを攻めてフィレンツェから追い出し、ギベッリーニ党の全員とともにシエナに亡命させた。彼らはそこから、ナポリ王マンフレーディに助力を求めた。ファリナータ・デッリ・ウベルティ殿[3]の奔走によって、グェルフィ党はマンフレーディの家来たちにアルビア川の畔で敗北して[4]、大殺戮に遭った。それがあまりにもすさまじかったので、敗戦から生き延びた人びとは、もはやフィレンツェを失ったものと判断して、故郷で活路を求めるかわりにルッカへと亡命した。

7

・マンフレーディ王は、ギベッリーニ党支援のための彼の軍隊の長として、当時その武名が高かったジョルダーノ伯[1]を派遣した。彼は勝利を得た後、ギベッリーニ党とともにフィレンツェへ行った。そして、この都市をマンフレーディに服従させると、役職を始めとして、なんらかの形でフィレンツェの自由を表している、あらゆる制度を廃止した。ほとんどなんの考えもなく行われたこの侮辱は、皆からひどい憎悪の念で迎えられた。そして市民たちは、単なるギベッリーニ党の敵から、不倶戴天の敵となった。こうして時とともに、ギベッリーニ党の破滅が全面的に生じたのである。

王国の必要から、ジョルダーノはナポリに帰国せねばならないこととなり、彼はカゼンティーノの領主グイド・ノヴェッロ伯(2)を、王の代官としてフィレンツェに残した。すると彼は、エンポリでギベッリーニ党の会議を開催した。そこで各々は、トスカーナでギベッリーニ党を有力なままで保ちたいと望んだ結果、グェルフィ党の民衆がいるために、教会の党派に勢力を取り戻せる唯一の都市フィレンツェを破壊する必要がある、という結論を下した。

こんなに高貴な都市に対して下された、かくも残酷な宣告に対して、ファリナータ・デッリ・ウベルティ殿を除くと、それに反対した市民も友人も一人もいなかった。彼は公然と、何の遠慮もなくフィレンツェを弁護して、もしも祖国に帰って住めるのでなければ、あんなひどい苦労もしなければ、多くの危険も冒さなかっただろう、と言った。またこれまでに求めてきたものを、いまさら諦めたりはしないし、運命によって与えられたものを断るつもりはない。それぐらいなら、むしろ自分と反対の意向を持った人びとに対して、自分はこれまでグェルフィ党に対していたのと劣らぬほどの猛烈な敵になってやる、とも言った。さらに、もしも自分の祖国を恐れる者がいれば、いくらでも破壊してみるがよい。自分はグェルフィ党を追放したあの力でもって、フィレンツェを守るつもりだから、と述べた。ファリナータ殿は、大変勇気のある戦闘に優れたギベッリーニ党の首領で、マンフレーディの許でもとても尊敬されていた。この人物の権威がこの論議に終止符を打ち、彼らは自分たちの支配権を維持するために、別の方法を考えることにした。

8

グェルフィ党の人びとはいったんルッカに逃れたが、グイド伯の脅しを受けたルッカから追放されて、ボローニャへと赴いた。そこからギベッリーニ党と戦うため、パルマのグェルフィ党に招かれ、その都市で力量によって相手を圧倒した彼らは、敗れたギベッリーニ党員のすべての資産を与えられた。こうして富と栄誉が高まったとき、マンフレーディからナポリ王国を奪い取るため、教皇クレメンス[1]がシャルル〔カルロ〕・ダンジューを招聘したことを知って、武力の提供を申し出るために教皇の許に使者を派遣した。すると教皇は、単に味方として彼らを迎えただけではなく、旗印まで与えた。その後、その旗印はグェルフィ党によって常に戦場に携行され、今なおフィレンツェで用いられている。その後マンフレーディは、カルロに王国を奪われて殺された[2]。フィレンツェのグェルフィ党がこのとき戦いに参加したため、結果としてその党派はいっそう強力になり、ギベッリーニ党はますます弱体化した。そこで、グイド・ノヴェッロ伯とともにフィレンツェを治めていた人びとは、以前はあらゆる侮辱によって損害を与えてきた民衆を、なんらかの恩恵を施して懐柔したほうがよいのではないか、と判断した。こうした手段は、もしも必要に迫られる以前に行っておれば有効だったかもしれないが、事後にいやいや実行したのでは、効果がないばかりか、むしろ彼らの破滅を速めることとなった。

彼らは、かつて民衆から取り上げた名誉や権威のいくぶんかを彼らに返してやりさえすれば、民衆を友とし、自分たちの味方につけられるものと判断した。そして民衆のうちから三十六人の市民を選び、ボローニャから招いた二人の騎士(3)とともに、市政の改革を行わせた。彼らは集まるやいなや、全市をアルテ〔同業組合〕(4)に分けた。そして各アルテに、それに所属する人びとを裁くための役員を定めた。それに加えて、都市にその必要が生じたときに、その下にすべての人が武装して結集できるよう、それぞれのアルテに一本ずつ旗を与えた。当初このアルテは、大アルテ七、小アルテ五の十二(5)だったが、後に小アルテが増加して十四となり、だから総数は今日もそうであるように、二十一となった。三十六人の改革者はコムーネ(6)の利益のために、それ以外のことも行った。

9

グイド伯は、兵士を養うため市民に課税を命じた。ところが大変な困難にぶつかったため、あえて税金を力ずくで取り立てられることはできなかった。もはや権力も失ったように思えたので、ギベッリーニ党の首領たちを結集して、思慮不足のために民衆に与えてしまったものを、もう一度力ずくで取り返そうと考えた。そこで、自分たちの武力の準備が整ったと思ったとき、三十六人の委員が集まっていたので、暴動を起こさせた。すると委員たちは肝をつぶして自宅に引き揚げたが、その直後にアルテの旗が、背後に多数の武装した人びとを引き連れて現れた。そしてグイド伯が、その党派の人びととサン・ジョヴァンニ洗礼堂にいるのを知って、彼らはサンタ・トリニタ教会へと向かい、ジョヴァンニ・ソルダニエーリ殿[1]に服従を誓った。

他方、伯爵は民衆がどこにいるかを知ると、彼らを襲おうと向かって行ったが、民衆もまた衝突を避けようとはせず、敵に向かって立ち向かい、今日トルナブオーニ家の回廊《ロッジャ》があるあたりでぶつかった。そこで伯は反撃されて敗北し、死者も彼らの方が多かった。そこで彼は仰天し、夜間に敵の攻撃を受けるのではないか、自軍が打撃を受けて弱っているのを見て、自分が敵に殺されるのではないか、などと恐れた。彼の心中でこうした想像がきわめて強力だったため、他の手段は何も考えず、戦うぐらいならむしろ逃げて身を守ろうと考えて、ギベッリーニ党の指導者たちの忠告にも耳を貸さず、家来たち全員を引き連れてプラートへと逃げ去った。しかし安全な所に落ち着いて、ひとまず恐怖が消えたとき、自分の誤りに気がついた。そしてその翌朝、誤りを正そうと考え、夜が明けると、軍隊を率いてフィレンツェに戻り、臆病のために見捨てた都市へ力ずくで入ろうとした。しかし、その計画は失敗した。なぜなら、おそらくもし彼を追い出そうとした場合には、困難だったと思われる民衆でも、彼を外へ閉め出しておくことなら、容易にできたからだ。だから彼は、面目をつぶして悔しがりながら、カゼンティーノへと去って行った。ギベッリーニ党の人びとも、それぞれの屋敷へと引き揚げた。こうして民衆は勝利者となった。共和国の幸福を愛する人びとの激励によって、彼らは都市を統一し、ギベッリーニ党員もグェルフィ党員も、市外に亡命した人びとをすべて呼び戻そうと考えた。こうして、追放されてから六年後にグェルフィ党員が帰国し、ギベッリーニ党員も最近の侮辱は許されて、祖国に呼び戻された。しかし彼らは民衆からも、グェルフィ党の人びとからも、激しく憎まれていた。後者は亡命の記憶が忘れられなかったし、民衆はギベッリーニ党の支配下の専制政治をあまりにもはっきりと記憶していたからである。こうして、いずれの党派に属する人びとも、心が静まらなかった。

こうした状況で人びとが生きていたころ、マンフレーディの甥にあたるクッラディーノ〔コンラディン〕が、ナポリ王国を奪還するため軍隊を率いてドイツからやって来る、という噂が流れた。そのためギベッリーニ党は、権力を取り戻せるのではないかという希望で夢中になり、グェルフィ党は敵から自分たちの身を守りたいと考えて、カルロ王〔ナポリ王〕に対して、コンラディンが通過した際に身を守るための援軍を求めた。こうしてカルロ王の軍隊の到来がグェルフィ党員を横柄にし、それに驚いたギベッリーニ党員は、彼らが到着する二日前に、追われもしないのに逃走してしまった。

10

ギベッリーニ党が出ていくと、フィレンツェ市民は都市の体制を改革した。彼らは二か月間役職についている十二人の長を選出した。彼らを長老《アンツィアーニ》とは呼ばず、善人《ブオーニ・ウオーミニ》と呼んだ。この人びとに付随して、八十人の市民の会議があり、これを枢密会議《クレデンツァ》と呼んだ。それに続くものとして、各区に三十人ずつ合計百八十人の平民からなる会議があり、この人びとと、枢密会議、十二善人と併せて、全体会議《コンシリオ・ジェネラーレ》と呼ばれていた。彼らはまた、平民も貴族も含めた百二十人の市民の別の会議を定め、その会議によって他のあらゆる会議で審議された問題の仕上げをした。またこの会議で、共和国の公職が分配された[1]。

この政府を樹立すると、より大きな力でギベッリーニ党から防衛できるように、役職や他の制度によってグェルフィ党を補強した。ギベッリーニ党の人びととの財産を三分して、その一つは国庫に入れ、二つめは隊長《カピターニ》と呼ばれるグェルフィ党の機関に引き渡し、三つめを彼らが受けた損害の補償としてグェルフィ党員の間で配分した[2]。教皇もトスカーナのグェルフィ党を支えるために、カルロ王を皇帝のトスカーナの代官《ヴィカーリオ》に任命した。

こうしてフィレンツェ市民は、この新しい政府の力量によって、国内では法律を用い、国外では武力によって、彼らの評判を高めつつあったが、その間に教皇が死んだ。長い論争の後に、二年もたってから、教皇グレゴリウス十世(3)が選出された。長い間シリアにいた彼は、選出されたときもそこにいたために、党派的心情からは程遠く、前任者たちが重んじたようには党派を尊重しなかった。だからフランスへ行く途中でフィレンツェを通りかかると、この都市を和解させることこそ最高の司牧者の任務だ、と考えた。そして大いに働きかけて、ギベッリーニ党員の帰国交渉のために、ギベッリーニ党指導者たちを迎え入れることをフィレンツェ市民に納得させた。

ところが、協定がまとまったにもかかわらず、非常に脅かされたために、ギベッリーニ党の人びとは帰国しようとはしなかった。そこで教皇は怒って、この罪を都市のせいにして、フィレンツェを破門してしまった。そのような不幸な事態は、教皇が生きている間続いたが、その死後、教皇インノケンティウス五世(4)によって取り消してもらえた。続いてオルシーニ家出身のニコラウス三世が教皇位についた。教皇たちは常に、その権力がイタリアで強大になった者を恐れていて、たとえ教会の好意で大きくなった者に対しても、そうであった。また教皇たちはその力を弱めようと努めていて、そこからイタリアでたび重なる内乱や、それに従って起こるたびたびの異変が生じたのである。なぜなら、ある有力者への恐怖が、別の無力な者を増強させ、いったん彼が強大になると恐怖を引き起こして、教皇は恐れを抱いて彼を弱めようと努める。これこそ、マンフレーディの手から王国を奪ってカルロに与えるように仕向けたものだった。そしてまたこのことが、その後カルロを恐れて、その破滅を求めさせたのである。だからニコラウス三世は、こうした動機に動かされて画策し、皇帝を通してトスカーナの支配権を取り上げ、皇帝権の名目で、この地域に自分の使節ラティーノ殿を派遣した。

11

当時フィレンツェは、とてもひどい状態になっていた。なぜなら、グェルフィ党貴族たちが傲慢になり、役人たちを恐れなかったからである。だから、毎日のように殺人や暴行がなされたが、あれこれの貴族の後ろ楯があるということで、罪を犯した者どもは罰せられることがなかった。そこで平民の主だった人びとは、こうした傲慢な振舞いを抑制するために、亡命者たちを帰国させてはどうか、と考えた。このことが教皇使節ラティーノ[1]枢機卿に都市を統一させるための好機を与えた。かくてギベッリーニ党員[2]が帰国した。十二人の統治者の代わりに、その数を十四人として、双方の党派から七人ずつ、教皇によって選出され、任期は一年で統治することとなった。フィレンツェは、フランス出身の教皇マルティヌス〔四世〕が教皇位について、ニコラウスがカルロ王から取り上げたすべての権限を彼に返すまでの間の二年間、こうした支配体制にあった。

こうして、たちまちトスカーナでは党派が再建された。なぜなら、フィレンツェ市民は皇帝の統治者に対して武器を取り、ギベッリーニ党から統治権を取り上げ、また有力者を抑制するため、新しい体制を制定したからである。

それは一二八二年のアルテの団体であった。彼らには役員と旗印とが与えられていて、大変名声が高かったからである。そこでこれらの団体は、彼らの権威によって十四人の代わりに三人の市民を選出した。彼らは総代《プリオーレ》と呼ばれて、(3)二か月間共和国の統治に従事し、商人であるか、実業に従事しておりさえすれば、平民でも貴族でもよいとされた。最初の任期が終わると、その人数がどの区にも一人ずつ当たるよう、六人とされた。この人数は一三四二年(4)までそのまま保たれた。この年フィレンツェは四区となり、総代の数は八人となった。もっとも途中で何度か、なんらかの出来事のために、十二人となったこともあった。

この役職は、時とともに分かるとおり、貴族が没落していく原因となった。なぜならさまざまな事件を通して、彼らはそこから平民に排除され、さらに何の遠慮もなしに打倒されてしまったからだ。それに対して貴族は、当初団結していなかったために同意した。なぜなら彼らは、両派があまりにも強く自分たちで政権を取ることを望んだために、双方ともにそれを失ったのであった。人びとはこの役職に、そこで継続的に定着するよう、一つの宮殿(5)を引き渡した。それ以前の習慣では、役員〔の業務〕や会議は教会に集まってすることになっていたのである。またその建物を重んじて、衛兵やその他必要な属僚を配置した。

当初、彼らを単に総代会《ブリオーリ》と呼んでいたが、その後さらに偉大さを加えるために、執政府《シニョーリ》という呼び方がそれに追加された。フィレンツェ市民たちはしばらく市内では平穏に生活していたが、その間に、彼らがグェルフィ党員を追放したという理由で、アレッツォ市民と戦争して、幸運にもカンパルディーノで彼らを破った(6)。フィレンツェは人間も富も増えたため、また城壁も拡大する必要があると見なされた。そこで彼らは、城壁を今日見られる規模に拡大した。だがもとはといえば、その差し渡しがわずかにポンテ・ヴェッキオからサン・ロレンツォ教会までをふくむだけの、空間にすぎなかったのである。

12

市外での戦争と市内での平和とが、ほとんどフィレンツェでグェルフィ党とギベッリーニ党を消滅させたようであった。残されたものは、当然あらゆる都市に見られる権力者と民衆の間で燃えあがった、あの敵意だけであった。なぜなら民衆は法律に従って生きることを望み、権力者は法律を好きなように操作したいと望むからで、とても共存などは不可能だからである。こうした敵意は、ギベッリーニ党が彼らに恐怖を振りまいていた時代には、表面化しなかった。しかし、彼らが屈服してしまった途端に、猛威を振るい始めたのだ。そして日ごとに民衆は侮辱を受け、法律も役人たちも、それを処罰するのに十分ではなかった。なぜなら、あらゆる貴族は親戚や友人の力を借りて、総代や隊長の力から自分を守ったからである。

　そこでアルテの指導者たちは、こうした不都合に対策を講じることを強く望み、どの執政府が成立したときでも、その任期の始めに平民出身である一人の正義の旗手《ゴンファロニエーレ・ディ・ジュスティツィア》[1]を任命し、彼に対して二十の旗の下に登録された千人の兵士を預けなければならないことにした。そして正義の旗手は、総代たちや市民軍隊長の呼び出しを受けたとき、ただちに旗と武装した兵士とともに、正義の支援のために馳せ参じることになった。最初に選ばれたのはウバルド・ルッフォーリ[2]だった。彼は旗を担ぎ出し、ガッレッティ家の者がフランスで一人の平民を殺したという罪で、同家の家屋を破壊してしまった[3]。

　貴族たちの間に根強く続く深刻な確執のせいで、アルテにはこうした制度を作ることが容易であった。またこれ以前に貴族たちは、自分たちに対して行われる対策が、その処罰のような厳しさを示すことになるとは考えていなかった。だから、このことは当初、彼らに大きな恐怖を与えた。しかしその後間もなく、彼らは元の傲慢さに戻った。なぜなら貴族の一族の誰かが、常に執政府のなかに加わっていて、正義の旗手が自分の任務を果すのを妨げるための便宜に恵まれていたからである。これに加えて、告発者はなんらかの侮辱を受けたとき、証人を必要としていたが、貴族に対抗して証言を行おうとするような人は、誰も見つけられなかったためである。そこでわずかの期間に、フィレンツェは元の混乱状態に戻り、判事たちは判決を下すのが遅いうえ、たとえ判決が下っても、処刑の執行が伴わなかったので、平民は貴族から以前と変わらぬ侮辱を受けたのだった。

13

平民たちがどうしたらよいか分からなかったとき、大変高貴な家柄ではあるが、都市の自由を愛していたジャーノ・デッラ・ベッラ[1]が、市政を改革するようアルテの指導者を励ました。そして彼の助言に従って、正義の旗手は総代たちと一緒に住み、その支配下に四千人の兵士を持つことが定められた。また、すべての貴族が執政府に加わる権利を奪われることとなった。犯罪者の親族は、彼と同等の罰を科せられることとなり、また世間の噂だけでも、裁判を行うのに十分だと決められた。「正義の規定」と呼ばれるこうした法律によって、平民は大いに信用を獲得したが、ジャーノ・デッラ・ベッラはひどく憎しみを買った。なぜなら権力者に関しては、彼らの権力を破壊した者としてひどい悪意の的となったし、富裕な平民たちはといえば、彼の権威があまりにも高すぎるように見えたために、彼に対して嫉妬を抱いていたからだ。このことは、その機会がきた途端に明らかになった。たまたま運命の悪戯で、多くの貴族が加わっていた喧嘩に巻き込まれて、一人の平民が殺された。

その貴族たちの一人に、コルソ・ドナーティ[2]殿がいた。彼は他の人びとよりも大胆だったために罪を負わされ、市民軍隊長[3]によって逮捕された。コルソ殿に罪がなかったか、それとも隊長が彼を処刑するのを恐れたのか、ことがどのように進んだにせよ、とにかく彼は釈放された。この釈放は平民をひどく怒らせ、彼らは武器を取るとジャーノの家に駆けつけて、この法律の考案者である以上、それが守られるようにするその執行者にもなってほしい、と懇願した。コルソ殿の処罰を望んでいたジャーノは、多くの人びとがそうすべきだと判断したように、武器を捨てさせる代わりに彼らを励まし、執政府へ出かけて行って、この事件について抗議し、そのために配慮すべきだと彼らに要求することを勧めた。そこで隊長からは侮辱され、ジャーノには見捨てられたものと思いこんだ平民たちは、大いに憤慨して執政府ではなくて、隊長の宮殿に押しかけると、それを占拠して略奪した。その行動は全市民を怒らせた。そしてジャーノの没落を望んでいた人びとは、すべての罪を彼に負わせて、彼を告発した。そこで彼が執政府に出頭すると、彼らはやがてジャーノの敵の一人の意見に従うことにして、ジャーノを平民の扇動者として隊長に告発した。彼の訴訟が審議されている間に、平民は武装して彼の家に走り、執政府や彼の敵から彼を守ろうと申し出た。

しかしジャーノは、こうした平民の好意で運を試すことを望まず、かといって執政府に自分の生命を委ねることも望まなかった。なぜなら彼は、執政府が自分に対して抱く悪意をも、平民の移り気をも、ともに恐れていたからだ。そこで、敵からは自分を侮辱するための機会を、また味方からは祖国を攻撃するための機会を奪うために、自分から出発して、嫉妬から身をかわすとともに、自分に対して抱いている恐怖から市民たちを解放してやり、自らの負担と危険とによって権力者への隷属から解放した都市を去ることを決意した。こうしてジャーノは、自発的亡命の道を選んだのである。

14

ジャーノが出発してしまうと、貴族は権威を取り戻せるのではないかという希望を抱き、自分たちの不幸は分裂しているために生まれたのだ、と判断した。そこで貴族たちは結束を固めて、二人の代表を執政府に送った(1)。執政府が自分たちに好意的に判断してくれるので、もし要求するならば、彼らが貴族に対して作られた法律の厳しさをいくぶん緩和することを認めてくれるのではないか、と考えたわけである。そのような要求が公けにされたとき、平民たちの精神に衝撃を与えた。なぜなら執政府が、そうした要求に対して彼らに譲歩するのではないか、と疑ったからだ。こうして貴族たちの願望と、平民の疑惑との間で、一戦が交えられることとなった。

貴族たちは三人のリーダーの下で、三箇所で決起した。それはサン・ジョヴァンニ洗礼堂、メルカート・ヌオーヴォ、モッジ家広場で、そしてリーダーとなったのはフォレーゼ・アディマーリ殿、ヴァンニ・デ・モッジ殿、ジェーリ・スピーニ殿[2]の面々であった。平民たちはそれぞれの旗印の下で、執政府の宮殿に大挙して集まってきた。当時、執政府はサン・ブローコロの近くに居を構えていたからだ。

平民は、その執政府に疑惑を抱いていたために、彼らとともに統治に当たらせるために、六人の代表を選んだ。両軍が決戦に備えていたとき、平民、貴族双方に属する人びとが、良い評判を得ている何人かの聖職者たちを加えて、両者の間に入って調停に乗りだした。そして彼らは貴族に対して、まず彼らから名誉が奪われ、彼らにとって不利な法律が作られたのも、彼らの傲慢さや不正な統治こそ、その原因だったことを思い出させ、さらにいまや武器を取り、彼らが分裂していたこととそのよくないやり方のために奪われてしまったものを、力ずくで取り戻そうとすることは、自分たちの祖国を破壊して、自らの条件をさらに悪化させようと望むことにほかならない、と説いた。さらに平民の方が人数も富も、憎しみもはるかに貴族を上まわっていることや、その点では貴族がはるかに相手を凌駕している家柄の高貴さなるものが、戦争ではまったく役に立たず、一度武器を取ってしまうと、完全な虚名に変ってしまい、多数の者から彼らを守るのに十分ではないことを思い出させた。

他方、平民に対しては、常に決定的な勝利を求めることは思慮深いとはいえないこと、また幸福を期待しない人は不幸をも恐れないため、人びとを絶望させることは、決して賢明な策ではないこと、貴族たちこそ戦闘においてこの都市の名誉を高めた人びとだと考えるべきであって、それゆえこれほどまでの憎悪をこめて彼らを迫害することは、良いことでも正しいことでもないことなどを思い出させた。

さらに貴族たちは、最高の統治権を持たないことなら容易に我慢できるが、出来上がった制度を通して、彼らを祖国から追い出す権利を皆に握られていることには、とても耐えられないこと、したがってその制度を緩和し、そうした恩典によって武器を収めさせることが良策であること、さらに多数者が少数者にやっつけられてしまうことはしょっちゅう起こっていることだから、数を頼んで決戦によって一挙に運を試したいと考えてはならないことを説いた。

平民の間で、意見はさまざまに分れた。多くの人びとは、どうせいつかは必ずやらなければならないことだから、やってしまえとばかり、決戦に走ることを望んだ。だから敵がより強力になるのを待っているよりも、このとき実行したほうがましだというわけである。だが法律を緩和すれば、彼らが満足すると信じられるならば、緩和したほうがよいかもしれない。とはいえ、彼らの傲慢さたるや、たいそうなものだから、力ずくでなければ決して武器を置くまい、等々。もっと賢明で、より穏やかな精神の持主である他の人びとにとって、法律を緩和することはそう重大ではないが、決戦を行うことは大いに重大なことだと思われた。そこで、こうした人びとの見解が優勢になり、貴族を告発する場合においても、証人が必要であるとされるにいたった。(3)

15

武器をおさめた後も、両方の党派は大いに疑惑を抱き、いずれもが城塔や武器によって防備を固めた。平民は、執政府が貴族に対して好意的だったことに衝撃を受けて、政府を再編成して、その数を減らした。そうした党派を代表していたのは、マンチーニ、マガロッティ、アルトヴィーティ、ペルッツィ、チェルレターニなどの家々であった。政体を安定させると、執政府をより立派に見せ、より安全にするため、一二九八年(1)に執政府の宮殿を建設した。かつてウベルティ家のものだった家屋敷をつぶして、執政府のための広場を作った。また同じ時期に公共の牢獄の建設も着手され、その建物はほんの数年の間に完成し〔始め〕た。人材と富と名声に満たされて、われわれの都市がこの時代以上に偉大で、幸福な状態になったことはなかった。武器を取れる市民は三万人、それに周辺領域部《コンタード》の七万人が加わった。トスカーナの全土が、そのうちの一部は属領、一部は友邦としてではあったが、フィレンツェに服従していた。

貴族と平民の間には、多少の忿懣《ふんまん》や疑惑が残ってはいたものの、もはやどんな悪影響ももたらさず、団結して各自が平和に生活していた。その平和は、もしも内部の新たな敵意によって攪乱されなければ、外部の敵意など疑う余地はありえなかった。なぜならこの都市は、もはや皇帝権も亡命者も恐れる必要のない状態にあり、また自国の戦力によって、イタリア中のあらゆる国家に対抗することができたからだ。したがって、この国に対して、外部からの力がもたらせなかった不幸を、内部の力が及ぼすこととなった。

16

フィレンツェには、財力、家柄、人材などの点でとても有力な、チェルキ家①とドナーティ家という二つの家があった。フィレンツェと領域部において両家が近かったために、若干の齟齬はあったものの、武器を取って争うほど重大なものではなかった。そして、もしも新たな原因によってそうした悪意が増幅されなければ、たいした影響を及ぼさなかったに違いない。

ピストイアの第一級の名門の一つに、カンチェッリエーリ家②という家があった。たまたま、いずれもこの一門に属するローレ・ディ・メッセル・グリエルモとジェーリ・ディ・メッセル・ベルタッカという二人の少年が遊んでいて、喧嘩になり、ジェーリがローレによって傷つけられる事件が起こった。そのことを心配した父親のグリエルモ殿は、殊勝な気持から紛争の種を除こうと考えて、かえって紛争を大きくしてしまった。というのは彼は息子に、傷ついた少年の父親の所へ行って彼に謝るように命じたからで、ローレは父の言葉に従ったが、こうした殊勝な行為が、ベルタッカ殿の頑なな心をいささかも宥められなかった。そして彼は、下男たちにローレを捕えさせると、いっそうひどいことに秣桶の上で、彼の手を切らせて、「おやじの所へ戻って、怪我は言葉ではなくて、刃物によって治すものだと言え」と言った。この行為の残酷さは、グリエルモ殿をひどく怒らせ、彼は復讐のために家族に武器を取らせた。ベルタッカ殿も自衛のために武装して、この一門だけではなく、ピストイア全体が真っ二つに割れてしまった。

カンチェッリエーリ家はカンチェッリエーレ殿の子孫で、この人には二人の妻がいて、その一人はビアンカ〔白〕といい、二つの党派の一つがその子孫だったので、白派と名付けられた。すると相手方は、その反対の名前で呼ぶため黒派と呼ばれた。両者の間では、長期にわたって何度も喧嘩が繰り返され、無数の殺人や家屋の破壊が行われた。彼らはお互いに和解できないまま、不幸に疲れてそろそろ紛争に終止符を打ちたくなったのか、それとも他人を分裂させて不和を拡大させたいと思ったのか、フィレンツェへとやって来た。

黒派はドナーティ家と親しくしていたために、その家の家長だったコルソ殿に可愛がられた。そこで白派は、ドナーティ家に対抗して彼らを支持してくれるだけの有力な後ろ楯を得るため、あらゆる点でコルソ殿にひけをとらぬ人物、ヴェーリ〔ヴィエーリ〕・デ・チェルキ殿[3]に頼ることにした。

17

こうした悪意がピストイアから伝わってきたため、チェルキ家とドナーティ家との間の古い憎しみが強まった。それがすでに非常に明白になったために、総代たちやその他の善良な市民たちは、いつでも両者が武器をとって争いかねないこと、彼らに続いて都市全体が二分するのではないか、ということを恐れた。そこで彼らは教皇〔ボニファキウス八世〕の許に駆け込み、このように市民の気分が動揺しているために、自分たちの力では何もできないので、教皇の権威によって可能となる対策を講じてほしい、と嘆願した。教皇はヴィエーリ殿を呼び寄せて、彼にドナーティ家と和平を結ぶように、と強制した。それに対してヴィエーリ殿は驚いたふりをして、彼らとの間にはいかなる敵意もありませんし、和平というものは戦争を前提としているものですから、両者の間に戦争がない以上、なぜ和平が必要なのか理解できません、と返答した。こうしてヴィエーリ殿が、いかなる結論にも達しないまま帰国したとき、両家の敵意はますます強まり、実際そうなった通り、ほんのささいな出来事で、溢れだしそうになっていた。

それは五月で、当時フィレンツェで公けに祭りが祝われていた祭日のことだった。そのためドナーティ家の数人の若者たちが、友人たちと一緒に馬で出かけ、サンタ・トリニタ教会のそばで、女たちが踊るのを見るため立ち止まった。そこへ、やはり大勢の貴族を伴ったチェルキ家の人びとが何人かやって来た。そして前にドナーティ家の人びとがいるとも知らず、自分たちも見たかったので、馬をその間に押し出して、彼らと衝突した。そこで侮辱されたと思ったドナーティ家の人びとは、武器を摑んだ。(1) それに対してチェルキ家側も、堂々と対抗した。いずれの側にも多くの負傷者が出て、両者は引き上げた。この混乱が、大きな不幸の始まりであった。なぜなら都市全体が平民も貴族も同様に、真っ二つに分裂したからである。両派は白派と黒派から名前を取った。

白派の党首はチェルキ家で、それに味方したのはアディマーリ、アバーティを始めトシンギ、バルディ、ロッシ、フレスコバルディ、ネルリ、マンネッリ各家の一部と、モッジ、スカーリ、ゲラルディーニ、カヴァルカンティ、マレスピーニ、ボスティーキ、ジャンドナーティ、ヴェッキエッティ、アッリグッチ各家の全部であった。彼らには多くの平民の家族と、フィレンツェにいたギベッリーニ党の全部が加わった。彼らに従った者の数がとても多かったために、ほとんど市の全支配権を握ってしまった。

他方ドナーティ家が黒派の党首で、その味方は上述の家のなかで白派に接近しなかった部分と、さらにパッツィ、ビズドーミニ（ヴィズドーミニ）、マニエーリ、バニェージ、トルナクィンチ、スピーニ、ブォンデルモンティ、ジャンフィリアッツィ、ブルネッレスキ各家の全部であった。こうした敵意は単に都市部を汚染しただけでなく、領域部全体をも二分した。そこでグェルフィ党の隊長たちとグェルフィ党および共和国とを愛するあらゆる者は、こうした新しい分裂は都市を破壊して、ギベッリーニ党を再生させることになるのではないか、と強く恐れた。

そこで、もしも常に教会の楯であったこの都市が、滅びるか、またはギベッリーニ党のものとなることを望むのでなければ対策を考えてほしいと、教皇ボニファキウスにふたたび使者を送った。そこで教皇はポルト区の枢機卿マッテオ・ダックァスパルタを[2]、教皇使節としてフィレンツェに派遣した。より強力なために、彼を恐れることがより少なく見えた白派側に難点を発見したため、彼は憤慨してフィレンツェを去り、聖務停止令[3]を発した。そのためにフィレンツェは、枢機卿が到来する以前よりも、もっとひどい混乱状態に陥った。

18

こうして、あらゆる人びとの気持が殺気だっていたために、ある葬式にチェルキ家とドナーティ家の人びとが大勢集まっただけで口論が起こり、それが刃傷沙汰にまで発展することとなった。そのことから、そのときまさに暴動そのものが発生した。皆が帰宅すると、チェルキ家の人びとはドナーティ家襲撃を決意し、大勢の人びとを率いて押しかけていった。しかしコルソ殿の力量で反撃にあい、彼らの多くが傷ついた。(1) いまや都市全体が武装していた。執政府と法律は権力者の見幕に屈服した。

最も賢くて善良な市民たちは、疑惑に充ちて暮らしていた。ドナーティ家とその党派の人びとは、力が乏しいだけにいっそう恐れた。そこで自分たちの事態によりよく対処するために、コルソ殿は他の黒派の首領たちやグェルフィ党の隊長たちとともに集まり、(2) このような手段に頼れば白派を圧倒できると考え、教皇に頼んでフランスの王族の一人(3) にフィレンツェを改革しに来てもらうことに決めた。この会合と決定は総代たちの知るところとなり、敵方の党派から、市民の自治に対する陰謀だとして告発された。

両方の党派が武装したとき、当時ダンテもまじっていた執政府(4) は、彼の助言と知恵によって、勇気を出して平民を武装させると、そこには領域部の人びとも多数加わった。それから両派の首領たちに武器を収めさせ、コルソ・ドナーティ殿と彼の党派の多数の者を追放した。この判決が中立であることを示すために、白派側も何人か追放されたが、その後間もなく、彼らはもっともらしい口実を使って帰国した。

19

コルソ殿とその仲間は、教皇が自分たちの党派に好意的であると判断したので、ローマへと出かけて行った。そしてすでに教皇に手紙で書き送っていた事がらを、目の前で説いた。教皇の宮殿にはフランス王の弟、シャルル・ド・ヴァロア[1]がいた。彼はシチリアに渡るために、ナポリ王に呼ばれてイタリアへ来ていたのだ。だからフィレンツェの亡命者たちからこのうえなく熱心に頼まれた教皇は、航海に適した時期がくるまでの間、彼をフィレンツェに派遣すればよい、と考えた。

こうしてシャルルがやって来た。フィレンツェを統治していた白派の人びとは、シャルルに疑惑の目を向けていたが、彼がグェルフィ党の首領であり、しかも教皇によって派遣されていたために、あえてその到来を妨害はしなかった。むしろ彼を味方にするため、彼の自由意志で都市を左右できる権限を彼に与えた。シャルルはこの権限を得ると、すべての彼の友人と黒派の人びとを武装させた。それは彼に自分たちの自由を奪われることを望まない平民の間で大いに疑惑を招き、皆が武装して、もしもシャルルがなんらかの動きを示すならば素早く対処しようと、自宅で待機していた。

チェルキ家と白派の首領たちは、しばらく共和国の長であったために傲慢になってしまい、市民全体から憎しみを買っていた。そのことはコルソ殿と黒派の人びとにフィレンツェにやって来る勇気を与え、シャルルとグェルフィ党の隊長たちが彼らに味方してくれると知ったので、とりわけそうだった。この都市がシャルルへの疑惑のために武装した時、コルソ殿は亡命者全員と彼らに従う他の多くの人びとを引き連れて、誰からも邪魔されずにフィレンツェに入ってきた。ヴィエーリ・デ・チェルキ殿は彼に立ち向かうよう激励されたが、コルソが対決しにやって来た相手である平民たちこそコルソを罰してほしいものだと言って、自分は決起しようとはしなかった。

しかし、彼の期待とは反対の結果となった。つまりコルソは平民に罰せられるどころか、歓迎されたのだった。そこで身の安全を求めて、逃げ出さなければならなかったのは、ヴィエーリ殿の方だった。なぜならコルソ殿は、ピンティの門を無理やり開けさせると、自分の家に近いサン・ピエトロ・マッジョーレで決起したからだ。そして多くの友人と、新しいことを求めてそこへ駆けつけた平民たちを結集して、まず真っ先に彼がやったことは、公私いずれかの理由で入獄していたあらゆる人を解放し、執政府の人びとに強制して彼らを私人として帰宅させ、彼らの代わりに平民と黒派からなる新しい執政府を選出したことだった。[2] そして彼らは五日間にわたって、白派の指導者たちの家を略奪することに熱中した。[3]

チェルキ家や、その他彼らの党派の主だった人びとは、市外に逃れ、堅固な彼らの避難所に落ち着くと、シャルルは反対派で、大部分の平民も敵だったことを悟った。最初、彼らは教皇の忠告などには従おうとしなかったくせに、結局シャルルがフィレンツェを統一するためでなく、分裂させるためにやって来たことを示して、教皇の許へ助けを求めに行かざるをえなかった。そこで教皇は、ふたたび教皇使節マッテオ・ダックァスパルタ殿をフィレンツェに派遣した。彼はチェルキ家とドナーティ家を和解させ、結婚や新しい縁組などで和平を固めた。また白派も公職に参加できるようにしようと望んだが、政権をにぎる黒派がそれに同意しなかった。そこで教皇使節は、前回に劣らず不満を抱き、腹を立ててフィレンツェを去り、不服従の罪でフィレンツェに聖務停止令を発した。

20

こうしてフィレンツェには両派が残ったが、いずれも満足してはいなかった。黒派側は敵の党派がいつも身近にいるのを見て、敵が失った権威を取り戻して、自分たちを破滅させるのではないかと恐れ、白派側では自分たちにはもはや権威も名誉もないと見ていたからである。こうした怒りや自然な疑惑に、新しい侮辱が加わった。ニッコラ〔ニッコロ〕・デ・チェルキ殿[1]が彼の多数の友人とともに自分の所領へと向かい、アッフリコ川の橋についた時、シモーネ・ディ・メッセル・コルソ・ドナーティ[2]によって攻撃された。

この喧嘩は大規模で、双方に悲しい結果をもたらした。なぜならニッコロ殿が殺され、シモーネもひどい傷を負って翌晩には死んだからである。この事件は再び町全体を震撼させた。黒派のほうが罪が大きかったにもかかわらず、市を治めている人びとによって弁護された。この事件についての判決がまだ下っていないうちに、シャルルの家来、ピエロ・フェルランテ殿[3]を相手に、白派が統治に再び加わるために行った陰謀が発覚した。これはチェルキ家からフェルランテにあてて書かれた手紙によって明るみにでた。もっとも世間では、この手紙は偽物で、ニッコロ殿殺害によって得た汚名を隠すために、ドナーティ家の人びとがでっち上げたものだと噂されていた。

そこでチェルキ家は全員、白派の追随者とともに追放された。そのなかには詩人ダンテも混じっていて、彼らの財産は没収され、家屋は破壊された。彼らはすでに互いに接近していた多くのギベッリーニ党員とともに、多くの場所へと散らばり、新しい苦労を重ねながら、新しい幸運を探し求めた。シャルルは、そのためにフィレンツェにやって来た任務を終えると、出発してシチリア遠征を続行するため、教皇の許に戻った。彼はシチリアでも、フィレンツェにいたとき以上に賢明でも善良でもなかった。そこで多くの家来を失い、汚名にまみれてフランスへ帰国した。

21

シャルルが出発した後、フィレンツェでは人びとがとても平穏に生活していたが、コルソ殿だけは平穏ではなかった。なぜなら彼には、自分がこの都市で自分にふさわしいと考える地位についているとは、とても思えなかったからだ。それどころか平民の政府であったために、共和国が多くの自分よりも劣る人びとによって治められているのを見た。だから、そうした忿懣に動かされて、自分の不正な野心を正当な動機によって粉飾してやろうと考えた。そこで、公金を管理してきた多くの市民たちを、あたかもそれらを私的な利益のために流用したかのように中傷した。そして彼は、当然彼らを見つけ出して処罰すべきだとした。こうした彼の意見は、彼と同じ欲求を抱く連中によって支持された。それに、コルソ殿が祖国への愛によって動かされていると信じる他の多くの無知の人びとが加わった。

他方、中傷された人びとは、平民の支持を受けていたので、自分を弁護した。こうした口論が発展して、法的な手段では収まらなくなり、彼らは武器を取った。一方にはコルソ殿やフィレンツェ司教のロッティエーリ[1]殿の他に、多くの貴族たちと若干の平民たちが加わった。他方には執政府と平民の大部分がいて、市内の多くの場所で戦いが交わされた。総代たちは自分たちが巻き込まれている大きな危険を見て、ルッカ市民に援軍を求める使者を送ったので、フィレンツェにはただちにルッカの人民全員がやって来た。その権威によって当面は事態が収まり、暴動は沈静した。平民は政権に止まって自由を維持したが、しかしそれ以上に騒ぎの張本人どもを罰するまではできなかった。

教皇〔ベネディクトゥス十一世〕はフィレンツェの騒乱を知ると、それを鎮めるために、ニッコロ・ダ・プラート殿(2)を自分の教皇使節としてフィレンツェに派遣した。この人は地位、学識、品行などで高い名声を得ており、ただちに非常な信用を得て、国家を好きなようにまとめあげる権威を与えられた。もともと彼は、出自がギベッリーニ党だったために、亡命者たちを帰国させようという意図を抱いていた。しかし、まず平民を味方につけたいと望み、そのために古い平民の軍隊を改革した。この制度は平民の力を大いに高め、貴族の力を低下させた。こうして大多数の人とのつながりができたと判断すると、亡命者たちを帰国させようと計画した。そしてさまざまな方法を探っているうちに、どれもうまくいかなかっただけではなくて、統治する人びとの疑惑を招き、立ち去らねばならなくなった。そこで、すっかり憤慨して教皇の許に戻り、フィレンツェに混乱と聖務停止令とを残していった。

そこには平民と貴族、ギベッリーニ党とグェルフィ党、白派と黒派などの敵意が入り乱れていて、この都市を混乱させていたのは一つの敵意ではなく、多数の敵意だったのである。亡命者の帰国を望んでいて教皇使節の出発に不満を持つ者が多かったので、都市全体が武装して乱闘が町中に溢れた。騒ぎを真っ先に引き起こしたのは、メディチ家とジュンニ家であった。(3)彼らは叛徒に味方して、公然と教皇使節の側についた。だからフィレンツェのいたるところで戦いが生じた。

これらの不幸に火事が加わった。それは、まずオルト・サン・ミケーレ教会からアバーティ家に燃えうつり、そこからカーポ・イン・サッキ〔カポンサッキ〕の家々へと飛火し、それらとともに、マッチ、デッリ・アミエーリ、トスキ、チプリアーニ、ランベルティ、カヴァルカンティの各家とメルカート・ヌオーヴォ〔新しい市場〕全部とを焼いた。そこからサンタ・マリーア門〔の教区〕に移り、それを全焼してポンテ・ヴェッキオから迂回し、ゲラルディーニ、プルチ、アミデーイ、ルカルデージ等の各家、およびその他多数を焼いた。その戸数は千七百、またはそれ以上に達した。

多数の意見によると、この火事は喧嘩騒ぎのなかで偶然に出火したとされている。他の人びとは、自堕落で悪を渇望しているサン・ピエトロ・スケラッジョの修道院長ネーリ・アバーティ(4)がその犯人だとする。彼は平民が戦いに夢中なのを見て、人びとが忙しくて対処できないような悪事ができると考えたのだという。そして、よりうまくいくよう、そうするのにより多くの便宜がある、自分の一族の家に火をつけたのだという。

フィレンツェが火事と戦乱によって掻き乱されたのは、一三〇四年七月(5)のことであった。こうした多くの騒乱のなかにあって、コルソ・ドナーティ殿だけが武装しなかった。そのほうが双方が争いに疲れて和平を志向したときに、より容易に双方の党派の調停者になれると判断したためであった。しかし、彼らは相互の間で生じた和平のためというよりも、むしろ悪に飽きたために武器を置いた。そこから反逆者は帰国せず、彼らの支持者が劣位に立つという事態だけが発生した。

22

教皇使節はローマに戻って、フィレンツェで続いて起こった新しい騒動を聞くと、教皇を説得して、もしもフィレンツェを統一しようとするならば、この都市で筆頭の位置を占める十二人の市民を教皇の許へ出頭させることが必要だ、と説得した。こうして悪の根源を除きさえすれば、あとは悪を消すことが容易だというわけである。この助言は教皇によって聞き入れられ、召喚された市民たちはそれに従った。そのなかの一人に、コルソ・ドナーティ殿がいた。彼らが市から出て来た後、教皇使節から亡命者たちにいまは市内に首領たちがいないので、帰国するチャンスだと伝えられた。そこで亡命者たちは、戦力をまとめてフィレンツェに到着し、まだ完成していない城壁から侵入し、サン・ジョヴァンニ洗礼堂の広場まで進んだ。
注目すべきことは、非武装で祖国に帰りたいと頼んできた相手には、彼らを帰国させてやるためにほんの少し前まで戦っていた人びとが、相手が武装して力ずくで都市を占領しに来たのを見ると、彼らに対抗して武器を取ったこと（つまり私的な友情よりも公的な利益が、これらの市民たちによってそれほど尊重されていたこと）である。

彼らは平民全員と一体となると、やって来たところへ戻るよう相手に強制したのであった。彼らは兵力の一部をラストラに残してきたためと、さらに三百騎を率いてピストイアから来るはずだったトロセット・ウベルティ[1]殿を待たなかったために、その遠征に失敗した。それは戦力よりも速度の方が、彼らに勝利をもたらすに違いない、と判断したためであった。このようにこの種の遠征においては、遅れたためにチャンスを失うことも、急いだために戦力が足りないことも、ともにしばしば起こる。

反逆者たちが去ってしまうと、フィレンツェは元の分裂状態に戻った。カヴァルカンティ家から権威を奪うために、グレーヴェ川渓谷に位置する城塞で、かつてこの一族の領地であったスティンケ城を、平民たちは力ずくで占領した。そして、その城内で捕えられた人びとが、新しく建設されたばかりの牢獄の囚人第一号となったため、その後その牢獄は、彼らの出身地の城の名前を取ってスティンケと呼ばれ、今日でもそう呼ばれている。

共和国の首位を占める人びとは、さらに平民の部隊をも革新して、それ以前にはアルテの旗の下に集まっていたので、彼らのために旗印を与えた。その長たちは地区の旗手《ゴンファロニエーリ・デッレ・コンパニーエ》および執政府顧問会議員《コッレージ・デ・シニョーリ》と呼ばれ、騒乱のときには武器で、平和のときには助言で、執政府を助けることが期待された。彼らは二種の古い統治者〔法務長官と市民軍隊長〕に、旗手たちとともに貴族の横暴を裁くための執行長官《エゼクトーレ》をつけ加えた。

この間に教皇が死に、コルソ殿とその他の市民がローマから帰国した。そして、もしもコルソ殿の不穏な精神によってふたたび掻き乱されなかったならば、人びとは静かに暮らしたことだろう。この男は常に名声を得ようとして、最も有力な人びとは反対の意見を持っていた。平民がどちらに向いているかを見て、自分に対してより好意的にするため、そちらの方に自分の権威を向けた。

彼はあらゆる反対意見や新説のリーダーであり、何であれ例外的なものを手に入れようとする者は、すべて彼の許へ駆け込んだ。だから、多くの名高い市民たちは彼を憎み、この憎悪が高まった結果、黒派は公然と分裂した。なぜならコルソ殿は私的な権力と権威とに頼り、その敵たちは国家のそれらを利用したからだ。しかし、彼の人格が備えている権威は非常なものだったため、誰もが彼を恐れた。だが、こうしたやり方を用いれば容易に消し去れる平民の好意を彼から除くため、コルソの敵たちは彼が専制君主の地位を占めたがっているという噂を広めた。彼の生き方があらゆる市民の限度を越えていたために、このことを信じこませるのは容易であった。やがて彼が、ウグッチョーネ・デッラ・ファッジョーラ[2]、すなわちトスカーナの非常に有力なギベッリーニ党、および白派の盟主の娘を妻にめとったので、この噂はますます高くなった。

23

この縁組の話が世間に広まると、コルソ殿の敵たちに勇気を与えた。そして彼らはコルソに対して武器を取った。平民も同じ理由で、彼を擁護せずに、むしろその大部分は彼の敵に合流した。彼の敵方の首領とはロッソ・デッラ・トーザ殿[1]、パッツィーノ・デ・パッツィ[2]殿、ジェーリ・スピーニ殿、ベルト・ブルネッレスキ[3]殿であった。彼らはその追随者や平民の大部分とともに武装して、執政府の宮殿の下に集合した。そして彼らの命令に従って、市民軍隊長ピエロ・ブランカ[4]殿を相手に、ウグッチョーネの助力を得て独裁者になろうとしているという、コルソ殿に対する告発がなされた。続いて彼は召喚され、さらに欠席裁判で反逆者だという判決が下された。告発から宣告までの間に二時間以上はかからなかった。こうした判決が下ると、執政府の人びとは市民軍を引き連れ、その旗を掲げてコルソを逮捕しにいった。

一方コルソ殿の方は、味方の多数から見捨てられたことにも、下された宣告にも、執政府の権威にも、莫大な敵の数にも、まったく動じなかった。加勢を求めて使者を送ったウグッチョーネの援軍が到着するまでの間、そのなかで守り切れるものと信じて、彼は自分の館を固めた。その家と周囲の道路は自らの手で障壁が作られ、続いて彼の仲間たちの手で補強された。彼らはしっかりと守りを固めたので、多数ではあっても平民の手ではとうてい破れそうになかった。

だから乱闘は激しく、双方に死者や負傷者が出た。民衆は開いている場所から突破することが不可能だと見ると、コルソの家の隣の家々を占拠し、それらを壊して予想外の所から館に侵入した。そこでコルソ殿は、敵に包囲され、もはやウグッチョーネの援助もあてにはできず、勝利はないものと諦めたので、身の安全をはかる手段が見つかるかどうかを考えた。そして彼とゲラルド・ボルドーニ⑤、その他の最も強くて頼りになる多数の友人たちが先頭に立ち、激しく敵に襲いかかり、奮闘して血路を切り開いた。やがてクローチェ門を通って市外に出た。

しかし多くの者に追跡され、ゲラルドはアッフリコ川の畔で、ボッカッチョ・カヴィッチューリ⑥によって殺された。コルソ殿もまた、執政府の傭兵である何人かのカタルーニャ騎兵によってロヴェッザーノで追いつかれ、捕えられた。しかしフィレンツェに戻る途中、勝ち誇った敵の顔を見たり、彼らに拷問にかけられないように、馬上から身を投げた。地面に落ちた途端、彼を引きずっていた者たちの一人に首を刎《は》ねられた。彼の遺体はサン・サルヴィ修道会の修道士によって集められ、何の名誉もなく埋められた。これがコルソ殿の最期だった。

祖国も黒派も、彼から多くの幸と不幸を得たことを認めた。もし彼がもっと温和な精神の持主だったならば、彼の記憶はより幸福なものだっただろう。しかし彼は、私たちの都市が生んだたぐい稀な市民の一人に数えられる資格がある。温和さを欠いた彼の性格が、彼から受けた恩義を祖国と党派とに忘れさせ、最後には彼自身に死をもたらすとともに、祖国と党派のいずれにも大きな不幸をもたらしたことは真実である。ウグッチョーネは婿を助けにやって来た。しかしレーモリまで来たとき、コルソ殿が平民から攻撃されていることを知った。そして彼のために何もしてやれないと考え、彼の役にも立たないのに自分の身を危険にさらすこともあるまいと判断して、引き返していった。

24

それは一三〇八年のことだったが、コルソ殿が死ぬと反乱は収まった。そして人びとは、皇帝ハインリヒ〔七世〕がフィレンツェのあらゆる反逆者を引き連れて、イタリアを通過することを知るまでの間、平穏に暮らした。皇帝は反逆者たちに、祖国へ帰らせてやる、と約束していた。そこで政府の首脳たちは、敵を少なくするためにはその数を減らすのがよいと考えて、法律によって名指しではっきりとその帰国を禁止された人びとを除き、あらゆる反逆者に帰国を許すことに決めた。

こうして市外に止められたのは、ギベッリーニ党の大部分と、ダンテ・アリギエーリ、ヴィエーリ・デ・チェルキ殿の子孫、ジャーノ・デッラ・ベッラの子孫らをふくむ何人かの白派であった。これに加えて、彼らはナポリのロベルト王の許に助けを求める使者を送った。そして友人としてはそれが得られなかったため、彼の臣下として防御してもらうことにして、五年間の任期で彼に都市の支配権を委ねた。

25

皇帝は来る途中でピサを経由し、マレンマを通ってローマに向かった。そしてローマで、一三一二年に戴冠式を挙行した。それからフィレンツェ市民を服従させようと考えて、ローマからペルージャとアレッツォを経由してフィレンツェにやって来た。(1)彼は市から一マイルの所にあるサン・サルヴィ修道院に彼の軍隊を布陣して五十日間止まったが、何の成果も上げられなかった。そこで、この都市の支配を撹乱することを断念してピサへ赴き、そこでシチリア王フェデリーゴ〔三世〕と会って、ナポリ王国に遠征することに合意を得た。軍隊とともに出発して、自分が勝てるものと期待し、ロベルト王が身の破滅を恐れていたさなか、ブォンコンヴェント滞在中に皇帝は死んだ。(2)

その後まもなく、ウグッチョーネ・デッラ・ファッジョーラがピサの領主となり、続いてギベッリーニ党によって推挙されて、ルッカの領主となった。このことはこれらの都市のためにはなったが、近隣の都市には重大な損害をもたらした。フィレンツェ市民は、彼らから解放されるために、ロベルト王に要望して王の弟ピエロ[1]にフィレンツェの軍隊の指揮を委ねた。ウグッチョーネのほうでも勢力を拡大することをやめず、力ずくもしくは欺瞞によって、アルノ川渓谷およびニェーヴォレ川渓谷の多くの城塞を占拠した。そしてモンテカティーニの包囲に取りかかったので、その火事が自分たちの国に飛火しては困ると思い、フィレンツェ市民は救援に行く必要があると判断した。そこで大軍を編成してニェーヴォレ川渓谷に進軍したが、その地点でウグッチョーネと衝突し、大混戦の後に敗北した。このときナポリ王の弟ピエロも死んだが、その遺体はついに見つからなかった。また彼とともに二千人以上が戦死した。だがウグッチョーネの側でも、嬉しい勝利ではなかった。なぜなら、彼の息子[2]が、他の多くの隊長とともに死んだからである。

この敗戦の後フィレンツェ市民たちは、彼らの領土の周辺部を強化し、ロベルト王は彼らの隊長としてノヴェッロ伯爵[3]と呼ばれたアンドリア伯を派遣した。この人の振舞いのためか、それともあらゆる政体が気にくわず、またあらゆる事件で分裂を起こすのがフィレンツェ市民の天性だというべきか、ウグッチョーネと戦争の最中だというのに、都市はナポリ王の敵と味方に分裂した。王の敵派の首領は、シモーネ・デッラ・トーザ[4]殿、マガロッティ家、[5]およびその他の人びと、そして政府のなかで多数派を占める平民たちであった。これらの人びとはまずフランスへ、続いてドイツへ使者を送ったが、それは隊長と軍隊を求め、彼らが到着したときに、王の代理として市の統治にあたっている伯爵を追放するためだった。しかし、運命はだれ一人来させることがなかった。

だが、彼らはそれでも計画を諦めず、崇拝できる相手を探し求め、フランスでもドイツでも得られなかったので、グッビオからその人物を呼んできた。その前にノヴェッロ伯を追い払うと、ランド・ダゴビオ〔ダ・グッビオ〕[6]を、執行長官もしくは警察長官《バルジェッロ》として招き、市民に対する莫大な権限を彼に付与した。ランドは強欲で残酷な人物だった。多くの武装した部下を連れて市内を巡回し、彼を選出した人びとの意向に従って、あれこれの人びとから生命を奪った。そして、ついには思い上がったあげく、誰もあえて反対しないのに乗じて、フィレンツェの鋳型を用いた偽金まで鋳造したほどだった。フィレンツェの内紛が、彼をこれほどの大物にしてしまったのだ。

それは実に偉大にして悲惨な都市で、過去の分裂の記憶も、ウグッチョーネの恐怖も、王の権威も、それを安定させることができなかったのだ。だから、市外ではウグッチョーネに荒らされ、市内ではランド・ダ・グッビオによって略奪されて、最悪の状態にあったのである。彼らは王の友人であり、ランドとその取り巻きの反対派で、貴族であり、たとえ平民の場合でも豪族であり、完全なグェルフィ党員でもあった。それだのに、敵方が政権を握っていると、もはや大きな危険を冒さずには、立場を明らかにできないのだった。しかし彼らは、このように不正な虐政から逃れようと決意して、ロベルト王宛にひそかに手紙を書き、グイド・ダ・バッティフォッレ伯[7]をフィレンツェにおける王の代官に任命して欲しい、と請願した。そこで、ただちに王は命令を発し、まだ執政府が王に対立していたけれども、敵方は伯の優れた人格のために、あえて反対はできなかった。しかし、執政府も地区の旗手たちもランドとその一党を支援していたために、グイド伯にはあまり権威がなかった。

フィレンツェがこんな苦難の日々を送っていた頃、ドイツのアルベルト〔アルブレヒト〕王の娘[8]が、夫となるロベルト王の息子カルロと会うために通過した。彼女は王の友人たちにすごく丁重に歓迎された。そして彼らは王女に対して、ランドとその一党の虐政について訴えた。そこで彼女が出発する前に[9]、彼女の好意と王の所から派遣された人びとのおかげで市民たちは結束し、ランドは権限を奪われた。そして多くの戦利品を得て、市民の血を大量に流した後に、グッビオへ追い返された。政府の改革の際に、王に委ねられた領主権は、三年間[10]延長されることに決まった。すでにランドの党派側の七人の執政府の人びとが選ばれていたので、さらに王の党派の総代六人が選出された。そして十三人よりなる執政府が、何代か続いた。しかしその後、執政府は古来の慣行通り七人に戻った。

26

この時期[1]に、ルッカとピサの領主権がウグッチョーネの手から奪われた。ルッカの市民、カストルッチョ・カストラカーニがその領主となったのである。彼は若くて大胆で、凶暴で、またその企画したことの成果が好首尾であったために、短期間の間にトスカーナにおけるギベッリーニ党の盟主となったのである[2]。そのためにフィレンツェ市民は長年にわたって内部の紛争を中止して、まずカストルッチョの勢力が拡大しないように配慮し、そして彼らの意に反して勢力が増大した後は、いかにそれから身を守るかに腐心した。執政府がよりよい助言を得て決定を下すように、またそれをさらに大きな権威をもって実行するように、十二人の市民を選出して、善人《ブオーニ・ウオーミニ》と名づけ、彼らの助言や同意なくしては重要なことは何一つ行動できないことにした。

この間にロベルト王の領主権の任期が終わった。そこでフィレンツェは自分自身の主人となり、元の高官や行政官で再編成した。カストルッチョに対して抱く大きな恐怖が、市を団結させたのだ。カストルッチョはルニジアーナの領主たち相手に大きな成果をあげた後、プラートを攻撃した。だからフィレンツェ市民たちはプラートを支援することに決めて、平民が店を閉めて武装してプラートへ行軍した。

そこには二万人の歩兵と千五百人の騎兵が動員された。カストルッチョから戦力を奪い、自軍にそれを加えるため、執政府は布告を発して、プラートを支援に来るいかなるグェルフィ党員の反逆者も、この作戦の後には祖国への復帰が許されることを宣言した。そこで四千人以上の反逆者が戦場にやって来た。これほど素早くこんなに大規模な軍隊が動員されたために、カストルッチョはすっかり仰天して、合戦で運命を試すことを望まず、ルッカへと引き上げていった。

そこでフィレンツェ市民の陣営では、貴族と平民の間で意見の違いが生じた。平民は遠征を継続して、相手を殲滅するまで彼と戦うことを望んだ。貴族たちはプラートを救うためにフィレンツェを危険にさらすのはもうたくさんだといって、帰国を望んだ。もしそれが必要やむをえない場合はよいとしても、もはやそんな必然性がなく、わずかのものしか得られないのに多くを失う可能性があるような場合、運命を試みるべきではないからである。審議にかけてはみたが、執政府でも意見の一致をみなかった。彼らは評議会でも、平民と貴族の間で同様の意見の違いに出くわしたのだ。そのことが市内に伝わったので、その結果、広場に多くの人びとが集まり、貴族に対して脅迫じみたことばを吐いた。そこで、貴族たちは恐怖のために譲歩した。その方針は手遅れになってから、多くの気が乗らない人びとによって採用されたために、無事にルッカへ引き上げる時間を敵に与えた。

27

この混乱は貴族に対して平民を憤慨させることになり、その結果、執政府は貴族たちの命令や説得に基づいて亡命者に与えていた追放解除の約束を守ることを望まなくなった。そのことを予感した亡命者たちは出し抜いてやろうと考え、フィレンツェに真っ先に入るために市民軍に先行して市の城門に現れた。だが、それが予想されていたために、彼らは成功せず、フィレンツェに残っていた人びとによって排除されてしまった。

しかし、力ずくで手に入れられなかったものを、同意によってなら得られるかどうかを探るために、八人の使者を送り、執政府に対して与えられた約束と彼らが犯した危険を思い出させて、約束されていた褒美を求めた。貴族たちは執政府に責任を取らせることに関して、私的な形で約束を与えていたために、このことに特に責任があると感じて、亡命者の利益のために骨を折ったが、もしカストルッチョ相手の遠征で勝利を得ていたらありえなかったような仕方で都市全体が憤慨していたので、成果を得ることはなかった。そのことから、市は負担と不名誉を負わねばならなかった。このことのために、貴族たちの多数は憤慨し、請願して拒否された要求を力ずくで実現しようと試みた。そこで武装した亡命者が市に押しかけてくると、なかの者たちも武器を取って彼らを助けることに決めた。

ところが、ことは予定された日がくる前に発覚した。そこで亡命者は、市側が武装して外部からの侵入者を取り押えようと待ちかまえているのを見出し、内部の仲間はびっくりしてしまって、誰一人あえて武器を取ろうとはしなかった。こうして、彼らは何の成果も上げられずに、この企てから手を引いた。彼らが立ち去ると、亡命者を呼びよせる罪を犯した犯人を処罰することになったが、皆はその犯人が誰であるかを知っていたにもかかわらず、誰も名指しも告発もできなかった。そこで、遠慮なく真実を知るために、評議会で皆が犯人の名前を書いてひそかに隊長に提出することとなった。こうしてアメリーゴ・ドナーティ[1]殿、テギアイオ・フレスコバルディ[2]殿、ロッテリンゴ・ゲラルディーニ[3]殿が告発された。彼らは、おそらくその罪に比して不当なほど好意的な判事が担当して、罰金刑を課せられた。

28

反逆者が市門にやって来たときにフィレンツェで発生した騒ぎは、平民の地区の部隊にとって、その隊長が一人ではいかに不足であるかを証明した。そこで将来は、各隊が三、四人の長を持つことを望んだ。こうして一人の旗手に、必要上隊全体が統一行動できない場合、その一部がその長の下で行動できるようにと、二人または三人の槍旗兵《ペンノニエーレ》と呼ばれる役職をつけ加えた。

そしてあらゆる共和国で、何らかの事件のあとでいくつかの古い法律が廃止され、いくつかの新しい法律が生まれるように、それ以前は執政府は次々と交代(1)していたのだが、この時期の執政府と顧問会議とが非常に強力だったために、将来四十か月にわたって就任する予定の総代と正義の旗手を決める権限を自らに与えて、彼らの名札を一つの袋に入れておき、二か月ごとにそれを引くことにした。しかし、四十か月という期限が来る以前に、多くの市民たちは袋に名札が入っていないのではと疑い、新しい袋入れを行わせることとなった。

このことが基になり、市の内外を問わずあらゆる役職に関して、長期にわたって名札を袋に入れておく制度が生まれた。評議会についても、以前はその任期が終わる時期に、次の会期の評議員が選ばれていたのである。その袋入れは、その後資格審査《スクイッティーノ》(2)と呼ばれることとなった。これは三年ごと、最長でも五年ごとに行われるので、市から災いを除き、あらゆる役職が決められるたびに、多数の競争者の間で起こる騒動の原因を除いてくれるもののように思われた。これ以外に事態を正す方法が分からないので、こうした手段が取られたのだが、人びとはこうした不便なやり方の下に隠れている欠点に気づいていなかったのだ。

29

それは一三二五年のことだったが、カストルッチョがピストイアを占領したため非常に有力になり、その強大さを恐れたフィレンツェ市民は彼がピストイアの支配権をしっかりと掌握してしまう前に、彼を攻撃してその支配下からピストイアを取り戻そうと決心した。そこで彼らは、フィレンツェ市民やその友人たちのなかから二万の歩兵と三千の騎兵を集め、その軍隊でアルトパッショに布陣した。その町を占領して、カストルッチョがピストイアを支援できないよう遮断するためであった。フィレンツェ市民たちはうまくその場所を占拠して、そこからルッカに向かい、その領域を荒らした。しかし、隊長の思慮の乏しさと自信不足のために、あまり遠くには進まなかった。

彼らの隊長は、ラモンド・ディ・カルドーナ殿(1)であった。彼はこれまでの経緯から、フィレンツェ市民が大変気前のよい浪費家であると見ていた。そして、ときにはナポリ王、ときには教皇使節、ときにはずっと格が低い人びとにも屈従しており、もしもその必要に迫られれば、彼らが自分を君主に選ぶことも容易に起こりうると考えた。またそのことをたびたび思い出して、市内でも軍隊で与えられているのと同等の権威を要求し、そうでないと隊長に必要な服従が得られない、と説明した。

フィレンツェ市民が彼に同意を与えなかったため、彼は時間を無駄にし、カストルッチョは時間を稼いだ。なぜならカストルッチョに約束されていたヴィスコンティ家やロンバルディーアの他の専制君主たちからの援軍[2]が到着したからである。こうして相手方の人員が強化されてしまうと、ラモンド殿は、前には誠意の乏しさのために勝利を得ることができなかったのと同様、今度は思慮の足りなさのために、我が身を守ることができなかった。つまり自軍を率いてのろのろと進んでいたとき、アルトパッショの近くでカストルッチョに攻撃され、大乱戦の末に敗北[3]した。多くの市民たちがそこで捕えられ、あるいは殺された。ラモンド殿も彼らと運命をともにした。

彼は誠意の乏しさと、運命によって与えられた悪しき助言のために、むしろフィレンツェ市民から受けた方がふさわしい罰を受けたのであった。勝利の後、戦利品、捕虜、破壊、放火などの形でカストルッチョがフィレンツェ市民にもたらした損害は、とても語り尽くせないだろう。なぜなら、もはや誰一人彼に歯向かう者はいなかったので、何か月もの間彼は好きな所を馬で駆け廻り、これほどの敗北の後では、祖国を救うのにフィレンツェ市民は多くの犠牲を要したからである。

30

しかしフィレンツェ市民は、いくら意気阻喪したとはいえ、莫大な資金を調達し、傭兵を雇い入れ、友人たちに助力を求める使者を送るのを止めなかった。だが、これほどの敵を阻止するためには、どんなに資金を調達しても十分ではなかった。そこで自分たちを守りに来てもらおうと希望していたロベルト王の息子カラブリア公を、自分たちの領主として選出せざるをえなかった。なぜなら彼らは、フィレンツェの領主となることに慣れっこになっていたため、フィレンツェの友情よりも服従を望んだからである。しかしカルロ〔カラブリア公〕はシチリア戦争[1]に巻き込まれており、したがって領主権を握るためにやって来ることはとてもできなかったため、フランス国籍のアテネ公グァルティエーリをフィレンツェに派遣した。彼は領主の代理人として市の領土を把握し、自分の意のままに役職を設定した。しかしながら、彼の振舞いは控え目で、彼の本性とは正反対だったため、皆が彼を愛した。

シチリア戦争の片がつくと、カルロは千人の騎兵を率いてフィレンツェに来て、一三二六年七月に入城した。彼が到来したことで、カストルッチョはフィレンツェの領域部を自由に荒らしまわれなくなった。しかし市外では得られた名声が、市内において失われた。そしてフィレンツェ市民は、敵からは決して受けたことがなかった損害を、味方から受けることになった。なぜなら執政府は、〔カラブリア〕公の同意なしには何一つできなかったからで、彼との協定では二十万を越えないと決められていたのに、一年の終わりには、公は市から四十万フィオリーノを引き出していた。毎日のように、彼や彼の父が都市に押しつけた負担は、きわめて大きなものであった。

さらに新しい疑惑と新たな敵が、こうした損害に加わった。なぜならロンバルディーアのギベッリーニ党員が、カルロのトスカーナ到来に非常な不安を抱き、ガレアッツォ・ヴィスコンティや、その他のロンバルディーアの専制君主たちが、教皇の意に反して皇帝に選ばれたバイエルンのルートヴィヒを、金銭や約束によってイタリアへ招いたからだ。彼はロンバルディーア、続いてトスカーナへとやって来て、カストルッチョの助力でピサを領有した。そこで資金を得ると、ローマへ向かった。このことは、ナポリ王国に危惧を抱いたカルロをトスカーナから出発させた。彼は自分の代理として、フィリッポ・ダ・サッジネート殿を残していった。カストルッチョは皇帝が立ち去った後、ピサを領有した。⑵

フィレンツェ市民は協定によって彼からピストイアを奪ったので、カストルッチョはピストイアに出陣した。彼は大変な力量と粘り強さをそこで発揮し、フィレンツェ市民が何度もピストイアを救出しに行こうと試み、ときにはその軍隊を、ときにはその領地を攻撃したのだが、武力によっても工作によっても、その遠征を断念させることはできなかった。彼はピストイア市民を罰し、フィレンツェ市民を打ち負かすことをこれほど切望していたのである。こうしてついにピストイア市民は、彼を領主として受け入れざるを得なくなった。そうしたことは、彼の大きな栄光とともに生じたが、またルッカに戻った途端に死ぬという不快な結果をも伴った。

実際、運命というものは、ある幸福もしくは不幸に、別の幸福もしくは不幸を同伴させないことは稀だから、ナポリでもカラブリア公でフィレンツェの領主であるカルロが死に、その結果フィレンツェ市民はほんのわずかの間に、あらゆる世論の一致するところ、ひとりの領主権ともうひとりの恐怖から解放されることとなった。彼らは自由になり、都市を改革して、古い評議会のあらゆる制度を廃止し、二つの評議会を創設した。一つは三百人の平民の評議会、もう一つは、二百五十人の貴族と平民の評議会で、前者を平民の評議会、後者をコムーネの評議会と呼んだ。

31

皇帝〔ルートヴィヒ〕はローマに着くと対立教皇〔ニコラウス五世〕を任命し、教会と敵対する多くの事がらを命令し、その他多くの事がらを試みたが何の成果も上げなかった。そこで結局、恥をかいて立ち去り、ピサへとやって来た。ピサで何ごとかに腹を立てたか、それとも賃金を貰えなかったためか、ドイツ騎兵約八百人が彼に背き、チェルリオ川の畔のモンテキアーロに立てこもった。皇帝がロンバルディーアに行くためにピサを出発すると、彼らはルッカを占領して、皇帝によってその町に残されていたフランチェスコ・カストラカーニ(1)を追い払った。それから、この戦利品からいくらかの利益を得ようと考えて、その都市を八万フィオリーノで売ろうとフィレンツェ市民に申し出た。その申し出はシモーネ・デッラ・トーザ殿の忠告に基づいて拒絶された。その方針は、もしもフィレンツェ市民がその意志を常に堅持したならば、私たちの都市にとってまことに有益なものとなったであろう。しかし、その後間もなく気が変わり、大変有害なものとなった。なぜなら、この時だとわずかの費用で、それも平和裡に手に入れられたのに、それを望まなかったくせに、その後欲しくなると、ずっと高い値段で買ったにもかかわらず、それはもう得られなかったからである。

そして、これこそフィレンツェが何度となく、このうえなく大きな損害とともに政府を変えた原因であった。このときフィレンツェ市民が断わったルッカを、ジェノヴァ市民ゲラルディーノ・スピノーリ(2)〔スピノーラ〕殿が三万フィオリーノで買った。人間というものは、手に入る物はなかなか取ろうとしないくせに、手が届かなくなると、途端に欲しくなるものなので、ゲラルディーノ殿の買い物が初めて明らかになり、どんなに安くそれを手に入れたかを知った途端に、フィレンツェ市民たちはそれが欲しくてたまらなくなってしまい、自分自身とそれを止めた人を非難した。そして今さら買う気がしなかったので、力ずくで手に入れようとして自分の軍隊を送り、ルッカ市民に略奪を働き、その領地を荒らした。

この間に皇帝はイタリアから出発してしまい、対立教皇はピサ市民の命令で捕えられて、フランスへ送られた。フィレンツェ市民は、カストルッチョが死んだ一三二八年から一三四〇年までの間、市内では平静に生活し、もっぱら外部の領土の問題に専念していた。ロンバルディーアではボヘミア王ヨハンの到来をめぐって、またトスカーナでは、ルッカをめぐって多くの戦争が行われた。

彼らはまた都市を新しい建築で飾った。たとえば、この当時非常に名高い画家だったジョット(3)の勧めによって、サンタ・レパラータ教会の塔を建設した。また一三三三年の洪水で、アルノ川の水はフィレンツェのある場所では十二ブラッチョ〔七〜八メートル(4)〕以上に達し、橋の一部と多くの建物を破壊したが、彼らは大変な速さと費用とで、破壊された橋と建物を再建してしまった。

32

しかし一三四〇年になると、新しい口論の原因が発生した。有力な市民たちには、彼らの権力を増大させ維持するための方法が二つあった。その一つは役職の名札袋に入れる名前を制限して、役職が自分たち自身とその仲間に当たるようにすること、もう一つは、後で彼らが裁判を行う際に、彼らから好意的な判決が得られるよう、法の支配者〔法務長官、市民軍隊長、執行長官）たちの選挙の先頭に立つことであった。彼らは、この第二の部分をとても重視していて、通常の役人では十分でない場合、ときどきは第三の役職を導入した。そこで、この当時例外的に警備隊長《カピターノ・ディ・グアルディア》という肩書で、イアコポ・ガブリエッリ・ダゴビオ〔ダ・グッビオ〕(1)殿を招いて、市民に対するあらゆる権限を与えた。彼は毎日のように、統治している人びとの意向に応じて、無数の侮辱を加えた。

侮辱を加えられた人びとのなかには、ピエロ・デ・バルディ(2)殿とバルド・フレスコバルディ(3)殿がいた。彼らは貴族だったので、当然高慢であり、外国人によって不正に、しかも少数の権力者の意向に沿って侮辱を加えられることに、とても我慢できなかった。そこで復讐するために、彼と統治者に対して、陰謀を企てた。そうした陰謀には、当時の統治者たちの専制が気に食わない、多くの貴族の家族といくつかの平民の家族が加わった。

彼らの間で決めた計画とは、各自が多くの武装した兵士を家に集めておくこと、そして万聖節の祝日〔十一月一日〕の翌朝、死者の冥福を祈るために皆が教会へ行く時刻に武器を取り、警備隊長と統治者たちの筆頭にあたる人びとを殺害し、新しい執政府を選んで、新しい体制で国家を改革することであった。しかし危険な取り決めは、熟慮すればするほど、実行し難くなるものであり、実行まで時間に余裕のある陰謀は、常に露見してしまうものだ。

陰謀仲間の一人にアンドレーア・デ・バルディ(4)殿がいたが、彼の心の中では、考えれば考えるほど、復讐への期待よりも刑罰の恐怖が強くなっていった。そこで、すべてを義理の兄弟のイアコポ・アルベルティ[5]に打ち明けた。イアコポはそのことを総代たちに、総代たちは政府の担当者に伝えた。万聖節が近づいていて、危険が切迫していたため、多くの市民たちが宮殿に集まってきた。ことを遅らせると危険だと判断して、人びとは執政府に対し、鐘を鳴らして平民に武器をとるよう呼びかけることを求めた。

正義の旗手はタルド・ヴァローリ[6]で、総代の一人にフランチェスコ・サルヴィアーティ[7]がいた。彼らはバルディ家の親戚であったため、鐘を鳴らすことを好まず、ほんのちょっとしたことのために平民を武装させることは好ましくない、と主張した。なぜなら、いかなる抑制も加えられていない権威を大衆に与えることは、決してよい結果を生まないし、騒動を引き起こすのは簡単だが、鎮めるのは困難だからだ。それゆえ、単なる密告に基づいて過ちを正そうとするあまり、騒動を引き起こしてフィレンツェを廃墟にしてしまうよりも、まずことの真相を探り、正式な手続きに基づいて処罰した方がましだというわけである。しかし、そうした言葉には、誰も耳をかさなかった。逆に侮辱的なやり方と無礼な言葉で、執政府は鐘を鳴らすように強制された。その鐘の音で平民たちは全員武装して、広場に駆けつけた。

他方バルディ家とフレスコバルディ家の人びとは、ことが露見したことを知って、栄光の勝利を得るか、さもなくば恥をかかずに死のうと、武器を取った。自分たちの家がある川向こうの部分なら守れるだろう、と彼らは期待した。そして橋の守りを固め、また領域部の貴族たちやその他の友人たちからあてにしていた援軍の到来を待った。そうした計画は、都市の川向こうの側で彼らと共に住んでいて、執政府のために武器を取った平民たちによって潰されてしまった。分断されたのを見ると、叛徒たちは橋を捨てて、他のどこよりも堅固なので、バルディ家が住んでいる通りに退避して、そこを勇敢に防御した。

イアコポ・ダ・グッビオ殿は、こうした陰謀全体が彼に対するものであったことを知り、死の恐怖にすっかり脅えて腑抜けになり、執政府宮殿のそばで、武装した家来たちに守られて身を休めていた。他の法の支配者たちのうちでは、罪が軽い人ほど勇敢で、マッフェオ・ダ・カルラーディ〔マルラーディ〕(8)殿と呼ばれる法務長官が特にそうであった。彼は戦いの現場に現れ、何ごとも全然恐れず、ルバコンテ橋を渡ると、バルディ家の白刃の間に身をさらして、彼らと話がしたい、という合図をした。

彼の人格への敬意、日頃の行い、その他の彼の優れた特質がただちに武器を収めさせて、彼の言葉を静かに傾聴させた。彼は、控えめだが荘重な言葉で彼らの陰謀を非難し、平民の今度の攻撃に譲歩しない場合に彼らが直面する危険を示してから、今後は彼らの言い分も聞いて情状を酌量しながら裁判を行うという希望を与え、また彼らの正当な怒りに対しては、同情をもって対処することを約束した。その後、彼は執政府に戻ると、市民の流血を伴う形で勝とうとしてはならないし、相手の意向を聞かずに裁こうとしてはならない、と説得した。こうして、彼が大いに奔走した結果、執政府の同意を得てバルディ家、フレスコバルディ家、およびその仲間は都市を捨て、誰にも妨げられずに彼らの城塞へと帰っていった。

彼らが出発し、平民が武器を収めると、執政府の人びとだけで、バルディ家およびフレスコバルディ家で武器を取った者を裁いた。そして彼らの力を奪うために、バルディ家からマンゴーナとヴェルニアの城塞を買い、また法律でいかなる市民もフィレンツェの近郊二十マイル以内には城塞を持てないことを決めた。その後数か月の間に、スティアッタ・フレスコバルディと彼の家の他の多くの人びとが、反逆者として斬首された。統治者たちにとっては、バルディ家とフレスコバルディ家を負かして屈従させるだけでは十分でなかった。しかし、ほとんど常に人間がそうするように、彼らは権限が高まれば高まるほど、それをより悪く利用し、より横柄になった。

以前は一人の警備隊長がフィレンツェ市内を悩ましていただけなのに、さらにもう一人、領域部にもそうした隊長を選び、彼らにとって疑わしい人びとがフィレンツェの市内でも、市外でも住めないように、莫大な権限を与えた。またあらゆる貴族をいじめるよう大いに扇動したため、彼らの側でも復讐のために市とその支配者たちを売る機会が来るのを待ち望んだ。それはうまく到来し、彼らはさらに巧みにその機会を利用した。

33

トスカーナとロンバルディーアとで生じた多くの災難を経て、ルッカという都市はヴェローナの領主、マスティーノ・デッラ・スカーラ[1]の支配下に入った。彼は条約[2]の義務によって、ルッカをフィレンツェ市民に引き渡すべきだったが、パルマの領主だったためルッカを保持できると考えて、決められた約束を気にかけなかった。

そこでフィレンツェ市民は、その復讐のためにヴェネツィア市民と共謀して、彼にさかんに戦さを仕かけたため、彼はまさに全領土を失う寸前にまで追いつめられた。しかし、それによってフィレンツェ市民が得たものは、マスティーノをやっつけてやったというわずかな精神的満足だけで、それ以外には何の利益も得られなかった。なぜならヴェネツィア市民は、自分よりも力の弱い者と同盟した者がすべてそうするように、トレヴィーゾとヴィチェンツァを手に入れた途端、フィレンツェ市民のことなどまったく考慮せずに、和解してしまったからである。

しかしその後間もなく、ミラノ領主ヴィスコンティ家がパルマをマスティーノから奪ったために、マスティーノはもうこれではとてもルッカを保持できないと判断し、この都市を売ることに決めた。フィレンツェ市民とピサ市民とが競争し、その契約をつめるにあたってピサ市民は、フィレンツェ市民の方が裕福だからその権利を得るだろうとみて、自分たちは力に頼ることにした。そしてヴィスコンティ家の援助を得て出陣した。だからといって、フィレンツェ市民はこの買い物から手を引かず、マスティーノとの間で契約を結び、代金の一部を払い、残りの代金のために人質を差し出した。そしてその領土を受け取るために、ナッド・ルチェッラーイ、ジョヴァンニ・ディ・ベルナルディーノ・デ・メディチおよびロッソ・ディ・リッチャルド・デ・リッチ[3]を派遣した。彼らは力ずくでルッカ領に侵入し、ルッカがマスティーノの家来たちから彼らに引き渡された。しかし、ピサ市民も彼らの企てを続行し、あらゆる手段を尽くして力ずくでルッカを手に入れようと努め、フィレンツェ市民も彼らの包囲からルッカを取り戻そうとした。長い戦闘の後、フィレンツェ市民はお金を失ったうえに恥をかいて追い出され、ピサ市民がルッカの領主となった[4]。

この都市を失ったことは、こういう場合には常にそうであるように、市を治める人たちに対してフィレンツェ民衆を憤激させた。そして民衆はあらゆる場所で、あらゆる広場で、公然と彼らをこきおろし、彼らの貪欲さと誤った助言とを非難した。この戦争が始まった時点で、二十人の市民にその運営を担当する権限を与えられ、また遠征のための隊長として、マラテスタ・ダ・リミニ殿[5]が選出されていたが、彼は戦意乏しく、さらにいっそう乏しい知恵とで戦争の指揮を取っていた。フィレンツェ市民がナポリ王ロベルトに助力を求めたため、王はアテネ公グァルティエーリを彼らの所へ送ってきた[6]。諸天が将来の不幸のためにことを準備することを望んだために、ルッカへの遠征が完全に失敗したまさにそのときに、彼がフィレンツェへやって来た。

そこで二十人委員は、平民が怒っているのを見ると、新しい隊長を選ぶことで平民の心を新しい期待で満たし、またその選出によって自分たちを非難する原因を抑えるか、もしできれば除きたい、と考えた。さらに民衆が恐れを抱く原因となるよう、またアテネ公がより大きな権限で彼らを守ってくれることができるように、彼をまず保安長官《コンセルバトーレ》(7)に任命し、さらに自分たちの軍隊の隊長に選出した。貴族たちは先に記した原因のために、不満を抱いて暮らしていたし、またその多くはグァルティエーリがかつてカラブリア公カルロの代理としてフィレンツェを治めていたころ、その知己となっていたので、今こそフィレンツェを廃墟にすることによって鬱憤をはらす時がきた、と考えた。そして、一方の党派の美徳と他方の党派の傲慢とを知っていて、傲慢な党派を押え、その相手側に報いてくれるような一人の君主の下に服従すること以外には、彼らを苦しめたあの平民を屈服させる方法はない、と判断した。それに彼らの協力によって、グァルティエーリが領主の地位を得たとき、彼らに提供してくれる恩恵への期待が加わった。

そこで、彼らは何度も彼とひそかに会い、領主権を全面的に獲得するように説得して、可能な限り最大限の協力を申し出た。彼らの権威と激励に、ペルッツィ、アッチャイウォーリ、アンテッレージ、ブオナッコルシなど、いくつかの平民の家族が加わった。彼らは負債に苦しめられていて、もう自分の金では支払えないので、他人の金で自分たちの借金を肩代わりさせることと、祖国に仕えることで、債権者への隷従から解放されたいと望んでいた。

こうした説得は、アテネ公の野心的な精神を、支配へのいっそう強い欲望で燃え上がらせた。そこで彼は、自分が厳格でかつ正しいという評判を得、それによって下層民の間の人気を高めるために、ルッカ戦争を指導した人びとを糾弾した。そしてジョヴァンニ・デ・メディチ殿、ナッド・ルチェッラーイ、グリエルモ・アルトヴィーティ[8]の生命を奪った。また多くの人びとを追放したり、また多くの人びとに罰金刑を科したりした。

34

これらの処刑は中流市民たちを震えあがらせ、貴族と下層民だけを満足させた。下層民は悪を喜ぶことがその本性であり、貴族たちは平民から受けた多くの侮辱が復讐されるのを見たためであった。そこでアテネ公が道を通りかかると、その意欲の率直さが大声で賞賛された。そして、市民たちの詐欺を見つけ出して罰してほしい、と皆が公然と彼を激励した。二十人委員会の事務所が閉鎖され、公の名声は高まって恐怖が極度に達し、その結果、誰もが彼の味方であることを示そうとして、自分の家の上に彼の紋章を描かせた。こ

・

うして彼は、君主であるためには称号が欠けるだけ、というあり様になった。こうして何を企てても安全だと思ったので、彼は執政府に対して、市の幸福のために、その絶対的支配権を彼に譲渡すべきだと判断したことを通告した。すでに市全体がそれに同意している以上、彼らもそのことに同意するよう要請したわけである。執政府の人びとは、ずっと前から祖国の崩壊を予測してはいたけれども、全員この要求を前にして狼狽した。そして自分たちの危険を知ってはいたけれども、祖国に対する義務を欠かさないために、彼に対して勇敢にそれを拒否した。

アテネ公は、自分が信心深く優れた人格の持主であることをさらに見せびらかすために、その宿舎として聖フランチェスコ修道会ミノーリ派のサンタ・クローチェ修道院を選んでいた。そして、自分の悪意ある考えを実現したいと望み、翌朝、全市民がサンタ・クローチェ広場の自分の前に集合するよう布告を出した。この布告は執政府を大いに狼狽させ、彼らは始め口もきけないほどだったが、やがて祖国と自由の友であると判断した人びととともに集まった。そして公の勢力を知っていたので、他に仕方がないから彼に頼んでみるしかないが、自分たちの力が十分ではないので頼んで様子を見、その企てを諦めてもらうか、さもなければ彼の領主権がいくぶん緩やかなものにしてもらえれば十分だろうと考えた。そこで執政府の一部が彼に会いに行き、彼らの一人が、公に対して次のような口上を述べた。

「閣下、私たちはまずあなたのご要請、次にあなたが人民を集めようとして出された命令に動かされた結果、あなたの許に参りました。なぜなら私たちが正式なやり方であなたに同意しなかった事がらを、あなたが違法なやり方で獲得しようと望んでおられると確信しているからです。また私たちの意図は、何らかの力であなたのご計画に対決することではありません。そうではなく、ただあなたがご自分で担ごうとしておられるその重荷がどんなに重いものであり、あなたが選ぼうとしておられるその方針がどれほど危険なものであるか、を示しておきたいだけのことなのです。それは私たちの忠告と、それとは別のあなたのためというよりは、自分たちの怒りの鬱憤ばらしにあなたに忠告する人びとの助言とを、いつも思い出していただけるようにという配慮によるものです。これまで常に自由に生きてきた一つの都市を、あなたは奴隷にしようとしておられます。と申しますのも、私たちがこれまでナポリの王族の方がたにお譲りしてまいりました領主権とは、伴侶を意味し、隷属を意味していなかったからです。いかなる力も屈服させることができず、どれほどの時間も摩滅できず、またいかなる価値も匹敵しえない、この自由という言葉が、このような都市にとってどれほど重要で、どんなに強力なものであるかを、あなたは考えられたことがおありでしょうか。

考えて下さい、閣下。これほどの都市を隷従させるのに、どれほどの力が必要であるかを。あなたが常に保持することが可能な、外部の戦力では十分ではありません。内部の戦力を、あなたは決して信用するわけにはいきません。なぜなら、いまあなたの友人であり、あなたにこの方針を取るよう励ましている人びとは、一度あなたの権威によって彼らの敵を倒した途端、いかにしてあなたを消し、自分たちを君主にしようかと試みるでしょう。あなたがあてにしておられる下層民は、あらゆる出来事で、たとえそれがほんのちょっとした出来事であろうとも、反逆することでしょう。だから、ほんのわずかの間に、あなたはこの都市全体を敵として恐れることになり、それがこの都市とあなたご自身の破滅の原因となることでしょう。あなたは、この不幸に対して対策を見つけることはできません。なぜなら敵の少ない君主たちは、相手を殺すなり追放するなりして敵を消すことによって、自分の領主権を容易に確かなものにできます。しかし四面楚歌のただなかでは、いかなる安全も見出すことはできません。なぜなら、あなたはどこから災いが生じるか分かりませんし、あらゆる人を恐れる人は、誰一人信頼することができないからです。もしそんな真似をすれば、いっそうあなたの身を危険にさらすことになります。なぜなら、残された人びとはますます憎しみを深め、さらに復讐の決意を固めるからです。いくら時間をかけても、自由への欲求を摩滅させるのに十分ではない、というのはきわめて確かなことです。なぜなら一度も自由を味わったことがない人びとによって、ただそれを愛した彼らの先祖が残していった記憶だけを頼りに、その都市で自由が再建されたという例がしばしば知られているからです。だから一度それが復活しますと、人びとはあらゆる危険を冒してこのうえなく執拗にそれを守るのです。

また、たとえその父祖たちが語り伝えていなくとも、公共の宮殿、役職者の役所、自由な制度をしめす旗印がそれを記録しています。そういったものを、最高の熱意で市民たちが知ろうとするはずです。いったい、あなたはご自分のどんな活動によって、自由に生きるという喜びに匹敵させ、人びとの現在の状況を懐かしむ気持を抹消させるつもりなのですか。たとえ、あなたがトスカーナ全体を支配下にお加えになり、われわれの敵の所から毎日この都市に凱旋されたとしても、それは無理です。なぜなら、そうした栄光はすべてあなたのものであって、市のものではないからです。市民たちは臣下ではなくて、隷従の仲間を得るだけでしょう。またそれによって、自分の隷属状態が悪化したのを見るだけでしょう。たとえあなたの日ごろの行いが聖人のようで、態度が優しく、裁断が公正だとしても、あなたが愛されるためには十分ではありません。

もし、あなたがそれで十分だとお考えでしたら、あなたは誤っておられる。なぜなら束縛されずに生きてきた者にとって、どんな鎖でも重く、どんな束縛でもきついからです。それに、暴力を基盤とする国家と、善良な君主が結びつくことは不可能です。なぜなら、必然的に両者は類似のものになるか、一方が他方を破壊してしまうからです。したがってあなたは、最大限の暴力でこの都市を維持することを考えておられるはずですし、またそうせざるをえないでしょう（そのためには、砦も、衛兵も、外部の友人たちも、何倍にふやしても足りないでしょうが）。さもなければ、私たちがあなたに申し出た権限で満足していただかねばなりません。私たちは、自発的なものだけが永続する支配権である、ということを思い出して下さるよう、あなたにおすすめ致します。どうか、わずかな野心に目が眩んで、止まることも、上に昇ることもできず、あなたご自身と私たちの大損害を伴って、転落せざるをえない場所に自分を追い込まないようにしてください」。

35

これらの言葉は、アテネ公の頑なな心をまったく動かさなかった。そして彼は、この都市から自由を奪うことが自分の真意ではなく、むしろ自分はフィレンツェに自由を返してやろうと思っているのだ、と述べた。なぜなら、分裂している都市だけが奴隷であって、結束していれば自由だからである。つまり、もしフィレンツェが、彼の命令で党派や野心や敵意を脱ぎ捨てることができるならば、彼は自由を奪うどころか、それを返してやることになるはずである。そもそも、こんな任務を背負いこむことにしたのも、彼の野心のためではなく、大勢の市民たちに頼まれたからに他ならない。だから彼らも、他人が満足していることで当然満足すべきだろう。またそのために自分が陥るかもしれない危険に関しても、自分は重視するつもりはない。なぜなら、不幸をおそれて善行を投げ出すことは、善良でない人間のやることであり、わずかな疑惑のために、栄誉ある事業をすすめないのは臆病者の仕業だからだ。それにわずかの時間のうちに、あまりにも自分を信用しないで恐れ過ぎていたことが分かってもらえるように、自分には振舞えるものと信じている、などと述べた。そこで執政府の人びとは、もう他にはよい手段がないとみて、翌朝、人民が彼らの宮殿の広場に集まること、および人民の権威に基づいて、かつてカラブリア公カルロに与えられたのと同じ条件で、アテネ公に一年間領主権を委ねることに同意した。

それは一三四二年九月八日のことだった。アテネ公は、ジョヴァンニ・デッラ・トーザ(1)殿やあらゆるその一族、その他大勢の市民たちを伴って広場にやって来た。そして執政府の人びとともに欄干《リンギエーラ》の上に昇った。フィレンツェ市民は執政府の宮殿の裾の階段状の部分を、そう呼んでいた。そこで、執政府とアテネ公の間で交わされた協定が、人民に対して読みあげられた。ところが、領主権を一年間彼に与えるという箇所が読まれたとき、民衆の間から「終身だ」という叫び声が起こった。総代の一人フランチェスコ・ルスティケッリ殿(2)が立ち上がって話しかけ、騒ぎを鎮めようとしたが、彼の言葉は叫び声でかき消されてしまった。結果として、アテネ公は民衆の同意を得て、一年間ではなく永久的な領主に選出された。そして、彼の名を叫ぶ大群衆に担がれて、広場中を運ばれた。

宮殿警備の筆頭にある者は、執政府が不在時には、中に閉じこもっていることが習慣で決まっていた。当時、その役目にリニエーリ・ディ・ジョット(3)が任命されていた。公の仲間に買収されていた彼は、どんな暴力も振るわれないうちに、公を中に入れた。狼狽し面目を失った執政府の面々は、帰宅してしまった。宮殿は公の家来たちによって略奪され、ポポロの旗は引き裂かれた。アテネ公の旗印が宮殿の上に掲げられた。こうしたことは、善良な人びとの量り知れない悲しみと悩みとを引き起こしたが、無知か悪意のために、このことに同意した人びとには大きな喜びをもたらした。

36

領主権を得るやいなや、自由の擁護者の役割を果すことになっている人びとから権限を奪うために、アテネ公は執政府の人びとに宮殿に集合することを禁じ、彼らに一戸の私的な家を割り当て、市民軍の地区の隊長から旗印を取りあげた。また貴族に対する正義の規定を無効とし、牢獄から囚人を釈放して、バルディ家とフレスコバルディ家の人びとを亡命先から帰国させ、そして皆に武器の携帯を禁止した。市内にいる人びとから自分の身をよりよく守るために、市外の人びとと仲良くした。そこでアレッツォ市民その他、フィレンツェ市民に服従している人びとに多くの恩恵を与えた。また彼らと戦うために君主に任命されたにもかかわらず、ピサ市民と和平を結んだ。そして、ルッカ戦争のために共和国にお金を貸した商人たちへの利子の支払いを止めてしまった。元からあった税金を高くし、さらに新しい税金を設けた。執政府からあらゆる権限を奪い、彼の下で支配に当たったのは、バリオーネ・ダ・ペルージャ殿[1]、グリエルモ・ダシェージ〔ダッシージ〕[2]殿で、彼らおよびチェルレッティエーリ・ビズドーミニ〔ヴィズドーミニ〕[3]殿を相手に相談した。

彼が市民に課した税金は重く、彼の裁判は不正であり、彼が市民たちに対して装っていた厳格さと思いやりは、高慢と残酷に変わった。そこで多くの貴族たちや上層の市民たちが罰せられたり、殺されたり、新しいやり方で拷問にかけられたりした。市外でも市内以上に善政を布くことがないよう、領域部のために六人の統治者を定め、彼らが農民を殴ったり略奪したりした。アテネ公は貴族の援助を受け、また彼らの多くを祖国に帰してやったにもかかわらず、彼らに対して疑惑を抱いていた。なぜなら貴族階級に常に存在する高邁な精神が、彼の支配下で服従していることに満足できるなどとは、とても信じられなかったからだ。だから、下層民の好意と外国人の武力とによってその専制政治を保持しようと考え、下層民を優遇することに努めた。民衆がいつも祭りを祝う五月[4]がくると、下層民と細民とにいくつもの団体を作らせた。豪華な名前で飾られたそれらの団体に、彼は旗印とお金とを与えた。そこで彼らの一部は、市内を祝って練り歩き、残りはとても豪華に着飾って祝いの列を迎えた。

アテネ公が新たに領主になったという評判が伝わると、フランス人の血を引く人びとが大勢彼に会いにやって来た。最も信用のおける人びととして、彼は彼ら全員に高い地位を与えた。そこでフィレンツェは、わずかの間にフランス人の臣下となっただけではなく、彼らの風習や服装の支配に服した。なぜなら男も女も、洗練された生き方や羞恥心を無視して、フランス人を模倣したからである。しかし、何にもまして嫌われたのは、アテネ公とその家来どもが何の遠慮もなしに女性相手に行った乱暴であった。

こうして市民たちは、自分たちの国家の尊厳が失われ、制度が崩壊し、法律が無効となり、あらゆる正しい生き方が堕落して、あらゆる市民としての節度が消滅したのを見て、忿懣のかたまりとなって暮らしていた。なぜなら、いかなる王族の栄華をも見慣れていない人びとは、徒歩や馬上で武装した取り巻きを従えたアテネ公に会うとき、悔しさを感じないではいられなかったからだ。おまけに彼らの屈辱をいっそう近くから見ながら、彼らが最も憎んでいる者に対して、敬意を表さなければならなかったからである。そのうえ頻繁な殺人と、都市を貧困にして消耗させる、たて続けの税金という恐怖が加わった。そうした怒りや恐怖はアテネ公によって察知され、恐れられた。それにもかかわらず彼は、皆に自分が愛されていると信じるふりをしたがった。

そこで公の気に入られようとしたためか、それともその危険から身を守ろうとしたためか、マッテオ・ディ・モロッツォ(5)がメディチ家や他の何人かの人びとが公に対して企てている陰謀を彼に暴露したとき、公は事情を調べようとしなかったばかりか、無残にも密告者を殺させた。こうした方針によって、彼の安全について彼に警告しようとする人びとのやる気を奪い、彼の破滅を求める連中にやる気を与えた。彼はまた市民たちに課した税金を非難したという理由で、残酷にもベットーネ・チーニ(6)の舌を切らせ、そのためにチーニは死んだ。このことは市民の怒りと公への憎しみを強めた。なぜなら何をしようと、また何を言おうと、いつも好きなようにできるのが常だったこの都市では、その手を縛られたり口を封じられたりすることに、我慢ならなかったからである。

そこで、こうした怒りや憎しみがどんどん高まって、自由の保持もできず、かといって隷従にも耐えられないフィレンツェ市民だけでなく、どれほど卑屈な市民でも、自由の回復のために燃え上がらせるほどになった。その結果、あらゆる階層の多くの市民たちが、たとえ生命を失っても自由を取り戻そうと決意した。そして三種類の市民の三つの集団が、三つの陰謀を企てた。すなわち、貴族、平民、職人という三種類の人びとが、共通の動機に加えて、貴族は政権を取り戻せなかったという、平民は政権を失ったという、職人は収入に不足が生じたという、それぞれ異なった考えによって動かされていたのである。

フィレンツェの大司教はアーニョロ・アッチャイウォーリ殿(7)であったが、彼はその説教を通して、アテネ公の活動を大いに褒めたたえ、民衆の間で彼の人気を高めるのに協力した。しかし彼が領主となるのを見、その暴君的なやり方を知ると、自分が祖国を騙したような気がした。そして、犯した過ちを正すためには、傷を負わせた手でそれを癒す他に手段がない、と考えた、そこで第一の最も強力な陰謀の首領となった。それにはバルディ、ロッシ、フレスコバルディ、スカーリ、アルトヴィーティ、マガロッティ、ストロッツィ、マンチーニの各家が加わった。残りの二つのうちの一つの首領は、ドナーティ家のマンノ殿とコルソ[8]で、それにパッツィ、カヴィッチューリ、チェルキ、アルビッツィ家が加わった。第三の陰謀はアントニオ・アディマーリ[9]を筆頭とするもので、彼とともにメディチ、ボルドーニ、ルチェッラーイ、アルドブランディーニの各家がいた。彼らは聖ジョヴァンニ〔ヨハネ〕の祝日[10]に、アテネ公がアルビッツィ家へ競馬を見に行くものと信じていたので、そこで殺害しようと考えた。

ところが、アテネ公がそこへ行かなかったために、成功しなかった。彼らはまた、彼が市内を散歩しているときに攻撃しようと考えた。しかし、しっかりと武装した警護の者を連れて、しかもいつも通り道を変えるので、どこかで確実に待ち伏せることが不可能なため、それも困難なことが分かった。評議会の席で殺すことも論議されたが、たとえ彼を殺したとしても、彼らは敵の戦力の手中に陥ってしまうはずであった。

陰謀家たちの間でこうした計画が相談されているとき、アントニオ・アディマーリはシエナの友人たちから人手を借りようとして、彼らに知っていることを打ち明け、自分の陰謀の仲間の一部の名前を漏らし、都市全体が解放される用意をしていると断言した。そこで彼らのうちの一人が、そのことを漏らすつもりではなく、むしろ相手が一味の一人だと信じて、その計画をフランチェスコ・ブルネッレスキ[11]殿に話してしまった。するとフランチェスコ殿は、自分の身が危ないと思ったか、誰かに何か含むところでもあったのか、すべてをアテネ公に暴露してしまった。そこでパーゴロ・デル・マッゼカとシモーネ・ダ・モンテラッポリ[12]が捕えられた。彼らは陰謀家たちの身分や人数をアテネ公に打ち明けて、彼に衝撃を与えた。あわてて彼らを逮捕するよりも、召喚したほうがよいという勧告がなされた。なぜなら、もしも彼らが逃亡するならば、べつに騒ぎを起こさずに、確実に彼らを亡命させることができるからだ。そこでアテネ公は、アントニオ・アディマーリを召喚した。ところが彼は、仲間を信じてただちに出頭した。こうして彼は拘留された。そこでフランチェスコ・ブルネッレスキ殿とウグッチョーネ・ブォンデルモンティ殿から、ただちに戒厳令を布き、逮捕者を処刑するよう勧告がなされた。

しかしアテネ公は、敵が多数なのに対して、味方の戦力は少なすぎると考えた。だから彼はべつの方策を考えたが、もしそれがうまくいったならば、敵から身を守るとともに、戦力も補給できるはずであった。通例、彼は必要に応じて、自分に助言してもらうために、市民たちを招集することにしていた[13]。そこで、彼は市外に使者を派遣して戦力の補充を求める一方、三百人の市民のリストを作り、彼らの助言を聞きたいからという名目で、自分のところへ出頭するよう、自分の衛兵たちに通達させた。こうして彼らが一堂に会したとき、処刑するなり投獄するなりして、彼らを一掃しようと計画した。

アントニオ・アディマーリの逮捕と戦力確保のための使者派遣は、秘密にしておくわけにはいかず、市民たち、とりわけ思い当たる節がある人びとにショックを与えた。そこで最も大胆な人びとは、要請に従うことを拒否した。皆はそのリストを読み、各自それぞれの名前を発見し、勇気を得て武器を取った。子牛のように肉屋に引かれていくぐらいなら、男らしく武器を手にして死ぬことを望んだのだ。こうして短時間の間に、陰謀は三つとも相互に明らかになり、翌日の一三四三年七月二十六日、メルカート・ヴェッキオ〔旧市場〕(14)で反乱を起こし、その後武装して民衆に自由を呼びかけようと決定した。

37

こうして、その翌日となり第九時〔通常は午後三時だが、原注には正午とある〕の鐘が鳴ると、打ち合わせどおり、彼らは武器を取った。平民は全員、自由の合言葉で武装した。各自が市民軍の旗印の下で自分たちの通りを固めた。それらの旗印は陰謀家たちの手でひそかに作られていた。家長たちは貴族と平民とを問わず全員集まって、自分たちの身を守ることとアテネ公を殺すことを誓った。ただし、ブォンデルモンティ家とカヴァルカンティ家の一部、そしてアテネ公を領主にするのに奔走したあの平民の四家族(1)は、肉屋その他の武装した最悪の下層民とともに、公の味方として広場へと集合した。

この騒ぎを聞いて、アテネ公は宮殿を武器で固め、さまざまの場所で宿泊していた彼の家来たちは、広場へ行こうとして馬に飛び乗った。しかし彼らは、途中の多くの場所で戦いを挑まれ、殺された。それでも、およそ三百騎が広場にたどり着いた。公は、打って出て敵と戦うべきか、それとも中に止まり宮殿を守るべきか、と迷っていた。他方、彼から最も侮辱を受けたメディチ、カヴィッチューリ、ルチェッラーイその他の家々は、もし彼が外に討ってでたら、彼に対して武器を取った多くの連中が、彼の味方に寝返ってしまうのではないかと危惧し、彼が外に出て戦力を増やす機会を奪ってやろうと、力を合わせて広場を攻撃した。

彼らが到着したため、公の味方だと旗幟を鮮明にしていた平民の家々は、公然と攻めたてられると、公の運命が変わったものとみて考えを変え、みんな市民の側についた。例外はウグッチョーネ・ブォンデルモンティ殿で、彼は宮殿の中に入ってしまった。またジャンノッツォ・カヴァルカンティ[2]殿は、一族の一部とメルカート・ヌオーヴォ〔新市場〕に引き返すと、高い机の上に登り、武装して広場に向かう民衆に向かって、公の味方についてくれるよう嘆願した。また彼らをびっくりさせるために、公の戦力を誇大に伝え、もしも強情にも領主に逆らい続ければ、皆殺しにされてしまうぞ、と彼らを脅かした。しかし、彼に従う者もいなければ、彼の傲慢を罰しようとする者もいないので、自分の努力が無駄なことに気づくと、それ以上運命を試みることをやめて、自分の家に引き揚げてしまった。

その間も、広場では民衆と公の家来たちとの間ではすさまじい乱闘が繰り拡げられていた。宮殿から公の家来への支援があったにもかかわらず、彼らは敗北した。その一部は敵方の戦力に巻き込まれ、一部は馬を捨てて宮殿の中に逃げ込んだ。広場で戦われている間に、コルソとアメリーゴ・ドナーティ[3]殿は、民衆の一部とともにスティンケの牢獄を打ち破り、法務長官と国庫の文書類を焼き、法の支配者たちの官邸を略奪し、捕えられたアテネ公の属僚たちを皆殺しにした。

他方アテネ公の方では、広場を失い都市もすべて敵地と化したのを見て、いかなる援軍の希望も持てなかったので、何らかの優しい振舞いで民心を得ようと試みた。囚人たちを自分のもとに呼んで、優しい愛想の良い言葉で彼らを釈放した。またアントニオ・アディマーリを、本人がいやがるのにもかかわらず、騎士に任命した。自分の紋章を宮殿の頂上から取り除かせて、代わりに市民の旗を掲げた。時期遅れにタイミング悪く行われたそれらの行為は、無理やり不本意にやらされたことだったので、ほとんど彼のためには役立たなかった。こうしてアテネ公は、いやいやながら宮殿に閉じ込められて、あまりにも多くを望みすぎたために、結局すべてを失ったことを知った。そして数日中に飢えのためか、剣によって死なねばならないことを恐れた。

市民たちは国政を再建するために、サンタ・レパラータ教会に集まった。そして貴族と平民が半々ずつの十四人の市民を選び、彼らは司教とともにフィレンツェ共和国をどのようにでも改革できる権限が与えられた。また選出される人がやって来るまでの間、法務長官の権限を行使するよう、六人が選ばれた。市民を助けようと、フィレンツェには多くの人びとがやって来た。そのなかには、祖国では大変尊敬されている六人の大使を伴ったシエナ市民たちもいた。彼らは市民とアテネ公の間で何らかの協定を結ばせようと工作した。しかし民衆は、その前にグリエルモ・ダッシージ殿とその息子を、チェルレッティエーリ・ヴィズドーミニ殿とともに彼らの支配下に引き渡さないかぎり、どんな和解の話し合いを持つことをも拒否した。公は、それに同意することを望まなかった。だが彼とともに閉じ込められている人びとに脅かされて、ついに屈服させられた。

疑いなく、自由は守られているときよりも、それが回復されるときに、より大きな怒りが現れ、またその傷がより重いものらしい。グリエルモ殿とその息子は、何千という敵の真っ只中にほうりこまれた。その息子は、まだ十八歳にもなっていなかった。その年齢も容姿も、罪がないことも、群衆の怒りから彼を救えなかった。生きているとき彼を傷つけられなかった者は、その死体を傷つけた。剣で切り裂くことでは飽き足らず、手や歯でそれを引きちぎった。その復讐の際、すべての感覚を満足させるために、まず彼らの悲鳴を聞き、彼らの傷を見、引き裂かれた肉に触れ、おまけに外部の器官がそれに満足したように、内臓器官もやはり満足するように、彼らは味覚でもってそれを味わおうとしたのだ。

こうした憤怒の発作は、それが激しかった分だけ、チェルレッティエーリ殿には有利に作用した。なぜなら群衆は、あの二人に残酷な私刑を加えることでくたびれてしまい、彼のことを忘れてしまったからだ。彼はもうそれ以上要求されなかったので、宮殿の中に残っていて、その後夜になってから、彼の親戚や友人の何人かによって無事に救出された。群衆が彼らの血で鬱憤をはらすと、妥協が成立した。すなわち、公は自分の家来と持物をそっくり保持して立ち去ること、その代わりフィレンツェに対するあらゆる権利を放棄すること。またフィレンツェの領土を出たカゼンティーノで、その権利の放棄を確認すること。こうした協定を結んだ後、八月六日に彼は多くの市民に付き添われてフィレンツェを出発した。カゼンティーノにつくと、彼は権利の放棄を不承不承ではあったが確認した。もしもシモーネ伯[4]によって、そうしないとフィレンツェへ連れ戻すと脅されなければ、たぶん約束を守らなかっただろう。

アテネ公は、彼の統治が示したとおり、貪欲で残酷だった。謁見の際は気難しく、返答するときは高慢で、隷従を好み、人民の好意を望まなかった。それゆえ愛されることよりも、恐れられることの方を望んでいたのだ[5]。彼の姿も、その品行に劣らず厭わしいものだった。なぜなら彼は、小柄で、色黒で、長くてまばらな髭を生やし、あらゆる点で人に憎まれて当然だった。そこで十か月の末に、他の人々の悪しき品行が彼に与えた支配権を、彼の悪しき品行が彼から奪い取った。

38

市内で発生したこれらの事件は、フィレンツェの支配下にあったすべての都市に自由に復帰する勇気を与えた。そこで、アレッツォ、カスティリオーネ、ピストイア、ヴォルテルラ、コッレ、サン・ジミニャーノが反旗を翻した。こうしてフィレンツェは、一挙に暴君と領土とを失ってしまった。自分の自由を回復した際、その支配を受けていた人びとに、いかにして自由を取り戻すかを教えたのである。こうして、公の追放と彼らの領土の喪失が相次いだが、十四人の市民と司教は、戦争で彼らの領民たちを敵にまわすよりも、平和によって宥めるほうがましだと考えて、自分自身の自由と同様、彼らの自由に対しても満足の意を表明した。(1) そこで使者たちをアレッツォに送り、その都市に対してフィレンツェ市民が持っていた支配権を放棄し、領民のままでは具合が悪いので、彼らの都市の友人として役立つことができるよう、協定を結ぼうと申し出た。

また他の都市に対しても、やはりそうしたやり方で、それらの都市が友好関係を保っておりさえすれば、自由人として、彼らが自由を維持するのを援助できるように、なるべくうまく妥協した。賢明に採用されたこの方針は、最高の成果を上げた。なぜならアレッツォは何年も経たないうちにフィレンツェ市民の支配下に戻ったし、他の都市は数か月のうちに元の支配下に戻ったからである。このように物ごとは、全力を尽くしてしつこく追いかけるよりも、むしろ避けておいた方が、より早くまたより少ない危険と経費で手に入るということがしばしば起こるものである。

39

対外の問題が片づくと、人びとは内政問題と取り組んだ。貴族と平民との間で多少の論争があった後、貴族が執政府の三分の一と他の役職の半分を占めることとなった。すでに示したとおり、これまで都市は六区に分割されており、そこから常に六人の総代が、各区に一人ずつ選ばれていた。ただし、なんらかの非常事態のために十二人あるいは十三人選ばれた場合を除いてだが、その場合でもすぐに元の六人に戻された。そこで、この部分も変えるべきだと考えられた。それは六区の分け方がよくなかったためと、貴族の分だけ総代の数を増やしたいという望みがあったためである。

こうして、都市を四区に分割し、各区から三人ずつの総代を選出した。正義の旗手と地区の部隊の旗手たちの指名を中止し、また十二人の善人《ブオーニ・ウオーミニ》の代わりに、貴族、平民各四人ずつの八人の顧問《コンシリエーリ》が設けられた。こうした制度によってこの政体が確立され、もしも貴族が市民生活に要求されるあの節度をもって生きることに満足しておれば、都市は静まったはずである。しかし彼らは、それとは反対に振舞った。なぜなら私的には仲間を求めず、役職にあっても主人として振舞いたがったからだ。彼らの横柄や高慢を物語る実例が、毎日のように発生した。そうしたことを平民は嫌って、一人の独裁者が消えた代わりに千人が生まれた、と嘆いた。こうして一方では横柄が、他方では忿懣《ふんまん》が強まった。そこで平民の指導者たちは、司教〔アッチャイウォーリ〕に貴族の不正を示して、彼らが平民のよい伴侶ではないことを指摘し、貴族は他の職務に加わることで満足し、その代わり執政府の運営は平民だけにまかすよう工作してほしい、と説得した。

司教は生れつき善良な人だったが、ときにはこちらにつき、ときにはあちらにつくといったふうに、とても気が変わりやすい人だった。そのために、まず自分の一族の要求を受けてアテネ公を支援し、つづいて他の市民たちの勧めで公に陰謀を仕かけた。市政の改革に際しては貴族の味方をしていたが、平民たちから持ちかけられた動機に動かされて、平民を支援する気になった。他人には自分に見られるような気の変わりやすさはないと思い、物ごとを協調的に進める役目を自分が引き受けた。こうして、まだ権限を失ってはいなかった十四人の委員を招集し、できるだけ巧みな言葉で、彼らに執政府の地位を平民に譲るように勧め、そうすれば市に平穏が訪れることを約束し、そうでなければ彼ら自身が破滅し、没落することになると説いた。

この言葉は貴族たちの心を強く刺激した。そしてリドルフォ・デ・バルディ(1)殿は、激しい言葉で彼を非難し、彼を信用のおけない人だとし、アテネ公との友情については軽率だったとし、その追放の際には裏切り者だった、と罵った。そして自分たちが危険を冒して得た名誉だから、やはり危険を冒して守りたい、という結論に達した。彼が怒って他の人びとともに司教の許から立ち去ると、自分の一族の人びとをはじめ、貴族の家族全員にこのことを伝えた。

平民たちも他の人びとに自らの意志を伝え、貴族が助力を得て総代の地位を守る準備を整えている際に、平民も手をこまねいてことが収まるのを待っているわけにはいかぬと考え、武装して宮殿に駆けつけた。そして、貴族は執政府への参政権を放棄せよ、と叫んだ。叫喚と騒擾は大きかった。総代たちは、自分たちが見捨てられたことを悟った。なぜなら貴族は平民全員が武装しているのを見て、あえて武器を取ることができず、それぞれの家にとどまったからである。そこで平民の総代がまず説得を試みて、自分たちの同僚の貴族たちはいずれも控えめで善良な人びとだと断言したが、説得しきれず、よりひどい事態にならないよう、貴族たちをその家に送り返すことにして、苦労の末に無事帰宅させた。

貴族が宮殿から立ち去ると、貴族の四人の顧問の地位も廃止され、結局、平民の十二人委員会となった。残された八人の総代は、一人の正義の旗手と十六人の市民軍の地区の旗手を任命した。また評議会《コンシリオ》も、すべての政治が平民の意志によって左右されるように改革した。

40

こうした事件が起こっていたころ、ひどい飢饉が市内を襲った。そこで貴族も細民も不満を抱いた。細民は飢えのため、貴族は彼らの威厳が失墜したためであった。こうした状況が、アンドレーア・ストロッツィ[1]殿に、都市の自由を占有できるのではないかという野心を持たせることとなった。彼は他の人びとよりも安い値段で小麦を売った。そのために、彼の家には多くの人びとがやって来た。そこで彼は、ある日馬にまたがり、何人かの人びとを後ろにしたがえて、民衆に武器を取れと呼びかけた。すると、わずかの間に四千人以上の人びとが集まって来た。彼は、その人びとと一緒に執政府の広場へ押しかけ、宮殿を彼らのために開くよう要求した。しかし、執政府は脅したり武力を使ったりして、彼らを広場から追い払った。さらに禁令をだして彼らを威嚇したため、皆はびっくりして、三々五々帰宅してしまった。そこでアンドレーア殿は一人になり、かろうじて役人の手から無事に身を守ることができた。

この事件は軽率で、類似の騒ぎが辿るのと同じ結末に至ったものの、零細な下層民が彼らと不和であるのを見たことから、平民をねじふせられるという希望を貴族たちに与えた。そして、この機会を逃さないために、あらゆる種類の助力で身を固めて、不正に力ずくで奪われたものを、今度は正当に力ずくで取り返すことに決めた。勝利を過信したあまり彼らは、公然と武器を調達して自分たちの館を補強し、ロンバルディーアの友人たちにまで援軍を求めた。平民も執政府と協力して、武器を調達して身を固めた。そしてペルージャ市民とシエナ市民に援助を求めた。すでに両派の援軍が現れて、都市全体が武装した。

貴族はアルノ川のこちら側の三箇所で決起していた。サン・ジョヴァンニに近いカヴィッチューリ家と、サン・ピエロ・マッジョーレのパッツィ家およびドナーティ家、そしてメルカート・ヌオーヴォのカヴァルカンティ家においてであった。アルノ川の向う側でも、橋や家々の通りを固めていた。つまりネルリ家[2]がカルライア橋、フレスコバルディ家とマンネッリ家[3]がサンタ・トリニタ橋、そしてロッシ家[4]とバルディ家がポンテ・ヴェッキオとルバコンテ橋を守っていた。他方、平民側は、正義の旗と市民軍の地区の旗の下に結集した。

41

こうした状況になると、平民はもう戦いを遅らせるべきではないと考えた。真っ先に動いたのはメディチ家とロンディネッリ家[1]で、彼らはカヴィッチューリ家を攻撃して、サン・ジョヴァンニ広場の側からその家に侵入した。そこでは乱闘が激しかった。城塔の上から石が投げ落とされ、下からは石弓が射られたからだ。この闘争は三時間続いた。しかし平民がどんどん増え、カヴィッチューリ家の人びとはその数に圧倒され、援軍が来ないのを見て狼狽し、市民軍を率いる法務長官に投降した。法務長官は彼らの家と財産とを救ってやり、武器だけを没収し、また武器を捨てて彼らの親戚や友人である平民の家に分散するよう命令した。

この最初の攻撃がうまくいくと、ドナーティ家やパッツィ家も彼らよりも弱体だったために、容易に負かされた。アルノ川のこちら側では、人員も地形も強力であったカヴァルカンティ家だけが残っていた。しかし、他の人びとがわずか三本の隊旗によって打ち負かされたというのに、すべての地区の隊旗が自分たちに向かって来るのを見ると、あまり抵抗せずに降伏した。

すでに市の三つの部分〔全四区中の三区〕が平民の手中に収まっていた。オルトラルノの一区だけが貴族の手中にとどまっていたが、それは守る人びとの勢力とアルノ川に守られている地形のために、最も手ごわい所であった。だから、すでに示しておいたようなやり方で防御されている橋を突破する必要があった。そこでポンテ・ヴェッキオが真っ先に攻撃された。そこは武装されていて、通りは柵で遮られ、その柵はきわめて凶暴な人びとに守られていたために、強力に防御されていた。だから平民は反撃されて大損害を受けた。やがて、そんなところで骨を折っていても無駄だと覚ると、彼らはルバコンテ橋を渡ろうと試みた。そこでも同様の困難を見出すと、これら二つの橋を見張るため、四本の隊旗を残したまま、他の隊旗の軍勢でカルライア橋を攻撃した。ネルリ家は勇敢に防御したが、橋が（それを防御するための塔を備えていないため）比較的弱かったのと、また彼らの近くに住むカッポーニ(2)その他の平民の家族が彼らを攻撃したためもあって、平民の攻撃に耐えることができなかった。だから、彼らは四方から攻めたてられ、柵を見捨てて平民に道を譲った。

平民たちは、その後ロッシ家とフレスコバルディ家とを打ち破り、その結果アルノ川の向こうの平民たち全員と、勝利者たちが合流した。こうしてバルディ家だけが残された。彼らは他の家々の敗北にも、彼らに対する平民たちの団結にも、援軍の期待がほとんど持てないことにも、びくともしなかった。自ら進んで敵の意向に身をまかすぐらいなら、むしろ戦って死ぬなり、家を焼かれて略奪されるのを見るなりすることを望んだのである。そこで彼らは、平民がポンテ・ヴェッキオやルバコンテ橋から、彼らを制圧しに押し寄せるのを何度となく撃退し、そのたびに多数の死者や負傷者が続出した。ずっと以前から、ヴィーア・ロマーナ〔ローマ街道〕からピッティ(3)家の家々の間を通って、サン・ジョルジョの丘の上に築かれた城壁へと達することができる道があった。平民はバルディ家を背後から攻撃せよという命令とともに、この道に六本の地区の隊旗からなる軍を送った。

この攻撃がバルディ家の戦意を消失させ、平民に戦闘の勝利をもたらした。なぜなら、通りの柵を守っていた人びとは、彼らの家が攻撃されていると聞くと、戦いを止めて家を守るために走ったからだ。このためポンテ・ヴェッキオの柵が破られ、バルディ家の人びとは四方に逃亡し、クアラテージ、パンザネージ、モッジなどの各家に受け入れられた、そこで平民たち、とりわけ戦利品に飢えていた最も下賤な連中は、それらのすべての家々を荒らしまわって略奪し、彼らの建物や塔を破壊して、火をつけた。その激しさたるやまことにすさまじく、フィレンツェという名前に対するどんなに獰猛なフィレンツェの敵でも、これほどの破壊を前にしては、とてもかなわないと恥じいったことだろう。

42

貴族を打倒すると、平民は政体を再編した。平民には有力者、中流、下層の三種類が存在したので、有力者が二人の総代を占め、中流と下層がそれぞれ三人ずつを占めることを定め、正義の旗手はそれぞれの階層で廻り持ちにすることにした。それに加えて、貴族に対する正義の規定はすべて復活されることになった。彼らをさらに弱体化させるために、貴族の多くを平民大衆の間に混合させた。

こうした貴族の没落は非常に大規模で、彼らの党派に強い打撃を与えたために、彼らはもう二度と平民に対して武器を取ろうとはせず、むしろその後は、常にますます柔弱で卑屈になってしまった。これこそフィレンツェが単に武力だけでなく、あらゆる高邁さを失ってしまった理由である。

都市はこの破壊の後、一三五三年まで平静を保ったが、その間に、ジョヴァンニ・ボッカッチョ殿[1]があれほど雄弁に語り伝えた、記憶すべきペストが発生した。そのためにフィレンツェでは、九万六千人以上が死んだ。さらにフィレンツェ市民は、初めてヴィスコンティ家と戦った。それは当時ミラノの君主であった大司教[2]の野心のためであった。その戦さが以前のように準備されるやいなや、市内では党派が生まれた。貴族は滅ぼされてしまったけれども、運命には新しい分裂を通して新しい苦難を生みだす手段が不足していなかったのである。

第三巻

1

貴族は支配したいと望み、平民は服従したくないと望むところから生じる、平民と貴族間の重大だが自然な敵意は、市内で生じるあらゆる災いの原因である。なぜなら共和国を混乱させる他のあらゆる争いごとは、こうした気風の違いからその養分を受け取っているからである。

このことが、〔古代〕ローマを分裂させた。また、小事を大事と同じように論じることが許されるならば、フィレンツェをも分裂させた。もっとも、それら二つの都市では、異なった結果をもたらした。なぜならローマでは、当初存在した平民と貴族の間の敵意が討論によって決着がつき、フィレンツェの敵意は、戦いによって決着がついたからだ。ローマの敵意は法律によって、フィレンツェのそれは多くの市民の追放と死によって結末を迎えた。ローマの敵意はますます軍事力を高めたが、フィレンツェのそれは軍事力を完全に消滅させてしまった。ローマの敵意は、市民がお互いに平等な状態から、このうえない不平等へとその都市を導いたが、フィレンツェのそれは、不平等から驚くべき平等へとそれを導いた。

こうした結果の差異は、これら二つの都市の平民たちが持っていた異なった目的によって引き起こされたものに違いない。なぜならローマの平民が、貴族とともに最高の名誉を享受しようとしたのに対して、フィレンツェの平民は、貴族をまじえずに、単独で政権を握るために戦ったからである。ローマの平民の願望の方がより道理にかなったものだったから、貴族への攻撃もより耐えやすいものとなった。だから、その貴族階級は容易に、武力に頼らずに譲歩した。そしていくらかの不和の後に、平民も満足でき、貴族もその権威を失わずに済む法律をつくることで妥協したのである。他方フィレンツェの平民の願望は、無礼であり不正であった。だから貴族は、より大きな戦力で防御の準備を整え、その結果、市民の流血や追放に至ったのだ。またその後に制定された法律も、公共の利益のためよりは、すべて勝利者の利益になるように制定された。そしてこのことから、平民の勝利の後に、ローマの都市はいっそう強力になる結果が生じた。

なぜなら平民たちは、貴族とともに役職や軍隊や統帥権の管理に加わって、彼らが十分に備えていたまさにその力量によって、首位を占めることが可能となったからだ。だからあの都市では、力量が高まることによって、戦力も高まった。しかしフィレンツェでは、平民が勝つと貴族は役職につけなくなった。そして、それを取り戻そうとすると、政治や意志や生き方においてただそうであるだけでなく、その見せかけにおいても、平民と等しくなることが必要となった。だから平民だと見せるために、貴族が紋章を改めたり、家名を変えたりすることになった。その結果として、貴族階級特有の武勇や高邁な精神が消滅し、貴族ではない平民の間では決してそれが蘇ることはなかった。

こうしてフィレンツェはますます卑屈になり、卑しくなっていった。ローマでは彼らの美徳がやがて高慢に転化して、一人の君主なくしては保てなくなったのに対して、フィレンツェでは一人の賢明な法律の与え手さえいれば、どんな形の政体にでも改変できるような段階に到達した。

前巻の一部を読んでいただければ、そうした事情は、フィレンツェの誕生やその自由の起源が、フィレンツェ分裂の原因やいかにして貴族と平民の党派争いがアテネ公の独裁や貴族階級の敗北とともに終わったか、などとともに示されているので、はっきりと知ることができる。いま語るべき残された事がらは、平民と下層民の間の敵意と、それが引き起こしたさまざまな事件なのである。

2

貴族の力が飼い慣らされ、ミラノ大司教との戦いが終わるやいなや、フィレンツェにはもう騒ぎの種は何一つ残っていないように思われた。しかし、われわれの都市の不運とその無秩序は、アルビッツィ家とリッチ家との間の敵意を生み、それはかつてブォンデルモンティ家とウベルティ家、あるいはその後のドナーティ家とチェルキ家の間の敵意が生みだしたのと同様に、市を二分した。

当時フランスにいた教皇と、ドイツにいた皇帝は、彼らの名声をイタリアで維持するため、さまざまな国の大量の兵士たちを何度もイタリアに送りこんだ。その結果イタリアには、このころイギリス人、ドイツ人、ブルターニュ人などがいた。彼らは戦争に雇われるために、金を持たずに残っていて、何らかの傭兵隊の旗印の下で、あれこれの君主に金を払わせた。こうして一三五三年に、プロヴァンスのモンレアーレ(1)を隊長とする、その種の傭兵隊の一つがトスカーナにやって来た。その到来は、この地域のあらゆる都市を狼狽させた。フィレンツェ市民は、公式に兵士を準備しただけではなく、アルビッツィ家やリッチ家を含む多くの市民たちが、自分たちの安全のために武装した。

これらの家族は互いに憎しみあっていて、そのいずれもが共和国筆頭の地位に着くために、どうすれば相手を圧倒できるかを考えていた。しかし、まだそのために武器を取るには至らず、ただ役職や評議会の場で衝突していた。このように都市全体が武装していたとき、偶然メルカート・ヴェッキオで喧嘩が発生した。そして、いつもそういう場合に起こるように、大勢の人びとがその場へ駆けつけた。その騒ぎが拡がると、リッチ家にはアルビッツィ家が彼らを攻めて来たという知らせが届き、アルビッツィ家にはリッチ家が襲って来たと伝えられた。そこで都市全体が蜂起して、役人たちは両家のいずれの罪でもなく、偶然に誤ってその噂が拡がった喧嘩が、実際には起こらないよう、やっとのことで両方の家を抑えることができた。

こうした出来事は、たとえどんなに些細なことであろうとも、彼らの闘争心をいっそう強くかきたて、いずれをもいっそう勤勉に味方の獲得のために努力させた。貴族が没落してしまったために、市民たちは大変平等な立場になっていたので、役職にある人たちはこれまでになく尊敬されていて、普通のやり方で、私的な暴力にたよらずに、優勢を確保しようと企てていた。

3

すでに以前私たちは、カルロ〔・ダンジョー〕一世の勝利の後にグェルフィ党の管理部門ができて、ギベッリーニ党対策の大きな権限が彼らに与えられたことに触れた。時間の経過、さまざまな事件、そして新しい分裂などがその権限を忘れさせてしまい、ギベッリーニ党の大勢の子孫たちが、主要な官職[1]を占めるようになった。そこで、その一族の家長だったウグッチョーネ・デ・リッチ[2]は、ギベッリーニ党に対する法律を復活させようと工作した。

多くの人びとの意見では、ずっと以前アレッツォで生まれてフィレンツェへ移住したアルビッツィ家も、ギベッリーニ党の家族の一つであるとみなされていた。だからウグッチョーネは、この法律を復活させて、ギベッリーニ党の子孫は、何らかの官職に就任した場合誰でも処罰されるという規定を利用して、アルビッツィ家を官職から排除しようと考えた。ウグッチョーネのこうした企みは、ピエロ・ディ・フィリッポ・デッリ・アルビッツィ[3]には見え見えであった。

そこでピエロは、もしも反対すれば、自分がギベッリーニ党だと宣言するようなものだと判断して、それに賛成しようと考えた。だからこの法律は、リッチ家の野心によって復活したが、ピエロ・デッリ・アルビッツィの評判を落とすどころかむしろ高めることとなり、多くの災いの原因となった。また共和国に対して、その後長期間にわたってこれ以上に損害を与えた法律を制定することは不可能だろう。

こうして、ピエロがこの法律の成立に協力すると、彼の敵たちには彼の障害だと見られたものが、彼が偉大になるための手段となった。なぜなら、グェルフィ党の新しい党派によって他のだれよりも支援されたために、彼はこの新しい制度の首領となって、ますます高い権威を帯びることになったからである。というのは、だれがギベッリーニ党員であるかを審査する職務が決められていなかったので、せっかく成立した法律もあまり効力がなく、結局グェルフィ党隊長たちにギベッリーニ党員だと宣告する権限を与えることになったからである。そのような宣告を下すことは、いかなる官職にもつけないという譴責《けんせき》処分を、その人びとに科すことを意味していた。もしこの処分に従わなければ、処罰の対象として扱われた。このことから、フィレンツェではその後、官職につく権利を剝奪されている人びとは、「譴責された人《アンムニーティ》」と呼ばれることとなった。

やがて時とともに、グェルフィ党隊長たちは大胆になり、何の遠慮もなしに、それに値する人びとだけではなく、なんであれ貪欲や野心による動機で動いていると感じたあらゆる人間に、この処分を科すこととなった。この制度が始まった一三五七年[4]から同六六年までの間に、すでに二百人以上の市民が譴責されていた。こうしてグェルフィ党隊長たちと、その派閥が強力になった。なぜなら皆は、譴責されるのが怖くて、彼らを敬ったからであり、とりわけその党派の長である、ピエロ・デッリ・アルビッツィ、ラーポ・ダ・カスティリオンキオ殿[5]、カルロ・ストロッツィ[6]を敬ったからだ。こうした傲慢な裁定のやり方は、多くの人びとを不快にし、とりわけリッチ家の人びとは誰よりも不満だった。そのために共和国の破滅を目前にしているこうした混乱の原因が自分たち自身であり、敵のアルビッツィ家が彼らの意図に反してきわめて強力になったと思われたからである。

4

そこでウグッチョーネ・デ・リッチは、執政府の一員となった時、彼とその仲間が原因となったこの不幸に終止符を打とうとした。新しい法律を用意して、六人のグェルフィ党の隊長に三人を加え、そのうちの二人は小アルテの階層の出身に限ることにした。さらに、ギベッリーニ党員だと告発される前に、そのために選ばれた二十四人のグェルフィ党の市民によって確認されることが必要だとした。

こうした処置は当面、隊長たちの権力をかなり緩和し、その結果譴責処分は大幅に減少し、まだ数件は行われていたとはいえ、ごく少数となった。しかし、アルビッツィとリッチの派閥は活動し続けており、同盟、遠征、政策決定などの際に、互いに憎しみあって対立した。そこで、この種の煩わしさのうちに一三六六年から同七一年までが過ぎて、その間にグェルフィ党に近い派閥が力を取り戻した。

ブォンデルモンティ家にベンキ〔ベンギ〕殿(1)と呼ばれる騎士がいたが、彼はピサ市民との戦闘で手柄を立てたので平民の一員とされ、そのおかげで立派に執政府のメンバーに選ばれる権利を得た。こうして、その官職に就任できる時期を待っていたとき、たとえ平民の権利を認められても、貴族であれば決して執政府には加われないという法律が制定された。この事実は大いにベンギ殿を怒らせ、彼はピエロ・デッリ・アルビッツィと組んで、譴責処分によって下層平民を打倒して、自分たちだけで政権を握ろうと決定した。

古来の貴族階級からベンギ殿が得ている好意と、ピエロが有力な平民の大部分から得ている支持とでグェルフィ党に近い派閥は力を取り戻し、また党内における新たな改革によって、彼らは隊長や二十四人の市民の権限に属していた事項を、彼らの意のままに動かすことができるようにした。そこで、以前にもまして大胆に譴責処分が行われるようになり、アルビッツィ家は、この派閥の長として、ますます地位が上がった。他方リッチ家も、友人と組んでできる限り相手の計画の妨害をやめなかった。だから、彼らは大変な疑惑のなかで生きていて、両派はお互いにあらゆる破壊活動を恐れていた。

5

そこで、多くの市民たちは祖国愛に動かされて、サン・ピエロ・スケラッジョ教会に集合し、お互いの間で大いにこの混乱について論じ合った。さらに、そこから執政府に出頭して、彼らのうちの最も権威ある一人が、以下の通りに語った。

「偉大なる執政府の皆さん、公的な動機でありながら、私たちが私的な席に集まっているということで、多くの人びとが疑惑を抱きました。そしてそのことを僭越だと認め、野心的だとして処罰できるものと判断しています。しかし多くの市民たちが、毎日何の遠慮もなしに、公益のためどころかもっぱら彼ら自身の野心のために、回廊《ロッジア》や屋内に集まっているではありませんか。この事実を考慮して、私たちは共和国を破壊するために結束している連中が恐れていない以上、公共の幸福と利益のために集合する者が何ら恐れるべき理由はない、という判断を下しました。また他人が私たちについて何と判断しようと、私たちは気にかけません。なぜなら、そういう他人も、私たちが彼らについてどのように判断しようと、問題にしていないからです。

偉大なる執政府の皆さん、私たちが祖国に抱いている愛が、まず私たちを集合させました。そして今その愛が、この私たちの共和国においてすでに大きくなっており、なおも増大しつつあるあの不幸について論じるため、またいつでもあなた方がそれを解消される際に真っ先に手助けする用意ができていることを申し出るために、私たちをここへ来させたのです。その企てに成功することは、あるいは困難に見えるかもしれませんが、もしあなた方が私的な観点を捨てて、公的な力によってあなた方の権限を行使なさるならば、それはあなた方にとって可能なことなのです。

偉大なる執政府の皆さん、イタリアのあらゆる都市に共通している腐敗は、私たちの都市をも腐らせましたし、今も腐らせています。なぜなら、このイタリアが皇帝の勢力下から独立して以来、それを匡正してくれる強力な抑制がないために、イタリアの都市は、自由な都市というよりも党派に分裂した都市として、それらの国家や政府を制定してきたからです。このことから、それらの内に現れる、あらゆる悪とあらゆる混乱が生まれたのです。まず第一にその市民の間では、祖国や個人に対してなんらかの悪を犯しているとお互いの間で意識されないような、団結や友情は見られないのです。あらゆる人びとの間で信仰と神への恐れが消えているので、与えられた誓約や信義は、利益がある間だけしか有効ではありません。人びとはそのことを守るためではなくて、より容易に騙す手段としてそれらを利用しているのです。欺瞞が容易で確実なものになればなるほど、より大きな栄光や賞賛が得られるのです。だから、有害な人びとが勤勉だと賞賛され、善良な人びとが愚か者だと非難されるのです。

実際イタリアの都市には、腐敗し得るものと他人を腐敗させ得るものがすべて集まっています。若い人びとは怠惰で、老人たちは放縦ですし、男女いずれの性を問わず、あらゆる年代の人びとが、悪い習慣にどっぷりと浸っています。良き法律も、悪習によって歪められているために、それに対しては効果がありません。そこから、あの市民たちの間で見られる貪欲や、真の栄光ではなくて、憎悪、敵意、不和、党派などの基になっている、あの恥ずべき名誉への欲望が生まれるのです。その結果、死と亡命、善良な人びとの苦悩と邪悪な人びとへの賞賛が生じるのです。善良な人びとは、自分に罪がないことを確信するあまり、悪人たちのように違法な仕方で自分を守り、また褒めたたえてくれる人を求めません。その結果、彼らは守られず、また褒めたたえられずに、破滅してしまうのです。こうした実例から、党派への愛やそれらの力が発生するのです。なぜなら、悪人は貪欲や野心のために、善人はやむを得ずそれに従うのです。よりいっそう有害な事がらは、党派の推進者、首領となる人びとが、彼らの意図や目的を殊勝なことばで飾り立てる様子を見ることです。なぜなら、彼らはすべて自由の敵ではありますが、ときには貴族、ときには平民の体制を守るふりをして、自由を圧迫するからです。彼らが獲得したいと求める勝利の褒賞とは、都市を解放した栄光ではなくて、他人を圧倒した満足感と、簒奪した都市の首位権だからです。だから、ことと次第では、どんなに不正なことでも、あるいは残酷、貪欲なことでも、彼らが敢えてやらないようなことは何一つありません。そこから制度も法律も、公益のためというよりも、自分の利益のために作られます。またそこから、戦争も平和も、友情も、共通の栄誉のためというよりも、少数者を満足させるために決定されます。もしも、他の都市がこうした混乱によって充ちているとすれば、私たちの都市は他のどんな都市よりも混乱で汚染されております。なぜなら法律も憲法も、市民的な制度も、そのなかでは常に自由な生き方に従ってではなく、上位に止まっている党派の野心に従って制定されてきたし、また制定されているからです。そこでは常に分裂が生じ、たとえ一方の党派が追放されてそれが消えても、また別の分裂が生じるのです。なぜなら、この都市は法律よりも派閥によって保たれることを求めているので、ある派閥が対立者なしになった場合には、必然的にその内部で分裂せざるを得ないからです。すなわち、そうした私的な方法によっては、都市がその安全のために前に定めておいた制度を守ることはできないというわけです。このことがいかに真実であるかを、われわれの都市の昔と近ごろの分裂が証明しております。

皆は、もしもギベッリーニ党が倒されたら、グェルフィ党がその後長期にわたって、幸福かつ立派に暮らすだろうと信じていました。しかしほんのわずかの後、白派と黒派とに分裂してしまいました。その後、白派が敗れましたが、この都市からは決して党派が消滅することはありませんでした。私たちは時には亡命者を支援するために、時には貴族と平民の敵意のために、常に戦ってまいりました。私たち自身が同意しあって、持つことを望まなかったか、あるいは持つことができなかった権力を他人に与えるために、時にはロベルト王、あるいはその弟、その息子、はてはアテネ公にまで、私たちの自由を委ねてしまいました。しかし私たちは、まるで自由に生きることにも一致せず、隷属して生きることにも決して満足できない人びとのように、いかなる政体にも落ち着くことはできませんでした。また王に服従していたときでさえ、王の威厳よりもグッビオ生まれのとても卑しい男(1)〔ランド・ダ・グッビオ〕を優先したぐらいで、私たちの制度がよくよく分裂に向いていることは疑いの余地がありません。この都市の名誉のためには、アテネ公のことを思い出すべきではありません。彼の苛酷で専制的な精神は、必ず私たちを賢くし生き方を教えてくれたはずでした。ところが、まず彼が追放された途端、私たちは武器を取り、これまでにこれ以上の憎しみや怒りで武器を取ったことがなかったほどの激しさで、私たちはお互いに戦いました。そこで私たちの古い貴族階級は負かされ、平民の意のままに委ねられることとなりました。貴族たちの高慢や、耐えがたい野心がその原因だと思われたので、その彼らに歯止めをかけた以上、もはやいかなる不和や党派の原因も決して生まれないだろうと、多くの人びとは考えました。しかし、いまや経験によって、いかに人びとの意見があやまりで、その判断は偽りであるかが分かっています。なぜなら、貴族の高慢や野心は決して消えたわけではなく、それは私たちの平民によって奪われただけなのです。いまや平民たちは、野心的な人びとの習慣通り、共和国で第一位を得ようとしています。また不和以外の他の方法で、それを得る方法を知りませんので、また市を二分してしまい、すでに消滅していて、しかもこの共和国にはなかった方がよかった、グェルフィ党とギベッリーニ党の名前を復活させたのです。人間の物ごとは、何ごとも永遠にも平静にもならないように、あらゆる共和国において家族はかならず滅びるものであり、また家々が他の家族の滅亡によって生まれることが、天によって定められているのです。

われわれの共和国では、こうした出来事が他のいかなる共和国よりも数多く起こりました。なぜなら、たとえばブォンデルモンティ家がウベルティ家と、次にドナーティ家がチェルキ家とで引き起こし、そしていま、ああ何と恥ずかしくこっけいなことでしょう。リッチ家とアルビッツィ家が、といった具合に、一度どころか何度もフィレンツェを掻き乱し、分裂させてきたからです。堕落した習慣や、私たちの古来の絶え間ない分裂について、私たちがあなた方にお話ししたのは、あなた方をびっくりさせようとしたためではありません。それらの原因をあなた方に思い出していただき、またあなた方に思い出せるように、私たちもそれらを記憶していることをあなた方に示すためでした。そして、こうした実例があるからといって、それらを抑える可能性を諦めてはいけない、とあなた方に語るためでした。なぜならこれらの古い家族は、その権力たるや莫大であり、彼らが君主たちから得ていた好意も大変なものでしたから、市民の制度や手段ではそれらを抑えこむのに十分ではありませんでした。しかし、皇帝権が私たちに対して力がなく、教皇も恐れられず、イタリア全土もこの都市も非常に平等な状態になっていて、都市がそれ自体で統治できるようになったいまなら、あまりたいした困難はありません。そして、とりわけ私たちのこの共和国は、それとは逆の昔の実例があるとはいえ、あなた方執政府の皆さんがそうしようと覚悟さえして下されば、ただ統一が保てるだけでなくて、良き風習と市民的な方法で改革することさえ可能なのです。

私たちは、いかなる私的な情念によってでもなく、祖国への愛情に駆りたてられて、あなた方にそのことをお勧めするのです。たしかに腐敗はひどいかもしれませんが、さしあたってあの私たちに感染する病気、あの私たちを焼き尽くす憤怒、あの私たちを殺す毒を鎮めて下さい。昔の混乱を人間性のせいにせずに、時代のせいにして下さい。時代は変わっておりますので、より良い制度を通して私たちの都市により大きな幸運を期待することができるでしょう。彼らの野心に抑制を加え、派閥の成長を助けるああした制度を廃止し、真に自由で市民的な生き方にふさわしい制度を採用することによって、運命の悪意も深慮によって克服できることでしょう。ことを遅らせることによって、人びとが武器の助けを借りてそうせざるを得なくなる前に、むしろいま、法律の好意によってそれを実行することで満足して下さい」。

6

執政府の人びとは、まず彼ら自身で知っていたことと、さらにこの人びとの権威や励ましとによって奮起し、共和国の安寧に配慮するために、五十六人の市民に権限を与えた。多人数の人間は、よい制度を守ることには適しているが、自分たち自身でそれを見つけ出すことはなかなかでき難いことは、まったく真実である。これらの市民たちは、将来のその原因を取り除くよりも、現在の派閥を抹消することに重点を置いて考えた。その結果、現在にも将来にも、良い結果が生まれなかった。なぜなら、新しい派閥の原因を除かずに、彼らが警戒していた派閥のうちの一方を他方よりも強力にして、共和国にいっそう大きな危険をもたらすこととなったからである。

つまり彼らは三年間にわたって、アルビッツィ家とリッチ家からそれぞれ三人ずつを、グェルフィ党の役職を除いたあらゆる役職から排除した。その三人のなかには、ピエロ・デッリ・アルビッツィとウグッチョーネ・デ・リッチが入っていた。またあらゆる市民に対して、役職についている時を除いては、宮殿に入ることを禁止した。彼らはまた、打たれたり自分の財産を所有することを妨げられた者には、誰でも質問状[1]で相手を評議会に告発し、相手が「貴族」だと宣言して、相手に貴族としてふさわしい厳罰に服させるように手配した。

この処置はリッチの派閥の意気を阻喪させ、逆にアルビッツィの派閥の士気を高めた。なぜなら、両派は同じように法律によって規制されたが、それにもかかわらず、リッチ派の方が打撃が大きかったからだ。そのわけは、ピエロは執政府宮殿への出入りを禁止されていたけれども、彼がそこできわめて大きな権威を有していたグェルフィ党の宮殿への出入りが自由だったからである。そして、以前に彼と彼に従う者たちが譴責処分を発するのに熱心だったとすれば、こんな屈辱にあった後のいまは、そのことに彼らはすっかり燃えていた。そんな悪意に、さらに新しい動機が加わった。

7

教皇グレゴリウス十一世が教皇位につくと、前任者たちがしていたとおりアヴィニョンにいたまま、イタリアを教皇使節によって統治した。教皇使節たちは大変貪欲で高慢だったために、多くの都市を悩ませてきた。

その当時、彼らのひとり[1]はボローニャにいたのだが、その年[2]フィレンツェを襲った飢饉の機会に乗じて、トスカーナを支配しようと考えた。彼はフィレンツェ市民の食糧不足に補給しなかっただけではなく、彼らが将来の収穫にも期待できないよう、春の兆しが初めて現れたころ、軍備もなく飢えているので、彼らを負かすのは容易だと考えて、大軍を派遣してフィレンツェを攻撃した。もし彼らを攻撃した軍隊が、不実で金銭次第で動くような連中でなかったならば、おそらくそれは成功していただろう。フィレンツェ市民はそれに優る手段がなかったために、敵の兵士たちに十三万フィオリーノを与えて、その遠征から手を引かせた。

戦争というものは、誰かが望んだ時に始まるものだが、彼が望んだ時には終わらないものだ。教皇使節の野心が引き起こしたこの戦争は、フィレンツェ市民の怒りによって継続された。彼らはベルナボ〔・ヴィスコンティ〕殿をはじめ、教会と敵対するあらゆる都市と同盟を結んだ。また、わざわざ提案しなくとも活動でき、説明の義務なしに資金を使える権限を持ってその戦争を指揮できるよう、八人の市民を選出した。

教皇に対して行われたこの戦争は、ウグッチョーネがすでに死んでいたにもかかわらず、リッチ家の派閥についてきた人びとの士気を大いに蘇えらせた。(3) 彼らはアルビッツィ派に反対して、常にベルナボ殿に味方し、教会に敵対してきたからである。そこで彼らは全員、八人の委員以上にグェルフィ党に近い派閥の敵となった。このことはピエロ・デッリ・アルビッツィ、ラーポ・ダ・カスティリオンキオ殿、カルロ・ストロッツィ、その他の人びとを、彼らの敵を攻撃するためにますます結束させることとなった。そして八人の委員が戦争している間に、彼らは譴責を行っていた。

戦争は三年間続いた。結局、教皇が死ぬまでは終わらなかったのだ。その戦争はきわめて有能に、市民全体が満足するやり方で管理が行われたので、八人の委員は毎年任期が延長された。そして彼らは破門などほとんど問題にせず、教会財産を没収し、聖式を挙行するように聖職者たちに強制したにもかかわらず、八聖人と呼ばれた。それほどまでに当時それらの市民たちは、霊魂よりも祖国を尊重したのであった。そして彼らは教会に対して、かつてその味方として教会を守ったのと同様に、その敵として教会を苦しめることも可能なことを証明してみせた。なぜなら、彼らはロマーニャ全土、マルケ地方、およびペルージャで教会に対する反乱を勃発させたからである。

8

しかし、彼らは教皇に対してはそれほどの戦争を続行しながら、グェルフィ党の隊長たちや彼らの党派から身を守れなかった。なぜなら、グェルフィ党員が彼らに対して抱いていた嫉妬が隊長たちの大胆さを強めて、他の優れた市民たちだけでなく八聖人のうちの何人かに対しても侮辱することを止めなかったからだ。

グェルフィ党の隊長たちは大変思い上がり、執政府の人たち以上に恐れられるようになって、グェルフィ党の隊長よりも執政府の方が気楽に行けるようになった。グェルフィ党の宮殿は執政府の宮殿よりも重視されていた。だからフィレンツェに来る大使で、隊長たちに何かを頼みに行かない者はいなかった。グレゴリウス教皇が亡くなり、都市には対外戦争がなくなったとき、内部で大変な混乱が巻き起こった。なぜなら、一方ではグェルフィ党の思い上がりが耐え難いものとなっていたのに、それに対して彼らをやっつける方法が見当たらなかったからだ。しかし武力衝突に至り、八聖人とグェルフィ党隊長のいずれが有力であるべきかをきめることになるのは必至だろう、と判断されていた。

グェルフィ党側には古い貴族全員と、最も有力な平民の大部分がつき、すでに述べたとおり、ラーポ〔・ダ・カスティリオンキオ〕殿、ピエロ〔・デッリ・アルビッツィ〕、カルロ

〔・ストロッツィ〕などがその中心人物だった。反対派には小身の平民全員が加担し、その首領は戦争を指揮する八聖人とジョルジョ・スカーリ殿(1)、トンマーゾ・ストロッツィ(2)で、それにリッチ、アルベルティ(3)、メディチなどの各家族が合流した。

残りの大衆は、ほとんど常に起こるとおり、不満を抱く党派に近づいた。グェルフィ党に近い派閥の首領たちには敵方の戦力が強力で、敵方の執政府が彼らを倒そうと思いさえすれば、自分たちの危険が大きいものと思われた。そして先手を打ったほうがよいと考え、彼らは集まって市の状況と自分たちの立場について検討した。

彼らの見るところでは、譴責処分を受けた人びとが大変な数に達していて、計り知れぬ憎悪を露わにし、都市全体が自分たちの敵になってしまったように思われた。これに対しては、その名誉を奪いとった相手から、さらに都市そのものをも奪いとり、力ずくで執政府の宮殿を占領し、敵を全部追い出したために安全になった都市以外では住まなかった昔のグェルフィ党員にならって、国家全体を派閥に取り込んでしまう以外には、もはや手段がないように思われた。この点では各自の意見が一致したが、時期の点で意見が合わなかった。

9

時は一三七八年四月のことで、ラーポ殿は遅らせてはならないと考えた。そして、時を重ねる以上に有害なことはない、とりわけ彼らの派閥の敵として知れわたっているサルヴェストロ・ディ・メッセル・アラマンノ・デ・メディチ[1]が正義の旗手として次期執政府に加わることが、十分起こり得ることだからと説いた。

他方ピエロ・デッリ・アルビッツィは、そのためには戦力が必要だが、それを人目に触れずに集めるわけにはいかず、もしもそのことが人に知れた場合明らかな危険を招くという理由で、遅らせるべきだと考えていた。そして彼は、次の聖ジョヴァンニの祭日[2]まで待つべきだ、と考えた。その日は市の最も厳粛な祝日なので、きわめて多数の群衆がフィレンツェにやって来る。だからその日なら、どんなに多数の人員でも、その群衆に紛れこませられるだろう。またサルヴェストロについての心配な点を補うためには、彼を譴責処分にすべきだ。もし、そうするのが無理なように思えるのなら、彼の区の顧問会議のメンバーの誰かを譴責処分にすればよい。すると、袋に空きができるから代わりの人の名札を引くことになるが、サルヴェストロか、または彼の一族の誰かの名札を引かせるような細工は簡単だ。その結果、彼には正義の旗手に就任する権利がなくなってしまう。そこで彼らは、こうした方針を取ることに決めた。

ラーポ殿も渋々同意はしたが、延期はろくなことにならない、と考えていた。ことを行うのに、完全に適当な時期などはないし、完全な好機などを待つ者は決して何もしないか、もし仮に何かをやったとしても、大抵の場合自分の不利になるようなやり方をしてしまうものだからだ。彼らは顧問会議のメンバーを譴責処分にした。しかし、サルヴェストロの就任妨害には成功しなかった。なぜなら、八聖人によってその魂胆を見抜かれて、代わりの名札を引くことは取り止めになったからである。かくて正義の旗手に、サルヴェストロ・ディ・メッセル・アラマンノ・デ・メディチが選出されることとなった。

きわめて由緒ある平民の一族に生まれたこの人は、少数の権力者に平民が抑圧されることに我慢ならなかった。そして、こうした横暴に終止符を打つため、平民が自分に対して好意的であり、多くの名門の平民たちが自分の友であるのを見て、自分の計画をベネデット・アルベルティ(3)、トマーゾ〔トンマーゾ〕・ストロッツィ、ジョルジョ・スカーリ殿などに打ち明けた。すると彼らは、その計画を実現するためならいかなる助力も惜しまない、と約束した。

そこで彼らは、ひそかに一つの法律を予定したが、それは貴族に対する正義の規定を復活させて、グェルフィ党隊長の権威を低下させ、譴責処分を受けた人びとに権利回復のための手段を与えようとするものであった。審議とほとんど同時に承認させるために、まず執政府顧問会議、続いて評議会[4]で審議するために、サルヴェストロは執政府筆頭(その地位は、その任期中ほとんど都市の君主に近いものだった)に就任した途端、その朝のうちに顧問会議と評議会とを召集した。そして、まず評議会から切り離して、顧問会議にその法案が提出された。ところが新たに提出されたため、その法案は少数の人びとから大変強硬な反対を受けて結局、承認されなかった。

そこでサルヴェストロは、法案実現のための最初の道が断たれたのを見て、小用か何かでそこを離れるふりをして、人に気づかれないよう評議会に入った。そして、皆がその姿を見、声を聞けるように高い所に座ると、正義の旗手とは、そのためには普通の判事がいる以上、私的な訴訟の判事をつとめるためではなく、国家を監視して権力者の横暴を正し、それを行使した場合共和国を滅ぼすような法律を緩和するために作られた地位だと自分は考えていた、と述べた。そして、これら二つの目的のために一生懸命に考え、自分にできるだけの配慮をしてみたのだが、悪意をもって人びとは自分の正しい企画に反対した。その結果、自分からは立派に活動する手段を奪われただけではなく、評議員たちからもそれについて審議するどころか、それを聞く手段すら奪われている。そこで自分は、もう何のためにこのためにも全体の利益のためにも、役にも立たないことが分かった以上、共和国のためにこんな役職についているのか分からない。とにかく自分がそれに値しないか、他の人が自分はそれに値しないと考えているのであろう。だから、彼よりも優れた力量か、より大きな幸運に恵まれた別の人を、彼の代わりに人びとが任命できるよう、自分はここから去って帰宅したい。これだけを告げると、彼は帰宅するために評議会を出た。

10

評議会のなかで事情を知っていた人びとや、新しい事態を望む人びとが騒ぎ始めた。そこへ総代たちや執政府顧問会議の人びとが駆け寄り、正義の旗手が立ち去るのを見て、懇願したり権威に頼ったりして彼を引き留め、騒然とした評議会に連れ戻した。そこでは多くの貴族の市民たちが、大変侮辱的な言葉で脅迫されており、とりわけカルロ・ストロッツィは、一人の職人に胸ぐらをつかまれて殺されそうになって、周囲の人びとのおかげで辛うじて守られていた。

しかし、それ以上に大きな騒ぎを引き起こし、町中を武装させたのはベネデット・デッリ・アルベルティであった。彼は宮殿の窓から民衆に、武器を取れ、と大きな声で呼びかけ、ただちに広場は武装した人びとでいっぱいになった。そこで執政府顧問会議は、最初は頼まれてもやろうとしなかったことを、脅迫されて恐怖に脅えながら行った。グェルフィ党の隊長たちは、まさにこれと同じ時刻に、執政府の命令に対していかに自分たちを守るかを相談するため、多くの市民たちを彼らの宮殿の広場に集めていた。しかし騒動が起こり、評議会を通して決定がなされたことが分かると、おのおのは自宅に避難した。その後の好きな時点で任意にそれを止めたり、意のままにそれを管理できるなどと考えて、ある都市で騒動を引き起こすような人があってはならない。サルヴェストロの意図は、その法律を制定して、都市を鎮めようということだった。ところが、ことは違った仕方で進行した。動揺した気分が皆を異常に興奮させたために、商店は開かれず、人びとは家の守りを固め、多くの人びとが修道院や教会へ自分の財産を隠した。そして誰もが、何らかの近づいている不幸を恐れているようだった。

アルテの団体が集合して、それぞれが代表を選んだ。そこで総代たちは彼らの執政府顧問会議とそれらアルテの代表を召集し、どうすれば皆が満足するように、都市を鎮められるかを、まる一日中相談した。しかし意見が違うために、一致には達しなかった。

その翌日各アルテは、それぞれの旗を引っ張り出した。それを聞いて執政府は、やがて起こることを疑い、対策を講じるために、評議会を召集した。集合したかしないうちに騒動が起こり、ただちに多くの武装した人びとを後ろに従えたアルテの旗印が、広場に集合した。そこで評議会は、アルテと民衆に満足できる希望を与えて、彼らが悪事を働くチャンスを奪うために、フィレンツェでは大権《バリーア》(1)と呼ばれる、都市の共通の利益のためにその体制を改革できる全体的な権力を、執政府、同顧問会議、八人委員会、グェルフィ党隊長たち、アルテ代表団〔の集合体〕に与えた。

こうしたことが定められていた時、いくつかのアルテとりわけ中小アルテ(2)とされているものの旗印の下に集まった人びとが、最近グェルフィ党から受けた侮辱に復讐したいと望む人びとに扇動されて、他の集団から離れ、ラーポ・ダ・カスティリオンキオ殿の家を略奪して放火した。彼は執政府がグェルフィ党体制に反対する計画を立てたことを知って、民衆が武装したのを見ると、もう身を隠して逃走する以外に手はなかった。まずサンタ・クローチェ教会に隠れ、それから修道士に変装して、カゼンティーノに逃れた。そこで彼は何度も、自分がピエロに同意を与えたことと、ピエロが権力を確保する行動のために、聖ジョヴァンニの祝日まで待とうと望んだことを嘆いた。

ところが、ピエロとカルロ・ストロッツィは最初の騒動が起こった時、それさえ終われば親戚や友人が大勢いるのだから、フィレンツェにいても大丈夫だと信じて、身を隠した。ラーポ殿の家が焼かれると、悪事は始まるのが困難でも増殖するのは容易なもので、一般的な憎悪や私的な敵意のために、多くの家が略奪され放火された。彼らは、自分たち以上に他人のものを盗みたがっている人びとを、一緒に行動する仲間に加えるため、公共の牢獄を破った。そして、多くの市民たちがその財産を隠しているアーニョリとサント・スピリトの修道院を略奪した。また共和国の国庫も、執政府メンバーの一人(3)への畏敬によって守られなかったならば、これらの略奪者の手から無事ではなかったであろう。その人は後ろに多くの武装兵を率い、馬にまたがって立ち向かうやり方で、この大衆の激昂に対決できたのである。こうした民衆の怒りは、一部は執政府の権威により、一部は夜になったことで鎮まった。

そしてその翌日、大権によって、今後三年間にわたり彼らがいかなる役職にもつくことができないとする条件付きで、譴責処分を受けた人びとに対する恩赦が発令された。グェルフィ党市民に対する偏見によって公布された法律は取り消された。ラーポ・ダ・カステイリオンキオ殿とその一族は、彼とともに世間から憎まれていた他の人びとと一緒に、反逆者だと宣告された。こうした決定の後に、新しい執政府が発表されて、その正義の旗手にはルイージ・グィッチャルディーニ(4)が任命された。誰の目にも、彼らが平和を好む人びとで公共の平和の愛好者だと思われていたので、人びとは彼らの手で反乱が鎮められるだろうと期待を抱いた。

11

それでも商店は開かれず、市民たちは武器を放さなかった。そこで、全市を見張るための大警備隊が編成された。こうしたことのために執政府は、いつもの華麗な宮殿の外での就任式を行わず、宮殿の中で、それもいかなる儀式も抜きにして就任した。この執政府は、彼らの任期の当初に行うことのなかで、市内を和解させる以上に有益なことはない、と判断していた。そこで、彼らは武器を置かせて商店を開かせ、市民たちが自分の味方にと呼んだ領域部の多くの人びとをフィレンツェから立ち去らせ、市内の多くの場所に警備隊を配置した。だから、もしも譴責処分を受けた人びとさえうまく我慢させていたら、都市は沈静していたはずである。

　しかし譴責処分を受けた人びとは、名誉ある地位につくために三年間も待つのは、とても我慢できなかった。そこで彼らを満足させるために、各アルテがまた集合した。そして執政府に対して、都市の幸福と平安のために、いかなる市民も、いかなる時でも、執政府、執政府顧問会議、グェルフィ党の隊長、またどんなアルテでもその幹部《コンソレ》に就任していれば、ギベッリーニ党員だという理由で譴責処分を受けることは起こり得ないと規定し、さらにグェルフィ党の名札の袋入れを新しく行い、既製の名札の袋は焼却するように、という要求を行った。これらの要求は執政府だけではなく、あらゆる評議会でただちに受け入れられ、そのためにすでにまた起こりつつあった暴動は鎮まったかに見えた。しかし、人間とは自分の持ち物を回復するだけでは十分ではなく、他人の持ち物をも手に入れて復讐したいと望むものなのだ。だから、混乱に期待を寄せる人びとは、彼らの敵の多くを追放するか、やっつけてしまわない限り、決して安全ではない、と職人たちに焚きつけた。そうした事実を聞きつけた執政府の人びとは、アルテの役職にある人びとをその代表とともに自分たちの許に召集して、彼らに向かって、正義の旗手ルイージ・グィッチャルディーニが以下のように語った。

「もしも、これらの総代の諸君と私が、対外戦争が収まると、内戦を始めさせるというこの都市の運命を早くから知っていなかったならば、私たちは相次ぐ騒乱にいっそう驚き、またいっそうの不快感を感じたことでしょう。しかし慣れていることは、悩みをもたらすことも少ないので、私たちはこれまでの騒ぎを我慢して耐えてきました。とりわけ、これは私たちに罪がないのに始まったことであり、またたとえ諸君があんなに多くの重大な要求をあえて行ったとしても、過去の例によれば、そうしたことはいつかは終わるはずだと期待していたからです。

しかしいま私たちは、諸君には鎮まる気がないこと、それどころか、諸君が市民たちに対して新たに侮辱を加え、また新たな追放処分を課したいと望んでいることを覚り、諸君の不誠実に対して、私たちの不快感は増すばかりです。実際、もし私たちが役職にある間に、諸君に反対するためにせよ、またはその逆に諸君に迎合するためにせよ、私たちの都市を滅ぼさねばならないと思ったら、逃走するか亡命によって、この名誉ある地位から逃げていたはずです。しかし私たちは、その胸中に多少は人間らしい心と祖国への愛を持った人間を相手にできるはずだと期待を抱き、また自分たちの人間らしい心によって、とにかく諸君の野心に打ち勝てると信じていたので、すすんでいまの役目についたのです。ところが私たちはいま経験を通して、自分たちが謙虚に振舞えば振舞うほど、また諸君に対して譲歩すればするほど、諸君はますます傲慢になり、そしてますます恥知らずなことを要求してくることを知りました。たとえ私たちがこのように言ったからとて、それは諸君を攻撃するためではなく、ただ諸君に心を改めてほしいからに他なりません。なぜなら、他の人びとが諸君の気に入ることを諸君に語るのに対して、私たちは諸君にとって有益なことを諸君に語りたいと望んでいるからです。

どうかお願いだから言って下さい。諸君はまだこれ以上に何を、私たちから公正に望むことができるのかを。諸君はグェルフィ党の隊長たちから、権威を奪おうとしました。そしてそれを奪い取りました。諸君は彼らの候補者の名札の袋を焼いて、それに新しい改革を行いたいと希望しました。私たちはそれにも同意しました。諸君は譴責処分を受けた人びとが、名誉を回復することを望みました。そのことも許されました。諸君の要望にしたがって私たちは、家を焼いたり教会を略奪した連中を許しました。また諸君を満足させるために、多くの名誉ある有力な市民たちを追放刑に処しました。諸君の考えによると、新しい体制に対して貴族が邪魔をしてきたからです。

これら諸君の要求は一体どんな風に終わり、諸君は私たちの気前のよさをいつまで悪用するつもりなのですか。諸君が勝利した時以上の忍耐を持って、私たちが敗北に耐えていることが、諸君には見えないのですか。諸君のそうした分裂は、諸君のこの都市を一体どこへ連れて行くのですか。諸君は、祖国が分裂していた時、ルッカの卑しい一市民カストルッチョが、フィレンツェを打ち破ったことを覚えていないのですか。あるいは諸君の傭兵隊長で一私人にすぎないアテネ公が、市を服従させたことを。しかし、いったん団結すると、もはやミラノの大司教や教皇でさえ、フィレンツェを負かすことができず、長年にわたる戦争の後に、恥をかいて断念しているのです。だからなぜ諸君は、多くの有力な敵どもが戦いを通して自由なままにしておいたこの都市を、諸君の内紛によって平和時に奴隷にならせようとしたがるのですか。諸君はその分裂から、隷従以外の何を得ようとしているのですか。また諸君がすでに強奪し、また今後も強奪しようとする財産から、貧困以外の何を得るつもりなのですか。なぜなら、その財産こそ私たちの勤勉によって都市全体を養っているものですから。もし、それを奪われたならば、とても都市を養えないでしょう。他方それを奪い取った人も、不正に得たものなので、とてもそれを維持はできず、その結果この都市の飢えと貧困とが生じるでしょう。

私とこの総代諸君は、君たちに命令します。あるいは、尊厳がそれを許すならば諸君にお願い致します。一度気持を落ち着けて、私たちが定めておいた条件で、諸君が何とか我慢して平静を保とうとして下さることを。また、たとえ何か新しいことを希望される場合にも、暴動や武器によってそれを要求するのではなく、合法的に要求してくださらんことを。なぜなら、それが正当な要求である場合には、常に喜んで受け入れられるでしょうし、そうすれば悪人たちにチャンスを与えて、諸君が祖国を破壊したという汚名を、諸君の責任や損害とともに背負い込む必要はないからです」。

こうした言葉は、それが真実であったために、それらの市民の心を強く感動させた。彼らは正義の旗手に対して、彼らに対しては良き主人として、都市に対しては良き市民として、立派にその職務を果したことに心から感謝して、彼らに依頼されたことには進んで従うと申し出た。そこで執政府は、彼らに機会を与えるために、あらゆる重大な役職ごとに二人ずつの市民を選出し、彼らがアルテの代表たちとともに検討して、もし何か都市を平静にするために改革すべき点があれば、それを執政府に報告することとなった。

12

こんな具合に事態が進んでいたとき、もう一つの暴動が発生して、最初の暴動よりもはるかに共和国に損害を与えた。最初の日々に起こった放火や略奪の大部分は、都市の最低の下層民によって行われた。彼らのなかでも最も大胆に振舞った連中は、主要な対立原因が収まって落ちつくと、彼らが犯した罪のために罰されることと、また常に起こりがちなように、悪事を働くように彼らをけしかけた人びとから見捨てられることを恐れた。細民の労苦に対して、それにふさわしい程度に彼らが満足した様子を見せてくれないことに由来する、富裕な市民やアルテの首領株の人びとに対して細民が抱く憎しみが、そこへさらに加わった。というのも、カルロ〔・ダンジョ〕一世の時代に都市がアルテに分かれたとき、それぞれのアルテには首長と組織が与えられ、各アルテのメンバーは民事に関しては、彼らの首長による裁判を受けてきたからである。

これらのアルテはすでに述べたとおり、(1) 当初は十二だったが、その後時とともに増加して、二十一に達していた。それらは大変な勢力があったので、わずかの期間に市政全体を乗っ取ることとなった。それらのなかにも、重視される度合がそれぞれ異なっていたために、大アルテと小アルテとに分類されていて、そのうちの七つが大アルテと呼ばれ、十四が小アルテと呼ばれていた。こうした区分と、先に語った他の原因とによって、グェルフィ党隊長たちの傲慢が生まれた。なぜなら、古来グェルフィ党員であった市民たちは、グェルフィ党政府のなかで、常に役職を回り持ちしていた人びとだったので、大アルテの平民たちの味方をして、小アルテの平民たちをその擁護者とともに迫害したからである。だから彼らに対して、すでに語ったような暴動が起こったのだ。

ところが、アルテの団体の編成に当たって、細民や最低の下層民が従事する仕事の多くは、それ自体のアルテを持たないままで、仕事の性質上共通点のあるさまざまなアルテに従属していた。このことから彼らの労働に関してなんらかの不満が生じたり、なんらかの仕方で親方から苦しめられたりした場合、彼らを管理するそのアルテの管理者に訴える以外には道がなかった。しかしそこからは、彼らが当然そうあるべきだと判断したような裁きは期待できそうになかった。

すべてのアルテのなかで、過去も現在も、こうした従属者を最も多く有していたのは、羊毛のアルテであった。それは大変有力で、権威の点ですべてのアルテ中第一位のアルテであり、その勤労によって、下層民と細民の最大部分を養ってきたし、いまも養っているものなのである。

13

そこで他のアルテの場合と同様、羊毛のアルテに従属する下層民も、先に述べた理由で大変怒っていた。それに自分たちが行った放火や略奪についての恐怖が加わり、彼らは夜何度も集まっては、関わった事件について話し合い、自分たちが直面する危険についてお互いに指摘しあった。その場で、最も大胆で経験豊かな男の一人[1]が、皆をけしかけようと、こんな風に語った。

「もしもおれ達が、今これから武器を取るべきかどうかとか、市民の家に放火して略奪すべきかどうかとか、教会を荒らすべきかどうかを決定しなければならないのだとすれば、おれだって、それはよく考えてからにした方がいいぜ、と言うだろう。そしてたぶん、やばいことをして稼ぐよりも、たとえ貧しくとも静かに暮らすほうを選ぶべきだという意見に同意するだろう。しかし、おれ達はすでに武器を取ってしまったし、たくさんの悪事を働いてしまったのだ。だからおれは、どうすれば武器を離さずにすむか、またどうすれば犯した悪事から身を守れるかを論じるべきだと思う。おれは他人が教えてくれなくても、必然の成り行きがきっとおれ達に思い知らせてくれるはずだ、と思っている。お前たちは町中の奴らがおれ達を恨み、憎んでいるのが分かるだろう。

市民どもは団結していて、執政府はいつも役人どもと一緒だ。つまりおれ達を縛り首にするために縄をなっているんだよ。おれ達の首を刎ねるための新しい軍隊を準備しているんだよ。だからおれ達は二つの事がらをねらって、二つの目標のために、方針を決めなければなるまい。一つは、おれ達がやったことのために近日中に罰せられないようにすること。もう一つは、過去の暮らしよりも、もっと自由に、もっとおれ達が満足して暮らせるようにすること。だから、おれが考えるには、新しい過ちを犯すことによって、悪事を二倍にし、放火や略奪を何倍も繰り返して、またそのための仲間をたくさん持つように工夫して、古い過ちを許されるように望むべきなのだ。

なぜなら大勢なら過ちを犯しても、誰も罰せられないからだ。小さな過失は罰せられるが、大きくて重大な罪は賞をもらえる。多くの人が苦しんでいれば、復讐しようとする者などほとんどいない。全員に対する侮辱は、特定の人への侮辱よりも、ずっと忍耐強く耐えられるのだ。だから、悪事も何倍かに増やしたほうが、ずっと赦免を受けやすい。しかも、おれ達の自由のために、おれ達が得たいと望んでいる代物を手に入れる手段をも、与えてくれることだろう。

おれには、確かにうまくいきそうだと思えるのだ。なぜなら邪魔をしそうな連中は、ばらばらでしかも金持だからだ。奴らが分裂していることは、おれ達に勝利をもたらし、奴らの富がおれ達のものとなったとき、おれ達を支えてくれるだろう。それがないために奴らがおれ達を馬鹿にする、血統などにびくびくするな。人間なんて元は一つだから、同じように古くて、自然によってまったく同じように作られているのだ。みんな服を脱いで裸になれば、まったく同じに見えるだろう。もしおれ達が奴らの服を着て、奴らがおれ達の服を着たら、おれ達は疑いなく貴族に見え、奴らは賤民に見えるだろう。なぜなら貧富の差だけが、おれ達に差をつけているからだ。

お前たちの多くが、やったことについてどれほど良心の痛みを感じていて、またなるべくなら新しい罪を避けたいと思っているのを知って、おれは残念だ。たしかに、もしそれが本当だとすれば、お前たちが良心にも恥辱にもたじろぐことがないように、お前たちはそうであってほしいとおれが期待しているような人間ではないようだ。なぜなら勝利を得る者は、どんな手を使ってでも勝利を得て、決して恥ずかしいなどとは思わないからだ。おれ達は良心などを問題にしてはならない。なぜなら、おれ達のように、飢えと牢獄の恐怖のあるところでは、地獄の恐怖などがあるはずもなく、またあるべきではないからだ。

しかし、もしお前たちが人間の振舞い方に注目するならば、巨万の富や大きな権力に達した人物はすべて、欺瞞か暴力を使ってそれに到達したことが分かるだろう。ところが彼らは、詐欺や暴力によって簒奪した代物を、後にそれを獲得した汚いやり方を隠そうとして、その手口を偽り、別の名目で手に入れたことにして飾りたてているのだ。知恵が乏しいか、愚かすぎるため、こうした方法が使えない者は、常に隷従か貧困の中で溺れてしまう。なぜなら忠実な下男は、常に下男のままで止まり、善良な人は常に貧乏のままで止まるからだ。不忠で大胆でなければ、決して隷従からは抜け出せない。また強欲で詐欺師のようでないと、貧困からは抜け出せない。なぜなら神と自然は、人間のあらゆる富を彼らの真ん中に置いて、勤労よりも略奪によって、また善良な技能よりは邪悪な技能によって取りやすくしているからだ。そこから人びとがお互いに共食いし、弱者が常に貧乏くじを引くことになるのだ。

だからチャンスが与えられたら、暴力を振るわねばならないし、まだ市民たちが分裂していて、執政府の態度もあやふやで、役職者連中も呆然自失の態にある今以上に、運命の大きなチャンスはあり得ないだろう。つまり奴らが団結し、度胸を決める前なら、簡単に押え込むことができるわけだ。そうすれば、おれ達は完全にこの市の主人の地位に収まるか、それともその重要部分を押えて、過去の過ちが許されるだけではなくて、新しい侮辱によって奴らを脅せる権利まで得るだろう。

この作戦が大胆で危険なものだとは、おれも認めよう。しかし必要に迫られた時は、大胆こそ賢明だとみなされる。大事に際しては、勇気ある人間は、危険など問題にしない。なぜなら危険で始まる企ては、常に褒美とともに終わることになっているのだ。またある危険からは、危険を冒さずには抜け出せない。つまりおれが思うには、牢獄や拷問や死が準備されたのが目に見える時には、身を守ろうと試さないで、じっとしている方がずっと恐ろしいことなのだ。だって、じっとしていれば不幸は確実だが、何かをやってみた場合、結果は分からないじゃないか。

おれはお前たちが貪欲な上役どもや、役人どもの不正を嘆くのを何度聞かされたことだろう。いまや奴らから解放されるだけではなく、お前たちがそのまま奴らの上役になって、お前たちが奴らを恐れた以上に、奴らの方が、お前たちのことを嘆いたり、恐れたりすべき時なのだ。チャンスがおれ達に持ってきてくれた幸運は、すぐ飛んでいってしまう。それが逃げ去った後で、また取り戻そうとしても無駄なのだ。お前たちの敵が準備しているのが見えるだろう。奴らの魂胆を出し抜いてやろうじゃないか。おれ達のうちで一番先に武器を取る者が、疑いなく勝利者となって敵を滅ぼし、自分への賞賛を勝ちとれるだろう。またそれによって、おれ達の多くの者は名誉を得るだろうし、全員が安全だろう」。

こうした説得は、すでに自分でも悪に向かって熱していた心を強く燃え上がらせた。そこで、自分たちの意志へと引っ張っていく、より多くの仲間が得られるように、彼らは武器を取ることに決めた。そして、もしも彼らのうちの誰かが、役人によっていじめられるようなことが起こった場合、互いに助けあう義務があることを誓いあった。

14

彼らが共和国の乗取りを計画していたとき、そうした彼らの計画が執政府の耳に入った。そのことのために、執政府はシモーネ・ダッラ・ピアッツァ[1]という者を取り押えて、彼から陰謀の全貌と、その翌日に彼らが蜂起するつもりであることを知った。そこで、執政府は危険があると見て、執政府顧問会議のメンバーやアルテの代表たちとともに、市民の間での和解を工作中の人びとを招集した（皆が集まる前に夜になった）。その人びとから執政府は、アルテの幹事たちにも来てもらうよう勧告された。彼ら全員が兵士全部をフィレンツェに来させることと、翌朝、市民軍隊長たちが武装した地区の部隊とともに広場に集合するよう勧告した。

シモーネが拷問にかけられて市民たちが集められていたころ、ニッコロ・ダ・サン・フリアーノ[2]という者が宮殿の時計を調節していて、何が起こっているのかを察知して、帰宅すると近所一帯で騒ぎたてた。そこであっという間に、サント・スピリトの広場は千人以上の武装した人びとで埋まってしまった。この騒ぎは他の陰謀仲間にも飛火して、彼らが選んだサン・ピエロ・マッジョーレとサン・ロレンツォの広場も、武装した人びとで埋まった。

すでに、七月二十一日(3)というその日がやって来ていた。広場には執政府に味方するために、せいぜい八十人程度の武装した人びとしか集まっていなかった。地区の部隊の旗手は、すでに都市全体が武装したことを知って、自分たちの家々から離れることを恐れたため、誰一人現れなかった。下層民のなかで広場に真っ先に現れたのは、サン・ピエロ・マッジョーレ広場に集まった連中で、彼らが現れても、武装した人びとは動かなかった。それに続いて他の集団も現れた。反撃する者がいないのを見て、恐ろしい声で、仲間の囚人たちを釈放するよう執政府に要求した。脅迫しても取り戻せなかったので、彼らを力ずくで取り返そうとして、ルイージ・グィッチャルディーニの家に放火した。そこで執政府は、さらなる事態の悪化を恐れて、囚人を彼らに引き渡した。囚人たちを取り戻し、警察長官の手から正義の旗を奪い取ると、彼らはその旗を振りかざして、多くの市民たちの家に火をつけ、公的、私的な理由のために憎まれていた人びとを追及した。

多くの市民たちは、個人的な侮辱に復讐するために、彼らを敵の家に誘導した。なぜなら群衆の中にいて、「誰それの家」と一声かけるか、旗を手に持っている者がそっちへ向かうだけで十分だったからだ。彼らはまた、羊毛アルテの書類を全部焼いてしまった。多くの悪事を働いてしまうと、それと併行して何か立派なこともやってみたくなったらしく、サルヴェストロ・デ・メディチ、その他多くの市民たちを騎士に任命した。その数は六十四人に達した。その多くは強制的に行われたのだが、そのなかにはベネデットおよびアントニオ・デッリ・アルベルティ(4)、トンマーゾ・ストロッツィ、その他それに類した彼らの信頼の厚い人びとが含まれていた。

この事件でとりわけ注目すべき出来事は、多くの人びとが自分の家を焼かれるのを目撃しながら、同じ日のその少し後で、同じ連中によって(侮辱と表彰とがおそろしく接近していたわけだが)騎士に任命されたことである。たとえば、正義の旗手だったルイージ・グイッチャルディーニはそんな目に遭った。こうした多くの反乱に巻き込まれた執政府は、武装した人びと、アルテの首長たち、そして彼らの旗手たちから自分たちが見捨てられたのを見て、途方に暮れた。なぜなら誰一人として規定通り彼らを助けてくれず、十六ある旗のうちで、そこに現れたのはジョヴェンコ・デッラ・ストゥーファ(5)とジョヴァンニ・〔ディ・〕カンビオ(6)に率いられた、金獅子の旗とベル形模様(7)の旗だけだったからだ。また、それらも長くは広場に止まっていなかった。彼らに続く者が他にはいないのを見て、彼らも立ち去ってしまったからだ。他方、市民たちも、これら解き放された群衆の怒りを見、宮殿が見捨てられるのを目にすると、ある者は自分の家に止まっていたが、一部は彼らの中に混じっていた方が自分や友人の家を守りやすいために、武装した集団の後を追った。こうして叛徒の勢力が上昇して、執政府の勢力が低下した。

この内乱は丸一日続き、夜になると、彼らはサン・バルナバ教会の裏にあるステーファ(8)ノ殿の建物に落ち着いた。その数は六千人を越えていた。まだ夜が明ける前にアルテを脅かして、彼らの旗印を引き渡させた。朝になると、正義の旗とともにアルテの旗印を掲げて法務長官の館へと出発して、法務長官が彼らに財産を引き渡すのを拒否したため、彼と戦ってこれを破った。

15

この群衆を力で押えようとしてもとても無理だとみて、執政府は彼らとの和解の話し合いを試みるため、執政府顧問会議の四人を呼んで、彼らの考えを知るため法務長官の館に送った。彼らは下層民の首領たちが、アルテの代表や何人かの市民たちとともに、執政府に要求したいと望む条項を、すでに決定していることを見出した。そこで、彼らは下層民の代表四人とともに、以下の要求を携えて執政府に戻ってきた。

すなわち羊毛のアルテは、外国人の判事を雇ってはならないこと。新しいアルテ団体を三つ結成すること。第一は梳毛《そもう》工と染色業者、第二は理髪師、胴着屋、仕立て屋、その他の技術職人、第三は細民(1)のためのアルテとする。以上の三アルテから常に二人の総代を選出すること。また十四の小アルテから三人を選出する。執政府は、これら新アルテが集合できる家を用意すること。これらのアルテに所属する者は二年間にわたり、五十ドゥカート以下の金額の借金を払わなくともよい。国庫は借り入れ金の利子を払わず、元金のみを返済する。有罪判決や追放を宣告された者は免除される。譴責《けんせき》処分を受けた者の名誉を回復する等々。これ以外にも多くの事項が、特定の味方の党派の人びとの利益のために要求され、また逆に彼らの敵の多くを追放したり、譴責処分にかけることが要求された。

これらの要求は共和国にとって重大な恥辱であったが、事態の悪化を恐れて、執政府と執政府顧問会議と平民評議会によってただちに議決された。しかし、立法手続きの完成のためには、コムーネ評議会の承認を得る必要があった。それは一日に二つの評議会を召集することが無理だったため、翌日まで遅らせざるを得なかったからだ。しかしこの時点では、それらのアルテは満足し、下層民も満足したらしかった。そして彼らは法律の手続きが完成し次第、あらゆる暴動を収拾することを約束した。

ところが翌朝、コムーネ評議会が審議していると、せっかちで気の変わりやすい群衆がいつもの旗印を掲げて広場にやって来て、とても大きな恐ろしい声で叫んだため、評議会も執政府も肝をつぶした。そのため総代の一人であったグエルリアンテ・マリニョッリ(2)は、他のどんな私的な感情にもまして恐怖心に襲われ、階下の扉を見に行くふりをして降りると、こっそりと家に向かって逃げ出した。だが外へ出ると、群衆に気づかれずに身を隠せなかった。群衆は彼を見つけたとき、執政府メンバーは全員宮殿から出ていけ、さもないと子供たちを殺して、家を焼いてしまうぞ、という野次を飛ばした以外にどんな侮辱を加えたわけでもなかった。

まさにこのとき、法律が議決され、執政府の人びとが自分たちの部屋に引き上げてきた。また評議会も下に降りてきたが、外への出口がないため、群衆のひどい破廉恥ぶりを見、自分たちを拘束するのも虐待するのも可能な連中に、大変な悪意と恐怖を感じながら回廊や中庭に止まって、市の安全に絶望していた。執政府の人びともまた、仲間の一人から見捨てられ、また市民は誰一人として援助どころか、助言にさえ来ないのを見て、やはり当惑するとともに、祖国の安全に疑問を抱いていた。

こうして何ができるか、また何をすべきかについて迷っていたとき、トンマーゾ・ストロッツィ殿とベネデット・アルベルティ殿が、宮殿の主になりたいという野心にうごかされてか、あるいはやはりそれがよいと信じていたためか、ここはこの民衆の攻撃に譲歩して、私人に戻って家に帰った方がよい、と彼らを説得した。この助言が騒動の張本人だった人びとからなされたため、他の人びとは説得できたが、アラマンノ・アッチャイウォーリ[3]とニッコロ・デル・ベーネ[4]というふたりの総代を怒らせてしまった。そこで、少し元気を取り戻した二人は、もし他の人びとが出て行くことを望むならば、それはどうしようもないが、自分たちは任期が満了しない限り、それによって生命を失うのでなければ、権威ある地位を放棄するつもりはない、と述べた。こうした反対意見は、執政府の恐怖心と民衆の怒りを倍加させた。

そこで正義の旗手は、危険な目にあうぐらいなら、恥をかいてもよいから自分は職務を終えたい、とトンマーゾ・ストロッツィ殿に頼みこんだ。するとトンマーゾは彼を宮殿から連れ出して、家まで案内してやった。他の総代たちも同様に、次々と立ち去り、そこでアラマンノとニッコロも、勇敢だが馬鹿なやつだなどと思われないため、二人きりで取り残されたのに気づくと、やっぱりその場から立ち去った。こうしてこの宮殿は、下層民と、まだその地位を解任されていなかった軍事のための八人委員(5)の手中に残された。

16

下層民が宮殿に入った時に正義の旗手の旗を手に握っていたのは、ミケーレ・ディ・ランド(1)という羊毛の梳毛職人であった。彼は素足で、ほとんど衣服も身につけず、後ろに全群衆を率いて階段を昇っていった。そして執政府謁見の間に入ると、立ち止まり、群衆を振り返って言った。「見たまえ、諸君。この宮殿は君たちのものだ。この都市は諸君の手中にある。そこでいま、君たちは我々が何をすべきだと思うのか」。

それに対して全員が、彼が旗手となり主人となって、自分たちと市を好きなように治めてくれることを望んでいる、と答えた。ミケーレは領主権を引き受けた。彼は抜目なく賢明な男で、才能よりも幸運によってその地位に就けたことを知っていたので、都市を平静にして暴動を鎮めようと考えた。民衆に仕事をやらせておいて、その間に態勢を立て直す余裕を得るため、ラーポ・ダ・カスティリオンキオ殿によって警察長官に任命されていたセル・ヌート[2]の捜索を命じた。その命令に応じて、彼の周辺にいた大部分の人びとが行ってしまった。

彼は神の恩寵によって得たその支配を、正義とともに開始するために、何人といえども、いかなる物も焼いたり、奪ってはならない、という命令を公式に布告させた。そして皆の度胆を抜くため、広場に処刑台を築かせた。また都市改革に着手するため、アルテの代表を取り消して、新しい代表を決めた。執政府や執政府顧問会議の行政権を奪い、役職用の名札袋を焼却した。

やがて群衆によってセル・ヌートが広場に運びこまれ、処刑台に片足で吊された。周囲にいただれもが彼の身体から一片をむしり取ったために、たちまち彼の身体には片足しか残らなかった。他方、軍事八人委員会の面々は、執政府が立ち去ったため、自分たちが都市の首長となったものと信じて、すでに新しい執政府を構想していた。それを予見したミケーレは、ただちに宮殿から立ち去るよう彼らに通告させた。なぜなら、彼は彼らの助言なしにフィレンツェを治められると、皆に示したかったからだ[3]。

彼はその後アルテの代表たちを集めて、執政府を編成した。細民のアルテから四人、大アルテから二人、小アルテから二人を選んだ。これに加えて新たに資格審査を行い、国家の役職を三分した。その一つを新しいアルテに、次は小アルテに、第三を大アルテに与えることを望んだ。サルヴェストロ・デ・メディチ殿にポンテ・ヴェッキオの店々の収入[4]を与え、自分はエンポリの法務長官の地位[5]を取った。また下層民の友人である他の市民たちにも他にいろいろと恩恵を施したが、それは彼らに仕事を取り戻してやるためというよりも、彼らによって常に嫉妬から自分を守ってもらうためであった。

17

下層民たちには、市政改革に当たってミケーレがあまりにも上層平民に味方しすぎるように思われた。また逆に、自分たちがその市政を維持していくために、そして我が身を守るために必要なだけの部分を占めていないように思えたのだ。そこで彼らは、持前の大胆さに動かされて、ふたたび武器を取って蜂起し、彼らの旗印を掲げて広場へと押し出した。そして、彼らの安全と幸福について新しい条件を審議するために、執政府に欄干まで降りてくるよう要求した。

ミケーレは彼らの傲慢さを見ると、それ以上彼らをつけ上がらせないために、彼らが望んでいる条件にまったく理解を示さずに、彼らが請願するときに取った態度を非難して、武器を置くように勧告した。そして武器を置いたときに初めて、力ずくでは決して認められなかった事項を、執政府の権威によって彼らに認めてやろう、と言った。その結果、政府に対して腹を立てた群衆は、サンタ・マリーア・ノヴェッラ教会に立てこもった。そこで彼らは仲間のうちから、八人の首領とその属僚たちと、彼らに名声と尊敬を与える他の制度を制定した。その結果、都市は二つの政府を持ち、二種類の異なった首長によって治められることとなった。

これらの首領たちは、彼らのアルテの団体(1)に選出された彼ら八人こそ、執政府とともに宮殿に住むべきであり、また執政府によって決定されたことはすべて彼らによって確認されるべきだ、と彼らの間で考えた。また彼らは、サルヴェストロ・デ・メディチ殿とミケーレ・ディ・ランドから、彼らの別の時の決定において二人に与えておいたもの(2)をすべて取り上げた。自分たちの多くの仲間に、品位をもってその地位を保てるよう、職務や補助金を割り当てた。こうした決定が確認されると、それらを実現するために、それらが評議会において彼らに確認されるよう要求するため、彼らのうちの二人を執政府に送った。

もしも同意によってそれが得られない場合には、力ずくでそれを求めるつもりであった。彼らは大変な大胆さとそれ以上に思い上がって執政府に注文を出し、また正義の旗手に対しては、自分たちが彼に与えた権威や名誉を示して、何と恩知らずにわずかの敬意しか払わずに自分たちを支配してきたことか、と叱責した。そして、言葉の最後で彼らが脅しにかかると、ミケーレはそのような傲慢さに我慢できなかった。そして、かつて自分が最低の境遇にあったことよりも、いま自分が就任している地位のことを思い出して、こうした異常な傲慢さは、異常な手段で押えるべきだ、と考えた。そこで身につけていた剣を引き抜くと、まず彼らに激しく切りつけ、それから彼らを縛って監禁させてしまった。

このことが世間に知れわたると、群衆は怒りで燃え上がった。そして彼らは、武器なしでは手にはいらなかったものを、武装すれば得られると信じて、武器を取って激しく決起した。そして執政府に強要するために出発した。一方ミケーレの方でも、その後に起こることを予感して、先を越してやろうと考え、宮殿の壁の中で敵が来るのを待っていて、彼の前任者たちのように宮殿の名誉を汚し、恥をかいて逃げ出すくらいなら、相手を攻撃したほうが自分の名誉になる、と考えた。そこで、すでに自分たちの誤りに気づき始めた多数の市民たちを集めると、馬にまたがり、多くの武装した人びとを引き連れて、敵たちと戦うためにサンタ・マリーア・ノヴェッラ広場へと繰り出した。

すでに述べたように、下層民たちも同じ決定をしていて、ミケーレが動いたのとほとんど同時に、彼らも［シニョリーア］広場へ行こうと出発した。ところが偶然、双方は別の道を通ったために、途中で衝突しなかった。そこでミケーレが引き返すと、広場は占領され、宮殿が攻撃されていた。ミケーレたちは彼らに打ってかかり、敵を破った。敵の一部は市から追い出され、一部は仕方なく武器を棄てて隠れた。勝利が得られたので、もっぱら正義の旗手の力量によって騒乱は収まった。

ミケーレは意志と分別と善良さにおいて、当時いかなる市民にも優っており、祖国に恩恵を施した少数の人びとの一人に数えられる資格がある。なぜなら、もし彼が悪意の、またはは野心的な意志の持主だったとすれば、共和国は完全に自由を失い、アテネ公以上のひどい独裁政治に陥っていたはずだからだ。しかし善良な彼は、自分の意志に全体の幸福に反するような考えが入ることを許さなかった。また彼の分別は、彼の党派の多数の人びとが彼に譲るような仕方で彼に物ごとを進めさせて、他の人びとを武力で鎮めることができたのだった。こうした事情は下層民に衝撃を与え、上層のアルテの組合員たち(3)に自覚を与え、貴族の傲慢の鼻をあかした人びとに対して、下層民の悪臭に耐えるのがどれほど不名誉なことか、を思い知らせた。

18

ミケーレが下層民に対して勝利を得たころには、すでに新しい執政府が選出されていた。そのなかには大変卑しく恥ずかしい境遇の二人が混じっていたため、人びとの間ではこうした不名誉から解放されたいという欲求が高まった。そこで九月一日に新しい執政府が職務につくことになり、以前どおり古い執政府が宮殿から出てきて、広場が武装した人びとでいっぱいになった時、武装した人びとの間から騒ぎが起こり、自分たちは細民から誰一人として執政府に参加することを望まない、という声が上がった。

そこで執政府は、彼らを満足させるために、一人はトリア、もう一人はバロッチョと呼ばれるその二人を[1]その任務から外し、代わりにジョルジョ・スカーリ殿とフランチェスコ・ディ・ミケーレ[2]を選んだ。また細民のアルテを廃止して、ミケーレ・ディ・ランド、ロレンツォ・ディ・プッチョ[3]、その他最高の資質の持主数人を除く、そのアルテの所属者を役職から排除した。その名誉ある役職を二分し、一部は大アルテ、一部は小アルテに分配した。ただし人びとは、執政府だけはつねに小身の職人のアルテ出身の五人、大アルテ出身の四人から成り立つことを望み、正義の旗手にはそのいずれかのメンバーがなった。

このように定められた体制は当面、都市を鎮静させた。そして共和国は細民の手から救出されたが、まだ小身の職人が上層市民よりも有力であった。アルテを満足させて、細民からアルテの好意を奪うために、大市民たちは職人たちに譲歩せざるをえなかったのだ。このことはまた、グェルフィ党という口実で多くの市民たちをひどい乱暴さで侮辱した連中が、打倒されることを望む人びとにも支持された。こうした性格の統治に味方した人びととしては、特にジョルジョ・スカーリ殿、ベネデット・アルベルティ殿、サルヴェストロ・デ・メディチ殿、トンマーゾ・ストロッツィ殿らの人びとがいて、彼らはほとんど市の主人のような存在だった。

このように進められ収拾された事態は、リッチ家とアルビッツィ家の野心によってすでに始まっていた、上層平民と零細職人との分裂を確認することとなった。なぜなら、その分裂からその後のさまざまな時代に、きわめて重大な結果が生じ、何度もそれについて語らなければならなくなる事態が生じたからだ。そして私たちは、これらの党派の一方を平民党と呼び、もう一方を下層民党と呼ぶであろう。

こうした体制は三年間続き、それは亡命と死で満ちていた。なぜなら統治していた人びとは、市内でも市外でも多くの不平分子がいたため、大いに疑惑に包まれて生きていたからである。市内の不平分子は毎日、新しい試みを企てているか、またはそうしていると信じられていた。市外の人びとは、彼らを止めようとする者に一切遠慮せずに、あるときはこの君主に頼り、またあるときはあの共和国に頼るといった具合に、今日はここ、明日はあっちと、至るところでさまざまな騒ぎを撒き散らしていた。

19

この当時ボローニャには、ナポリ王族の子孫にあたるカルロ・ディ・ドゥラッツォの傭兵隊長だったジャンノッツォ・ダ・サレルノ[1]がいた。カルロはジョヴァンナ女王から〔ナポリ〕王国を奪う遠征を行うために、女王の敵である教皇ウルバヌス〔六世〕の好意のおかげで、この隊長をその都市に止めていたのである。またボローニャには大勢のフィレンツェの亡命者がいて、カルロと密接な接触を保っていた。このことは、フィレンツェで統治している人びとがとても大きな疑惑を持って生き、疑わしい市民に対する中傷を簡単に信じこむ原因となっていた。このような疑心暗鬼に陥っていた市政当局に対して、ジャンノッツォ・ダ・サレルノが亡命者とともにフィレンツェに現れるはずであり、市内の多くの者が武器を取って彼に市を引き渡すことになっているという密告がなされた。

この密告に基づいて多くの人びとが告発されたが、そこで名指しされた人びととの筆頭は、ピエロ・デッリ・アルビッツィとカルロ・ストロッツィで、それに続いてチプリアーノ・マンジョーニ、イアコポ・サッケッティ殿、ドナート・バルバドーリ殿、フィリッポ・ストロッツィ、ジョヴァンニ・アンセルミ(2)の名前があった。これらの人びとは、逃走したカルロ・ストロッツィを除くと、全員捕えられた。執政府は、誰一人彼らのためにあえて武器を取るようなことのないよう、トンマーゾ・ストロッツィ殿とベネデット・アルベルティ殿を、多くの武装した人びととともに、都市の警備担当者に任命した。逮捕された人びとは取り調べを受けたが、告発を点検した結果、彼らにはいかなる罪も見出せなかった。そこで市民軍隊長(3)は、彼らの有罪を望まなかったが、彼らの敵が大いに民衆を扇動し、怒り狂って民衆を彼らに対してけしかけたため、力ずくで死刑が宣告された。ピエロ・デッリ・アルビッツィでさえ、家門の偉大さも、長年にわたって他のいかなる市民よりも尊敬され恐れられてきた古くからの名声も、役に立たなかった。ピエロのそのあまりの名声のために、彼が大勢の市民を集めて宴会を開いた時、彼があまりに偉大なのでもっと思いやりを持たせようとした彼の友人によってか、それとも運命の変わりやすさを示して彼を脅かそうとした彼の敵によってか、とにかくある人によって、お菓子のいっぱい入った銀の容器が贈られ、そのお菓子の中には一本の釘が隠されていた。その釘が発見されて、宴会に参加した全員の目に触れた時、それは運命の輪に打ちつけてその回転を止めることを彼に忘れさせないためのものだ、と解釈された(4)。なぜなら、運命がその輪の頂上まで彼を導いてしまった以上、そのままそれが回転し続ければ、どん底まで彼を引きずり降ろすことになるからである。この解釈は、まず彼の失脚によって、続いてその死刑によって証明されることとなった。

この処刑の後、敗者も勝利者も恐れていたため、都市全体が混乱した。しかし、よりたちの悪い影響は、支配者の側の恐怖から生じた。なぜなら、あらゆる些細な事件が、彼らにグェルフィ党に対する新しい迫害を行わせ、その市民たちを有罪としたり、譴責処分にしたり、追放したりしたからだ。そのことに、体制の強化のためにしばしば作られる新しい法律と、新しい制度がさらに加わった。そうしたすべての事態は、彼らの党派にとって疑わしいすべての人びとに対する侮辱を伴って行われた。

そこで四十六人の人びとが選出され、彼らは執政府とともに、共和国から国家にとって疑わしい人びとを粛清した。彼らは三十九人を譴責処分にし、多くの平民を貴族とし、多くの貴族を平民とした。また外部の戦力に対抗できるように、イギリス出身で軍人としてきわめて名高い、すでに教皇その他の人びとのために、イタリアで長い間戦ってきた、ジョヴァンニ・アクート〔ホークウッド〕殿を雇い入れた。外部への疑惑は、多くの軍隊がナポリ王国に遠征するために、カルロ・ディ・ドゥラッツォによって編成され、噂ではフィレンツェの亡命者が多数同行しているというニュースが広がったために生じたものだった。

こうした危険に対して軍隊が編成されたほか、資金が用意された。なぜならカルロがアレッツォに着くと、フィレンツェ市民から四万ドゥカートを得て、決して彼らに干渉しないことを約束したからである。その後、彼は遠征を続けて、無事にナポリ王国を占領し、ジョヴァンナ女王を捕えて、ハンガリーへ送っている。この勝利は、フィレンツェで政権を握る人びとの疑惑をふたたび強めた。なぜなら彼らには、最近王に与えた資金が、彼らがひどい迫害を加えながら抑圧しているグェルフィ党との間でこの王家が保持してきた古い友情に較べて、王の心中でより強力な力を発揮するとはとても信じられなかったからである。

20

この疑惑が強まるにつれて、彼らの迫害は強化されたが、それらは疑惑を消すどころか、かえって強めることになった。だから大多数の人びとは、ひどく不満な状態で生きていた。そのことに、ジョルジョ・スカーリ殿とトンマーゾ・ストロッツィ殿の横暴とが加わった。彼らは、その権威において役職者よりも勝っていたため、誰もが下層民の好意を得ている彼らに迫害されることを恐れた。善良な人びとだけではなく、反乱に加わった人びとからも、その政府は専制的で暴力的だと思われた。

しかし、ジョルジョ殿の横暴にもときには限界があったらしく、たまたまジョヴァンニ・ディ・カンビオは、ジョルジョ殿の家来の一人(1)によって反国家的活動を行ったという理由で告発された。ジョヴァンニは隊長の取り調べにより無罪と判明し、その結果判事は告発者に対して、容疑者が有罪であれば罰せられたのと同じ罰を科すことを望んだ。ジョルジョ殿が要求しても、また彼のどんな権威をもってしてもどうにもならなかったため、彼とトンマーゾ・ストロッツィ殿は大量の武装した人びととともに繰り出して、力ずくで家来を釈放し、隊長(2)の宮殿を略奪した。そこで隊長は身を守るために隠れなければならなかった。この行為は、市内をジョルジョ殿に対する憎しみで満たし、その結果、彼の敵たちは彼を排除して、都市を彼の手中からだけではなく、すでに三年間都市を傲慢に牛耳ってきた下層民の手からも救出できるものと期待した。

そのために隊長も、大きなきっかけを与えた。彼は暴動が終わると、執政府に出頭し、自分は執政府が彼を選んだ職務に喜んで就任したが、それは正しい人びとに奉仕すべきだと考え、正義を妨害するためではなく、それに奉仕するために武器を取るためだったと述べた。しかし、都市の政治の在り方や生き方を見たり体験したりしているうちに、当初は役に立ち名誉を得るために喜んで引き受けた地位だったが、危険や損害を避けるために喜んで彼らに返上したい、と申し出た。すると隊長は、執政府の人びとに励まされ勇気づけられて、過去に受けた彼の損害の補償が約束され、将来の安全も保証された。そして彼らの一部は、彼らが公益の尊重者だと判断し、また体制に対しても疑わしくないと判断した何人かの市民たちと結束した結果、都市全体の気持が今度の横暴な振舞いによってジョルジョ殿から離れてしまったので、今こそ彼と下層民の権力から都市を解放する大きなチャンスが到来したという結論に達した。

そこで彼らは、皆の怒っている気持が収まってしまわないうちに、この好機を利用すべきだ、と判断した。なぜなら彼らは、都市全体の好意はほんのちょっとしたことで得られ、また失われることを知っていたからだ。また彼らは、ことを進めようと望むならば、自分たちの意志にベネデット・アルベルティ殿を引き込むことが必要だ、と判断した。つまり、彼の同意なしにはその陰謀は危険だ、と判断したのだった。

ベネデット殿は大変な富豪で、人情豊かだが厳しい、祖国の自由の愛好者であった。彼は専制的なやり方を大いに嫌っていた。だから、彼を宥めてジョルジョ殿の破滅に同意させることは、簡単なことだった。なぜなら、彼を上層平民やグェルフィ党寄りの派閥と敵対させ下層民の友とした動機は、上層市民やグェルフィ党寄りの派閥の横暴であり、またその専制的なやり方だったからである。そのため下層民の首領たちが彼らの同類になってしまったのを見ると、ずっと前から彼らから離れており、多くの市民たち相手に行われた迫害も、すべて彼の同意なしに行われてきた事がらだった。だから、ベネデット殿に下層民の党派に加わらせた動機自体が、彼にジョルジョたちを見捨てさせたのだった。こうしてベネデット殿もアルテの長たちも、彼らの意志に引き寄せられ、武器が調達されて、ジョルジョ殿が捕えられ、トンマーゾ殿は逃走した。

その翌日(3)ジョルジョ殿は、彼の党派が恐怖で震え上がるなかで首を斬られた。誰一人動かず、それどころか皆が競争して、彼を滅ぼしに走った。そこで彼は、少し前には自分を崇拝していた民衆の前で自分が死に直面しているのに気づいて、だいたい市民たちが不当に彼を侮辱したために、自分がいかなる信頼も感謝も寄せていなかった大衆を支援し、また敬わざるをえなかったのだと、自分の不幸な運命と市民の腹黒さを嘆いた。そして武装した人びとの中にアルベルティ殿が混じっているのを見ると、彼にこう言った。

「やあ君、ベネデット君。もしぼくが君の立場にいたら、君に対してこんな侮辱が行われることをぼくは決して認めなかったことだろうに、君はこんなことが私に対してなされることに同意したのだね。しかし、ぼくは君に宣告しておく。今日は僕の不幸が終わる日で、君の不幸が始まる日だと」。

彼はそれから、あらゆる噂、あらゆる行為、あらゆる疑惑で動揺し、腐敗する民衆を、自分自身が信用しすぎたことを嘆いた。このように嘆きながら、武装して彼の死を喜ぶ敵たちに囲まれて彼は死んだ。彼に続いて、彼の最も親しい友人の何人かが殺され、それらの遺体は民衆によって引きずりまわされた。

21

この市民の死は市内全体に衝撃を与えた。なぜなら、この処刑が行われている間に、多くの者が執政府と市民軍隊長を支援するために武器を取り、他の多くの者もまた自分たちの野心のためか恐怖のために武器を取ったからである。都市はさまざまな思惑に充ちていて、各自が異なった目的を持って、全員が武器を置く前にその目的を達成したいとのぞんでいたからだ。大物と呼ばれる古い貴族たちは、公的な名誉ある地位につく権利を奪われているために我慢できず、だからそうした名誉の回復のためにあらゆる努力を尽くしていた。そしてまたその目的のために、グェルフィ党隊長たちに権威が戻ることを好んだ。

上層市民や大アルテの人びとは、体制を小アルテや細民と分かち合うことが、気に入らなかった。他方、小アルテの人びとは、彼らの威信を低下させるよりも、高めたいと望んでいた。細民の方では、そのアルテの執政府顧問会議のポストを失うことを恐れていた。こうした意見の違いが、一年の間に何度となくフィレンツェで騒乱を起こさせ、いま貴族が蜂起したかと思うと、今度は大アルテ、はては小アルテ、はたまた細民と小アルテといった具合に、突然市内のあちこちで全員が武器を取る、といったことが何度も起こった。そこで、彼ら同士の間や宮殿の人びと相手に、頻繁に乱闘が生じた。なぜなら執政府は、ときには譲歩し、ときには戦い、こんな不都合な状況のなかで、できるだけうまく対処していたからである。(1) こうして、ついに二度にわたる市民総会と都市改革のために設置されたたび重なる大権の後、また多くの損害、労苦、極度の危険の後、一つの政府が確立され、その統治を通して、サルヴェストロ・デ・メディチ殿が正義の旗手に就任して以来追放された、あらゆる人びとが帰国した。

また一三七八年の大権によって与えられた、あらゆる特権や報酬の類は一切停止された。グェルフィ党の名誉が回復された。(2) 二つの新しいアルテから、組織と指導部が除かれた。それらに所属していた人びとは、以前従属していたアルテに復帰させられた。小アルテは正義の旗手に選出される権利を失い、役職につく権利も半分から三分の一に減らされた。

またそうした権利のうちで、最高の地位は彼らから奪われた。こうして上層平民とグェルフィ党寄りの党派が、支配権を取り戻し、下層民の党派がそれを失った。こうした珍しい事件が相次いだ一三七八年から八一〔西暦では八二〕[3]年までの期間、下層民の党派が支配権の持主であった。

22

こうした体制は、かつての下層民体制がそうであったのに劣らず、その市民たちにとって屈辱的であり、またそれが始まった時点で深刻であった。なぜなら下層民の保護者とみなされた上層平民は、そのうちにミケーレ・ディ・ランドをふくむ下層民の首領たち多数とともに、追放されることとなったからである。かつて野放しの大衆が勝手気ままに都市を破壊していたとき、ミケーレの権威のおかげで彼らの財産が多数守られた事実も、ミケーレを党派的な怒りから守ってやることはできなかった。だから彼の優れた行動に対して、その祖国はとても恩知らずであったということになる。

非常にしばしば君主たちや共和国は、そうした誤りを犯しがちなので、その実例に驚いた人びとは、君主から忘恩の行為を味わわされる以前に、彼らを攻撃する事態が起こる。こうした亡命や殺人は、つねに不快なものであり、ベネデット・アルベルティ殿にとっても不快であった。そして彼は、公的にも私的にもそうしたことを非難していた。そこで市政の中心人物たちは、彼を恐れた。なぜなら彼らは、彼こそ最も主要な下層民の友だとみなしていたし、また彼がジョルジョ・スカーリ殿の死刑に同意したのは、スカーリのやり方が気に入らなかったためではなくて、政府に一人で残りたかったためだと、信じていたからであった。その後、彼の言葉やその態度が疑惑を強めた。そこで彼を弾圧できるチャンスをつかむため、市の君主となった党派全体が彼に目を向けることとなった。

　市民がこうした状態で暮していたとき、外部の状況はたいして深刻ではなかった。だから、その後に起こったことは、実害よりも驚きの方が大きかった。この当時ロドヴィーコ・ダンジョー〔ルイ・ダンジュー〕[1]は、ナポリ王国をジョヴァンナ女王に返してやり、カルロ・ディ・ドゥラッツォを追い払うためにイタリアへやって来た。彼の通過はフィレンツェ市民を大いに驚かせた。なぜなら、カルロは古い友人の習慣にしたがって、フィレンツェ市民の助力を求め、ルイは新しく友情を求める者がするように、彼らが中立を守るよう要求したからである。

　そこでフィレンツェ市民は、ルイを満足させるふりをして、カルロを援助するため、自分たちの資金でホークウッド殿を動員して、カルロの友人である教皇ウルバヌス〔六世〕にその指揮を任せた。その欺瞞はルイに簡単に見抜かれてしまい、彼はフィレンツェ市民からひどく侮辱されたと思った。

ルイとカルロの戦争がプーリアで繰り広げられているころ、フランスからルイを支援するための新しい軍隊がやって来て、それがトスカーナに着くと、アレッツォの亡命者によってアレッツォに案内された。そして、カルロの名で治められている地域を奪った。彼らがアレッツォで政体を変えたように、フィレンツェでも政変を起こそうと計画していた時、ルイの死が起こり、プーリアとトスカーナの事態は幸運に転換した。なぜならカルロは、もうほとんど失いかけていた王国を確保できたし、一方フィレンツェを守ることすら危なかったフィレンツェ市民たちは、ルイの名でアレッツォを抑えていた連中が売ってくれたので、アレッツォまで手に入れたからである。そこでカルロは、プーリアを確保すると、相続権によって彼のものとなったハンガリー王国へ出発した。すでに記したとおり、まだ子供だったラディスラーオおよびジョヴァンナとともに、妻をプーリアに残しておいた。カルロはハンガリーを手に入れたが、その後間もなくその土地で死んだ。

23

このアレッツォの獲得は、どの都市におけるどんな自力による勝利にも劣らぬほど、フィレンツェでは盛大に祝われた。それは公的にも私的にも豪華なものだった。なぜなら多くの家族が、市の公的な式典と競争でお祝いしたからである。

しかし、華麗さと豪華さとで他の家族に勝っていたのは、アルベルティ家であった。というのは、この家族が提供した催し物や馬上槍試合は、一私人のものというよりも、どんな君主でも恥ずかしくないものだったからだ。こうしたことがこの家族に対する嫉妬を大いに強め、そこへ国家がベネデット殿に対して抱く疑惑が加わったことが、彼の失脚の原因となった。そのため政治に当たる人びとは彼に安心できず、いつでも彼が党派の好意によって評判を回復し、彼らを市から追放することが起こり得ると考えていたからである。

こうした疑惑の最中に、たまたまベネデット殿が地区の部隊の旗手だった時、彼の娘婿フィリッポ・マガロッティ[1]殿が正義の旗手に選出された。このことからベネデット殿にあまりにも大きな戦力が集まり、また国家には危険が集中しすぎると考えて、政府の首脳たちの恐怖が倍加した。彼らは騒ぎを起こさずに対策を講じたいと望み、彼の親戚でもあるが、敵でもあるベーゼ・マガロッティ[2]をそそのかして、フィリッポ殿はその地位を行使するために必要とされる年齢[3]に達していないので、その地位に就くことができないし、また就くべきではないと、執政府に申し立てを行わせた。

その訴えは執政府において審査され、一部は彼らの憎悪のため、一部は騒ぎを避けるために、フィリッポ殿はその地位につくには不適格だ、とする判定が下った。彼の代わりにベネデット殿と激しく敵対していて、下層民の党派とは完全に反対の立場にある、バルド・マンチーニ(4)が選ばれた。そしてその地位についた彼は、大権を設定し(5)、それが国家を再建し改革する過程でベネデット殿を追放し、またアントニオ殿を除くその家族の残りの者に譴責処分を科した。

ベネデット殿は出発する前に彼の一族を集め、彼らが悲しげに涙を流しているのを見ると、こう語った。

「我が一族の父であり長老である皆さん、どうか見てください。いかに運命が私を破滅させ、あなた方を脅しているかを。そのことについて私は驚きませんし、あなた方も驚くはずがありません。なぜならこういうことは、多くの悪人の中にいて、善良であろうとする人びと、また大半の人びとが破壊しようと努めているものを守りたいと望む者の身に、このように常に起こる事態なのですから。

私の祖国への愛が、私をサルヴェストロ・デ・メディチ殿に近づけました。そしてその後、ジョルジョ・スカーリ殿から遠ざけました。また同じ祖国愛が、私にいま治めている人びとの習性を憎ませるのです。自分たちを罰するような者がいなかった彼らは、自分たちを叱る者を望みませんでした。そして私は自分が追放されることによって、彼らを私からだけでなく、彼らの専制的で邪悪なやり方を知る、あらゆる人びとへの恐怖から解放してやれることに満足しております。だから、彼らは私を責めることによって、他の人びとを脅したわけなのです。

私は自分のことを嘆いたりはしません。なぜなら、自由な祖国が私に与えてくれた名誉を、奴隷となった祖国が私から奪うことはできないからです。そして私の過去の人生の記憶が、私の亡命後についてまわる不幸が私に与える不快以上の快楽を、私に与えてくれることでしょう。私がとても残念なことは、わが祖国が少数の者の餌食となり、その傲慢と貪欲の支配下に止まることです。

私はあなた方のことも心配です。なぜなら、私のなかで今日終わった不幸が、あなた方のなかで始まり、私に加えられたよりも、もっとひどい損害をあなた方に加えるのではないかと疑っているからです。だから私はあなた方を励ましておきます。意志を強く持ってあらゆる不運に備えるように、またあなた方の身に無数の不幸が起こることでしょうが、どんな不幸が起ころうとも、それはあなた方の罪ではなく、罪なくして起こったことを、皆に知ってもらえるよう振舞ってくださるようにと」。

その後、彼は善良だとフィレンツェ市内で得ていた自分の評判を、市外に出ても低下させないために、キリストの墳墓にお参りし、そこから帰国の途中ロードス島で死んだ(6)。その遺骨はフィレンツェに運ばれ、彼の生前には、あらゆる中傷と侮辱によって彼を迫害した人びとによって、このうえない名誉とともに埋葬された。

24

こうした市の苦難のなかで迫害を受けたのは、アルベルティ家だけではなく、多くの市民たちが譴責処分を受けたうえに追放となった。その中には、ピエロ・ベニーニ、マッテオ・アルデロッティ、ジョヴァンニおよびフランチェスコ・デル・ベーネ、ジョヴァンニ・ベンチ、アンドレーア・アディマーリ(1)がいて、彼らとともに多数の小身の職人たちがいた。譴責処分を受けたのは、コヴォーニ、ベニーニ、リヌッチ、フォルミコーニ、コルビッツィ、マンネッリ、アルデロッティ(2)の各家であった。

ある一時期のために大権が設定される習慣があったが、その市民たちはそのために自分が委員に選出された目的が達成されると、まだ任期が満了していなくとも、正直に辞任した。そうした人びとは、国家を満足させたと考えて、習慣に従って辞任することを望んだのである。ところがそのことを知ると、多くの人びとが武装して宮殿へ走り、辞任する前にもっと多くの他の者を追放したり譴責処分を科すように、と要望した。執政府は、このことが大いに気に入らなかった。そこで色よい返事で彼らをずっと引き留めておいて、その間に自分たちの防備を強化し、その後怒りのために取った武器を恐怖のために降ろさせるように工作した。

しかし、こういう激しやすい気分の持主たちをある程度宥めながら、同時に下層民の職人からますます多くの権威を剥奪するために、それまで彼らが得ていた全体の三分の一という名誉を、四分の一に止めることにした。それは、最も体制が信用できる味方が執政府につねに二人はいるようにするためで、正義の旗手と他の四人の市民に選出用の名札袋を作成する権利を与え、その袋の中から各執政府ごとに二人を選出することにした。

25

一三八一〔西暦では八二〕年に企画された体制が、こうして六年後に確立されると、市内は九三年まできわめて平穏であった。このとき、ヴィルトゥ伯と呼ばれた、ジョヴァン・ガレアッツォ〔ジャンガレアッツォ〕・ヴィスコンティが、叔父のベルナボ殿を捕えて、それによってロンバルディーア全土の君主となった。欺瞞によってミラノ公[1]になれたように、彼は力ずくでイタリア王になれるものと信じていた。そして九〇年に、大規模な戦争をフィレンツェ市民に仕かけてきた。彼は手を替え品を替えてフィレンツェを攻めたて、多くの場合、公の方がフィレンツェ市民よりも敗北の危険に近づいたのだが、それでももし公が死ななければフィレンツェ市民は敗北していたことだろう。

それにもかかわらず、その防衛は共和国としては勇敢で素晴らしいものであった。またその結末は、戦闘が恐るべきものだったほどには、悪いものではなかった。というのは、公がボローニャ、ピサ、ペルージャ、シエナを占領し、王冠まで用意して、イタリア王の戴冠式をフィレンツェで挙げようとしていた矢先に死んだからである[2]。その死のおかげで、彼はそれまでに得た勝利の美味を味わうことができず、一方フィレンツェ市民はいままで体験した数々の敗戦の苦汁を味わわずに済んだ。

この公相手の戦争に悩まされていたころ、マーゾ・デッリ・アルビッツィ[3]殿が正義の旗手に選ばれた。彼はピエロ〔・デッリ・アルビッツィ〕の処刑によって、アルベルティ家の敵となった。いまなお党派的な気分が強く残っていたので、すでにベネデット殿は亡命中に客死していたけれども、マーゾ殿は、正義の旗手の任期が終わる前に、アルベルティ家の残された人びとに対して復讐してやろうと考えた。そのために反逆者たちと連絡をとったとして、ある人が取り調べを受けた機会が利用された。その人はアルベルトおよびアンドレーア・デッリ・アルベルティ[4]の名を挙げた。彼らはただちに捕えられ、都市全体が憤激した。

そこで執政府は武器を調達すると、民衆を市民総会に招集して大権の委員を決定し、その力で大勢の市民たちを追放し、新規に役職用の名札の袋入れを行なった。追放された人びとのなかには、アルベルティ家のほとんど全員が入っていた。また多くの職人たちも譴責処分を受けたり、死刑に処せられたりした。

自分たちの名誉も生命も奪われたと感じた結果、これほどの侮辱に対してアルテや細民が蜂起した。彼らの一部は広場に集まり、他の一部はサルヴェストロ殿の死後、その一族の家長であったヴェーリ〔ヴィエーリ〕・デ・メディチ[5]殿の許に走った。執政府は広場にやって来た人びとに対し、彼ら自身平民たちの仲間でもあり、そのなかでも下層民から他の誰よりも受けのよい、リナルド・ジャンフィリアッツィ殿とドナート・アッチャイウォーリ[6]殿の二人をその長として、彼らを宥《なだ》めるためにグェルフィ党の旗と市民軍の旗を持たせて派遣した。ヴィエーリ殿の家に駆けつけた人びとは、彼が政権を握ることを了承して、善良な人びとおよび市民全体の幸福の破壊者である人びとの圧政から自分たちを解放してほしいと頼んだ。

　この当時について何らかの記録を残しているすべての人びとは、もしヴィエーリ殿が善良というよりも野心的な人であれば、何の障害もなしに市の君主となっていただろう、という点で一致している。なぜなら正当もしくは不正に、アルテとその友人に対してなされた侮辱は、大変強烈に人びとの心を復讐へと駆りたてていたために、その欲望を満たすためには、彼らを指導する首領が必要なだけであったからだ。またヴィエーリ殿に対して、何が可能であるかを思い出させる人物にも不足してはいなかった。なぜなら久しい間、彼に対して特別な敵意を抱いていたアントニオ・デ・メディチ[7]が、共和国の支配権を握るようにと、彼を説得したからであった。ヴィエーリ殿は彼に対してこう言った。「君が敵であったころの脅しは、私を少しも怖がらせなかった。そしていま、友人となった君の忠告も、私に害をおよぼさないよ」。

それから彼は大衆の方を向くと、自分の忠告を聞いてさえくれれば、彼らの擁護者となるから、元気を出すようにと彼らを激励した。そして彼らに混じって広場へ行き宮殿を上っていって、執政府の人びとの前で、自分はフィレンツェの民衆に愛されるような仕方で生きてきたことを決して嘆くことはできないが、自分の過去の生活にふさわしくないような判断が自分に対してなされたことを嘆かわしく思っている、と述べた。というのは、物議をかもすようなこととか、野心家であるとかいった実例を自分に関して見せた覚えはないつもりなのに、出所は分からないが、不穏な点では騒動の張本人であるとか、野心の点では国家の簒奪者だ、とみなされているからである。したがって、大衆の無知を彼の罪だなどとみなさないでほしい、と執政府に対して要望した。なぜなら自分に属しているものはすべて、以前も精一杯そうしてきたのだが、執政府の力になるように返してきたからである。それから彼は、彼らが適度の幸運で満足して、都市の安全をもたらすような中程度の勝利で満足し、都市を破壊してしまうような完全な勝利など望まないで欲しい、と巧みに勧告した。そこでヴィエーリ殿は執政府の人びとの賞賛を浴び、どうか民衆に武器を置くよう勧告して欲しい、と求められた。その代わり、今後は彼やその他の市民から受けた忠告を忘れないで実行したいと約束した。

こうした言葉を聞いて、ヴィエーリ殿は広場に戻り、彼が連れてきた集団は、リナルド殿やドナート殿が先導する集団と合流した。そこで彼は全員に向かって、いま執政府に会って、彼らが皆のために最高の善意を抱いていることを知ったこと、多くのことを話したが、時間が短いのと、担当の役職にある人びとが不在なので結論には達しなかったことを告げ、従ってどうか武器を置いて執政府に従うように、と要請した。また今後、執政府は傲慢ではなく優しさで、脅しではなく依頼によって彼らを動かそうとするだろうし、もし彼の言うとおりにしてくれれば、必ず感謝と安全を保証することを約束した。こうして彼が保証した結果、各自はそれぞれ帰宅した。

26

人びとが武器を置くと、執政府はまず広場を武力で固め、それから国家に対して忠誠な二千人の市民を兵士として徴募し、均等に地区の部隊の旗の下に分属させた。そして彼らには、いついかなる場合でも、召集がかかり次第ただちに応援に駆けつけるよう命令した。そして兵籍に未加入の者には、武装を禁止した。こうした準備を終えると、騒乱の際に他の者よりも特に凶暴だった多くの職人たちを追放したり、処刑したりした。また正義の旗手がより威厳を備え声価を得るために、この職権を行使するためには四十五歳に達していることが必要だ、と規定した。体制を固めるために、さらに多くの処置が取られたが、それらの処置はそれに反対の人びとには我慢のならないものであり、同じ党派に属する良き市民たちにさえ憎むべきものであった。だいたいこれほどの暴力で守らねばならない国家が、安全で良い国家などとは思えなかったからである。

市内に残っていたアルベルティ家の一部の人びとや、民衆の期待を裏切ったと思っているメディチ家だけではなく、他の多くの人びとも、こうした暴力を嫌っていた。真っ先にこれに反抗しようとしたのは、ドナート・ディ・イアコポ・アッチャイウォーリ殿であった。彼は市内では貴族であり、マーゾ・デッリ・アルビッツィ殿の同僚というよりは上役であったが、マーゾがその正義の旗手時代にやったことによって、共和国の首領のようになってしまったため、こんなに多くの不満な人びとのなかで満足して生きておれず、また大多数の人びとがやっているように、公共の損害を私的な便宜に利用することもできなかった。

そこで彼は、祖国を亡命者に、あるいは少なくとも役職を譴責処分を受けた人びとに返してやれるかどうかを、試みることにした。そして、あれこれの市民の耳に彼のこうした考えを吹き込み、それ以外の方法では民衆を鎮めたり、さまざまな党派の敵意を落ちつかせることがいかに不可能か、を示した。こうした彼の願望を実行に移すために、ただひたすら自分が執政府の一員となる時を待っていた。私たちの行動では遅れは怠慢をもたらし、急ぐことが危険をもたらすので、怠慢を避けようとすると、危険なことを企てることになる。

執政府には彼の一族のミケーレ・アッチャイウォーリ[1]や彼の友人のニッコロ・リコーヴェリ[2]がいた。そこでドナート殿はもはや見逃せない好機が到来したと考えて、是非彼らの手で市民の権利回復を含む一つの法案を評議会に提出してほしい、と彼らに要求した。彼に説得された二人が同僚にそのことを話すと、彼らは成果が疑わしい上に危険が確実な新しい事がらは、試みるべきではないと答えた。そこでドナート殿は、まずあらゆる手段を試みて無駄だと知った後、怒りに駆られて、彼らが利用できる手段で都市を立て直すことを望まない以上、武力にたよる他はない、と彼らに公言した。

こうした言葉が統治に当たる主だった人びとに伝えられると、きわめて好ましくないこととみなされ、ドナート殿は召喚された。彼が出頭すると、彼の意向を打ち明けられていた人の証言によって有罪だとされ、その結果バルレッタに追放された。アラマンノ[3]およびアントニオ・デ・メディチと、この一族のアラマンノの子孫たち全員も追放された。併せて身分は卑しいが、下層民の間で信頼の厚い多くの職人たちも追放された。こうした出来事はマーゾ殿によって支配権が握られてから、二年後に起こった。

27

このように市内には不満分子が大勢おり、市外は亡命者で満ちていたとき、ボローニャの亡命者のなかに、ピッキオ・カヴィッチューリ、トンマーゾ・デ・リッチ、アントニオ・デ・メディチ、ベネデット・デッリ・スピーニ、アントニオ・ジローラミ、クリストーファノ・ディ・カルローネ、(1)および他に二人の卑しい身分の者がいた。全員若くて乱暴で、祖国に帰国するためならば、どんな運試しでも試みる覚悟ができていた。彼らに対して、フィレンツェに住む譴責《けんせき》処分を受けた二人、ピッジエッロおよびバロッチョ・カヴィッチューリ(2)から秘密の方法で連絡があり、もしこっそりと市内にやって来るならば、家に迎えてやるので、そこから出て彼らがマーゾ・デッリ・アルビッツィ殿を殺しに行き、民衆に武器を取れと呼びかければ、とりわけリッチ、アディマーリ、メディチ、マンネッリその他多くの家もそれに従うはずだから、民衆は不満なので簡単に蜂起するだろう、と伝えられた。

彼らはこうした希望に動かされて、一三九七年八月四日にフィレンツェにやって来た。そしてひそかに決められていたところから入ると、彼の死をきっかけにして反乱を起こそうと思って、マーゾ殿を探しにやった。マーゾ殿は家を出て、サン・ピエロ・マッジョーレ門に近いある薬屋に立ち寄った。彼を探しに行った人が、このことを陰謀家たちに知らせた。そこで彼らは武器を取り、教えられた場所へと走ったが、すでに立ち去った後だった。

こうして最初の計画はうまくいかなかったけれど、それにもめげず、メルカート・ヴェッキオ〔旧市場〕の方に向かい、途中で敵方の一人を殺した。それから大声を張り上げて、「民衆だ、武器だ、自由だ」とか「暴君どもは死ね」と叫んだ。それからメルカート・ヌオーヴォ〔新市場〕に向かい、カリマーラ通りの外れで、もう一人の敵を殺した。そうして同じ言葉を叫びながら進み続けたが、誰一人武器を取る者がないので、ニギットーザの回廊[3]に入った。そこで彼らが高い所に上ると、まわりには大群衆が集まってきたが、彼らに味方するためというよりは、見物しに馳せ参じたものだった。

彼らは人びとに向かって大声を張り上げて、武器を取り、みんながこれほど憎んでいる隷従から抜け出すように、と励ました。また自分たちは自分が受けた侮辱よりも、市内の不満分子の嘆きに動かされて、彼らを解放しようと考えて決起したのだと告げた。そして多くの人びとが、復讐できるチャンスを自分たちに与えたまえと神に祈っていると聞いたが、そんなことは彼らを動かす指導者さえいればいつでもできることだ。そして今そのチャンスが到来し、彼らを動かす指導者もいるではないか。ところが、皆は互いに顔を見合わせているばかりで、解放の推進者が殺され、彼らの隷従がひどくなるのを馬鹿のように待っているだけではないか。大体いつもなら、ほんのちょっとした侮辱でもすぐ武器を取った人びとが、こんな目にあいながら動こうとしないことや、仲間の多くの市民が追放され譴責処分を受けているのに我慢していることは、まったく不思議なことだ。しかし亡命者に祖国を、譴責処分を受けた人びとに地位を返してやるのは、みんなの意志次第なのだ、などと説得した。

そうした言葉は真実ではあったが、恐怖のためか、彼らが二人の人を殺したことで、民衆が殺人者に憎しみを抱いたためか、全然大衆を動かすことはなかった。その結果、反乱の扇動者たちは、言葉でも事実でも誰一人動かせないのを見て、何としても隷従していたいと望む民衆を自由にしてやろうと望むことは、どれほど危険なことかと遅まきながら気づいた。その計画に絶望した彼らは、サンタ・レパラータ教会に退き、生き延びるためではなく、死を遅らせるために立てこもった。

執政府は最初の騒ぎに狼狽し、宮殿を武装させて閉じた。しかし事態が伝えられ、騒ぎを引き起こしたのが誰であり、彼らがどこに立てこもっているかを知ると、自信を取り戻した。そして、他の多くの武装兵を率いて彼らを捕えに行くよう、隊長に命令した。そこでたいした苦労もなく教会の扉がこじ開けられ、彼らの一部は防戦最中に死に、一部は捕えられた。捕えられた者は取り調べを受け、彼ら以外にはバロッチョおよびピッジェッロ・カヴィッチューリだけが関わっていたことが分かり、彼らも一味とともに処刑された。

28

この事件の後に、それよりもさらに重要な別の事件が起こった。フィレンツェはすでに記したとおり、この当時ミラノ公[1]と交戦中であったが、公は公然たる軍事力でこの都市を圧迫するだけでは十分ではないとみて、秘密の手段にたより、ロンバルディーアに大勢いたフィレンツェの亡命者たちを通して、一つの協定を結んだ。そのことについては内部の多くの者が知っていて、そこで決められたところによると、ある特定の日にフィレンツェのすぐ近くの何箇所かから、軍事行動に適した亡命者の大多数が出発して、アルノ川を通って市内に侵入し、それに内部の味方も加わって、国家の最も重要な人びとの家を襲う。そして彼らを殺してしまうと、彼らの意志に従って共和国を改革することになっていた。

市内に住んでいたこの陰謀の仲間に、リッチ家の一員のサミニアート〔サンミニアート[2]〕という名前の者がいたが、陰謀にしばしば起こるように、少数では不足なので大勢にそれを伝えるということになり、サンミニアートが仲間を探している間に、告発者にぶつかってしまった。つまり彼は、そのことをサルヴェストロ・カヴィッチューリ[3]に話したのだった。この男は、その一族や彼自身が受けた侮辱のために、当然陰謀に対して忠実なはずであった。ところが彼は、将来の希望よりも差し迫った恐怖を強く意識して、ただちにすべての取り決めを執政府に漏らしてしまったのだ。そこでサンミニアートが捕えられ、陰謀のすべての予定を明らかにするように強制された。

しかし、陰謀を知っていた人びとの中では、トンマーゾ・ダヴィージ[4]以外は誰一人逮捕されなかった。彼はボローニャからやって来ると、フィレンツェで起こっていることを知らなかったので、到着するやいなや逮捕された。他の人びとはサンミニアート逮捕の後、驚いて逃走した。そこで彼らの罪をかぶってサンミニアートとトンマーゾが罰せられると、その権威によって犯罪人を探し、国家を安全にするために、多くの市民たちに大権が与えられた。彼らはリッチ家の六人、アルベルティ家の六人、メディチ家の二人、スカーリ家の三人、ストロッツィ家の二人[5]、ビンド・アルトヴィーティ[6]、ベルナルド・アディマーリ[7]、さらに多くの下層の者たちを反逆者だと宣告し、また少数の例外を除くアルベルティ、リッチ、メディチの各家の全員を十年間[8]の譴責処分に処した。物静かで温厚な人だとみなされていたため、アントニオ殿[9]はアルベルティ家のなかで譴責されない少数の一人であった。

ところが陰謀の疑惑がまだ冷めやらないころ、一人の修道士が逮捕された。彼は陰謀家たちが活動していた当時、しきりにボローニャとフィレンツェの間を往復する姿を目撃されていたのだった。彼はアントニオ殿にあてて何度も手紙を持参したことを白状した。そこですぐにアントニオ殿も捕えられ、最初は否定していたが、修道士の証言によって有罪とされ、罰金刑が科された。そして市から三百マイル以遠に追放された。またアルベルティ家が毎日のようにフィレンツェを危険にさらすというような事態が生じないために、この家の十五歳以上の男性はすべて追放された。

29

この事件は一四〇〇年に起こった。その二年後には、ミラノ公ジャンガレアッツォが死んで、その死はすでに記したとおり、十二年間も続いていた戦争に終止符を打った。この時期に政府はよりいっそう権威を持ち、内外に敵がいなくなったために、ピサへの遠征を企てた[1]。その遠征から堂々たる勝利を得て、市内は一四〇〇年から三三年まで平静を保った。

ただ一四一二年にアルベルティ家が国境を侵犯したために、彼らに対して新しい大権が設けられ、それは新しい処置によって体制を強化した。そして税金を課すことでアルベルティ家を迫害した。やはりそのころフィレンツェ市民は、ナポリのラディスラーオ王[2]と戦争したが、一四一四年の王の死によってそれは終わった。その戦争で苦労していたとき、王は自分が劣勢だと見て、自分がその領主だったコルトーナの都市をフィレンツェ市民に譲った。しかし、彼はその後間もなく勢力を回復して、フィレンツェ市民との戦争を再開し、それは以前にもまして危険なものとなった。もしも、それがかつてミラノ公の死によって終わったように、彼の死によって終わらなければ、彼もまたミラノ公と同様、フィレンツェにその自由を失わせかねないところだった。

またこの戦争は、前回に劣らぬ幸運とともに終わった。なぜなら彼はすでにローマ、シエナ、マルケ地方、そして全ロマーニャを席巻しており、その戦力を率いてロンバルディーアに攻め込むためには、フィレンツェだけが残っているという時点で死んだからである。このように、死は常にフィレンツェ市民にとって他のいかなる友よりも友好的で、また市民たちのいかなる力量よりも彼らを救うのに有力な友であった。

この王の死後、フィレンツェは内外ともに、八年間にわたって平静であった。この期間が終わると、ミラノ公フィリッポとの戦争とともに、党派争いが蘇った。その争いは一三八一〔西暦では八二〕年から一四三四年まで支配して、たびたびの戦争によって多くの栄光に輝き、それが支配している間にアレッツォ、ピサ、コルトーナ、リヴォルノ、モンテ・プルチャーノ〔モンテプルチャーノ〕などを獲得したあの体制が終わるまでは、止むことがなかった。もしも都市が団結を保っていて、市内で古い敵意が再燃することがなければ、それはさらに偉大なことを成し遂げていたことであろう。その様子は、次の巻で詳しく示される。

第四巻

1

都市〔国家〕は、とりわけしっかりと組織されていない場合には、共和制という名目で治められていても、その政府や政体をしばしば変更するものである。それは多くの人びとが信じているように、自由と隷従の間を移行するのではなく、隷従と放縦の間を移行することになる。なぜなら自由とは、平民で構成される放縦派の使徒か、貴族で構成される隷従派の使徒によって称えられた単なる呼び名にすぎず、彼らのうちのだれ一人として国法にも人間にも従うことを望んでいないからである。

ところが幸運にも、（そんなことはめったに起こらないが）ある都市で一人の賢明で善良で有力な市民が立ち上がって、彼によって法律が制定され、その法律のお陰でこうした貴族や平民の気風が弱められるか、あるいは抑制されて、その結果として悪いことが行えなくなるように制限されたものとする。実はそのとき初めて、その都市は自由だと呼ぶことができ、その政体は安定して確固たるものだ、と判断できる。なぜなら、その政体は良き法律と良き制度の上に築かれているため、他の政体のように、それを維持するために誰かの力量を必要とはしないからだ。その政体が長い寿命を持つ、多くの古い共和国は、こうした法律や体制を備えている。その政治がときには専制政治から放縦な政治へ、またときにはその逆方向へと、しょっちゅう変化して、いまも変わりつつあるあらゆる都市では、そうした法律や体制を欠いてきたし、いまも欠いている。なぜならそれらの政体では、その各々が持っている有力な敵のために、いかなる安定もなく、また安定することなどありえないからである。なぜなら、ある政体は善良な人びとの、他の政体は賢明な人びとの気にいらないからである。

つまり、一方では容易に悪事を働くことができ、他方ではなかなか善行が行えない。一方では、傲慢な人びとが権威を持ちすぎ、他方では愚者が権威を持ちすぎる。そうしたあれこれの政体は、ある人物の力量や幸運によって維持されねばならず、その人物が死によって消滅したり、労苦のために能なしになってしまうという事態が起こりうるのである。

2

そこで私は、一三八一〔西暦では八二〕年のジョルジョ・スカーリ殿の死とともに始まった政体が、まずマーゾ・デッリ・アルビッツイ殿の力量によって、その後はニッコロ・ダ・ウッザーノ[1]のそれによって支えられたことを語ろう。

一四一四年から二二年までの間、ラディスラーオ王が死に、ロンバルディーアの政体がいくつかの部分に分裂していて、フィレンツェに疑惑を起こさせるいかなる問題もその内外になかったために、フィレンツェは平穏に過ごした。ニッコロ・ダ・ウッザーノに続く権威ある市民といえば、バルトロメーオ・ヴァローリ[2]、ネローネ・ディ・ニージ[3]、リナルド・デッリ・アルビッツィ殿[4]、ネーリ・ディ・ジーノ[5]、ラーポ・ニッコリーニ[6]であった。アルビッツィ家とリッチ家との不和から生じ、その後サルヴェストロ・デ・メディチ殿によって大騒動とともに呼び覚まされた党派争いは、決して消え去ってはいなかった。

都市全体から支持された政府は、三年しか統治せず、一三八一〔西暦では八二〕年には敗北したけれども、都市の大部分の人びとがその気風を保持していて、それを完全に消しさることは決してできなかった。もっとも、一三八一〔西暦では八二〕年から一四〇〇年までのたび重なる市民総会や、絶えまないその党派の首領への迫害が、そうした気風をほとんど無に近い状態に追いやっていたことも事実である。

その党派の首領として迫害された最も主要な家族とは、アルベルティ、リッチ、メディチの各家で、彼らはなんどとなく人員や富を剥奪された。たとえ、それらの家のだれかが都市に残っていた場合でも、その名誉は奪われていた。それらの打撃は、この党派を惨めにし、ほとんど消耗させてしまっていた。しかし、多くの人びとの心中には、侮辱された記憶が残っていて、その復讐への欲求は、頼るための手がかりがないために、彼らの胸中ひそかに秘められていた。あの上層市民たちは、平和裡に都市を統治しながら、彼らの体制の破滅の原因となる二つの誤りを犯した。その一つは、長く続いた支配のために傲慢になったこと。もう一つは、彼らが互いに抱いていた嫉妬心のためと、体制を長らく占有していたために、彼らを攻撃することが可能で、当然そうするに違いない人びとへの配慮を持ち続けなかったことだった。

3

そこで彼らは、その陰険な方法で市内全体の憎悪を毎日新しく掻きたて、それを恐れぬために有害な事がらには注意を払わず、あるいは互いの嫉妬によってそういう害毒を育てるようにして、メディチ家が権威をとり戻すように計らった。その一族が再起するに当たって、最初に台頭したのはジョヴァンニ・ディ・ビッチ(1)であった。彼は大変富裕になり、生れつき慈愛に満ちたやさしい人だったので、市の統治に当たる人びとに認められ、市政の最高位に就任した。そのために、市全体が大変な歓喜に包まれた。つまり大衆は保護者を得たと思ったからで、このことは当然のことながら、最も賢い人びとの疑惑を招いた。なぜなら、古い党派心が蘇り始めたように感じられたからである。

さすがにニッコロ・ダ・ウッザーノは他の市民に対し、市内全体にこれほど評判の高い人物を育てることがどんなに危険であるか、また混乱に対して最初に対処することは容易だが、それが大きくなってからでは対策を講じるのが困難だということ、そして自分はジョヴァンニにはサルヴェストロ殿に勝る多くの優れた素質があることに気づいていることをぬかりなく警告した。しかし、ニッコロの言葉は彼の同輩の聞くところとはならなかった。なぜなら、彼らはニッコロの名声に嫉妬していて、彼を倒すための仲間を求めていたからである。だからフィレンツェでは、人びとはこうした敵意の中で暮らしていて、それが再びひそかに沸騰しようとしていた。

ちょうどそのころジャンガレアッツォの次男、フィリッポ・ヴィスコンティが、兄が死んだために、ロンバルディーア全土の領主となった。彼はどんな遠征を企てることも可能だと考えて、何よりもジェノヴァを領有することを望んだ。当時ジェノヴァは、トンマーゾ・ダ・カンポ・フレゴーソ殿[2]が統領《ドージェ》を務める自由な共和国であった。しかしフィリッポは、その前にフィレンツェ市民との間で新たに協定を結んでおかない限り、この遠征または他のどんな遠征からも成果を得る自信がなく、逆にそうした協定の噂が広がれば、彼の欲求を満足させてくれるだろう、と判断した。そこで彼は、使者をフィレンツェに送って、協定を結びたいと要求した。多くの市民たちは協定を結ぶべきではない、と勧告した。つまり、そんな協定を結んだりせずに、これまで長年にわたって保たれてきた平和を持続すべきだ、と勧めたのだ。なぜなら、彼らにはそのことがもたらす恩恵や、そのことから都市が引き出すわずかな利益の限界が分かっていたからである。

しかし、他の多くの人びとは、そうすべきだと勧めた。そうすることによってフィリッポに条件を課すことができるし、もしその条件が破られた場合には誰もが彼の悪意を悟り、また平和が破られた場合には、いっそう正当に彼と戦争することになるからである。こうして、この問題が大いに論じられた後、和平協定が結ばれた。その際にフィリッポは、マーグラ川とパーナロ川以南のことは干渉しないことを約束した。(3)

4

こうした協定が成立し、フィリッポ公はブレッシャを占領し、その後間もなくジェノヴァを占領した。それは、フィレンツェで和平協定を勧めた人びとの意見とは反対の結果だった。なぜなら、彼らはブレッシャはヴェネツィア市民に守られ、ジェノヴァは、自力で防衛するものと信じていたからである。フィリッポはジェノヴァの統領と結んだ協定のなかで、マーグラ川以南に位置するサルザーナその他の都市を、もしそれらを手放そうとする場合にはジェノヴァ市民に与える義務があるという条件をつけて統領に与えてしまったため、彼は和平協定に違反することとなった。このことに加えて、彼はボローニャの教皇使節(1)とも協定を結んだ。

こうした事実は、私たち市民の気持を憤激させ、新しい悪事がなされるのではと疑っている彼らに、新しい対策を考えさせた。こうした動揺をフィリッポは知ると、自分を正当化するためか、それともフィレンツェ市民の気持を試そうとしたか、あるいは宥《なだ》めすかそうとしたためか、フィレンツェに使節を派遣した。そしてフィレンツェ市民の疑惑に驚いたふりをして、もしも自分が何らかの疑惑を招くような真似をしていたとすれば、それが何であるにせよ、やめにしようと申し出た。

その使節団は、都市を二分する結果しかもたらさなかった。なぜなら一方の、政府においてより高く評価されている党派の人びとは、武装して敵の意図を挫く準備をした方が良い、と判断したからだ。もしその準備ができても、フィリッポがおとなしくしておれば、戦争は行われず、そのことが平和のきっかけになるだろう。他の多くの人びとは、統治に当たっている人びとへの嫉妬のためか、戦争への恐怖のために友人を軽々しく疑ってはならないし、彼が行った事がらはそれほど大きな疑惑には値しない、と判断した。さらに十人委員会を創設して傭兵を雇い入れることは、即戦争を意味することを知っているし、それにもしこれほどの君主とことを構えるとなると、ほとんど都市の破滅をもたらすことになりかねない。しかも、そこからはいかなる利益も期待できない。なぜなら途中にロマーニャがあるため、たとえ領地を獲得してもその領主になるわけにはいかないし、またロマーニャの問題は教会が近いので考えられない、などと主張した。

しかし、平和を基本としてことを収めようとする人びとの権威よりも、戦争の準備を要求する人びとの権威の方が強力だったために、十人委員会を設け、傭兵を雇い入れて、新たに税金を課した。その税金が大市民よりも小市民を苦しめたので、都市は嘆きの声で満ち溢れた。各人は権力者の野心や貪欲を非難した。そして彼らが自分の欲望を充たし、支配するために民衆を抑圧しようとして、必要でない戦争を起こしたがっている、と非難した。

5

まだフィリッポ公との関係が明白な決裂には至ってはいなかったが、万事が疑惑に充ちていた。というのは、亡命してカステル・ボロニェーゼに滞在しているアントニオ・ベンティヴォーリオ(1)殿を恐れるボローニャの教皇使節の要請で、フィリッポがその都市へ軍隊を派遣したからである。その軍隊がフィレンツェの支配圏に近いところにやって来たため、フィレンツェ政府の疑惑を招いたのだ。しかし、それ以上に皆をびっくりさせ、宣戦布告の原因となったのは、公がフォルリに対して派遣した遠征であった。フォルリの領主はジョルジョ・オルデラッフィ[2]であったが、彼は死ぬとき息子のティバルド[3]をフィリッポ公の後見下に置くよう遺言した。もっとも、その妻であるティバルドの母親[4]には、この後見人が怪しく思われたので、自分の父でイモラの領主であるロドヴィーゴ・アリドージの許に息子を送ったが、フォルリの住民たちから父親の遺言を守るように強制されて、ティバルドをフィリッポの許に改めて送った。そこでフィリッポは自分への疑惑を解き、そして自分の意志をよりうまく隠すために、フェルラーラ侯[5]に対し、自分の代理人としてグイド・トレッロを軍隊とともに派遣して、フォルリの支配権を掌握させるように命じた。

こうして、この土地は公の支配下に入った。そのことが、ボローニャへの派兵のニュースとともにフィレンツェ市民の耳に入ると、戦争の決定をより容易にした。しかし、反対する人も結構多く、ジョヴァンニ・デ・メディチは公然と反対して、たとえ公の悪意が確実だとしても、軍隊で彼を攻撃するよりも、彼が攻撃してくるのを待っていたほうが良い、と言った。それは、こちらから攻めた場合、イタリアの君主たちの目にはどちらの立場も同様に正当化され、彼の野心をおおやけにできた場合ほどには、強力に援軍を求められないだろう、という理由によるものであった。つまり自分の領土なら、他人の領土を守るのとは全く別人のような意欲と戦力で守れるだろうということだった。

しかし他の人びとは、家で敵を待つぐらいなら、敵を攻めて出るべきだと言った。つまり、運命は守る人よりも攻める人の味方だ、というわけである。また、自分の家よりも他人の家で戦争した方が、たとえ費用はかかっても、損害は少なくて済むということだった。この意見が優勢になったため、十人委員会は、フォルリの町を公の手から取り上げるために、あらゆる対策を講じることとなった。

6

フィリッポ公は、自分が手に入れて守ろうとしている領地を、フィレンツェ市民が占有したがっているのを見てとると、もはや遠慮は抜きにして、アーニョロ〔又はアンジェロ〕・デッラ・ペルゴラ(1)に大軍を与えてイモラへ派遣した。それは、その領主が自分の領地を守らねばならなくなって、孫の後見までは手がまわらないようにするためであった。こうしてアーニョロは、イモラの近くに着くと、まだフィレンツェの軍勢がモディリヤーナにいたけれども、大変な寒さで市の濠が凍っていたために、ある晩こっそりとイモラを占領して、ロドヴィーゴ〔・アリドージ〕を捕虜にし、ミラノへ送ってしまった(2)。フィレンツェ市民は、イモラを失い、戦争が公然化したのを見て、その軍隊をフォルリに派遣し、その軍隊はその町を包囲して、四方から圧迫した。そして、公の軍隊がまとまって救助に向かえないように、アルベリーゴ伯を雇った。(3)そこでアルベリーゴ伯は、彼の領地ザゴナーラから、イモラの門のところまで毎日遠駆けした。アーニョロ・デッラ・ペルゴラは、フィレンツェ軍が占める堅固な宿営拠点から判断して、フォルリを確実に救助できないと見ると、逆にザゴナーラを奪取に出向くことを考えた。フィレンツェ軍は、とてもその土地を奪われるままに放置できないだろう、と判断したからだ。そしてそこを救助しようとすると、フォルリの攻城を放棄せざるをえず、不利な条件で合戦に加わらざるを得ないはずだった。

こうして、公の軍隊はアルベリーゴ伯を強制して、協定を求めさせた。協定は認められ、十五日以内にフィレンツェの援軍がなければ、いつでもその土地を引き渡すことが約束された。こうした混乱がフィレンツェ軍陣営とその市内に伝わると、皆は敵にそんな勝利を得させたくないと望み、敵がさらに大きな勝利を得られるようにしてやった。なぜなら、その軍隊はフォルリからザゴナーラを救助しに出発すると、敵とぶつかった途端に敗北したからである。それは敵の力量のためというよりも、天候が悪かったためで、何時間にもわたって雨水を浴びながら、とても深いぬかるみを行進した後に、元気いっぱいの敵に出会ったものだから、敵はやすやすとフィレンツェ軍を破ることができたのである。しかし、イタリア中に喧伝されたこの大敗北で死んだのは、ロドリーゴ・デッリ・オピッツィ(4)とその二人の家来だけで、彼らは落馬して泥の中で溺れ死んだのだった。

7

この敗戦のニュースを聞いてフィレンツェ中の人びとが悲しんだが、特に悲しんだのは、戦争を勧告した大市民たちだった。なぜなら敵は強力だと分かった上に、自分たちは軍隊も友人もなく、民衆も彼らと対立していたからだ。民衆はあらゆる広場で、侮辱的な言葉で彼らに噛みつき、耐えている重税や、理由もなしに始められた戦争について、こう嘆いた。

「奴らはいま、敵に恐怖を与えるために、十人委員を決めたんだって。そしていま、フォルリを救援して、ミラノ公の手から取り戻したんだって。奴らの意見が実現したら、このざまだ。何のための行軍だったのか。それは自由を守るためではない。自由は奴らの敵だから。そうではなくて、奴ら自身の権力を強化するためだった。神は正当にもそれを挫かれたのだ。奴らが市に負担をかけたのは、今回の遠征が初めてではない。むしろ何度もそうしてきた。たとえば、ラディスラーオ王相手の遠征[1]も今回と似ていたじゃないか。一体奴らは、今度はだれに助けを求めるつもりなんだ。ブラッチョ[2]の目を惹くために、奴らに侮辱された教皇マルティヌス[3]か。奴らが見捨てたために、アラゴン王の懐に追いやったジョヴァンナ女王[4]か」。

この他にも彼らは、憤慨した民衆がいつも口にするあらゆる事がらを語った。そこで執政府の人びとは、立派な言葉で大衆の動揺した気分を鎮めるために、多くの市民たちを召集した。そこでマーゾ殿の遺された長男で、自分の力量と父の記憶によって市の第一の地位に就くことを熱望するリナルド・デッリ・アルビッツィ殿が長口舌を振るって、良い助言からなされたことが良い結末を得ず、よくない助言によってなされたことが良い結果をもたらすことはしょっちゅう起こることだから、物事を結果から判断するのは賢明ではない、という見解を示した。また、もしもよき結末のために、悪しき助言が賞賛されるならば、それは人びとに過ちを犯すよう奨励することにほかならない。悪しき助言が常によい結果をもたらすとは限らないし、このことは結局、共和国にとって大きな損害となるであろう。同様に、結果が悪かった賢明な方針を非難することも誤りだ。なぜなら、そのことは市民たちから、都市に勧告したり、自分が考えている事がらを話す意欲を奪うからだ。

こう言った後で彼は、この戦争を選ばねばならなかった必然性と、もしロマーニャで戦われなければ、トスカーナで戦われたであろうことを示した。だが、わが軍の敗北を神が望んでおられたのだから、もし自暴自棄になればなるほど、損害は大きくなるであろう。しかし、運命と正面から向かいあって、できるだけの対策を講じさえすれば、損害など何でもなくなるし、ミラノ公も勝利を味わうことはあるまい。出費とか今後の重税で、うろたえてはならない。なぜなら、そうした負担は当然変化するはずのものであり、将来は過去のそれよりもずっと少なくなるはずである。なぜなら、攻め込もうとする者に較べると、守ろうとする者の兵力は少なくて済むからだ。こんなふうに述べると、最後に彼は、どのような逆境にあっても決して勇気を失うことがなかったために、いかなる君主に対しても常に身を守ることができた自分たちの父たちを見習うように、と彼らを激励した。

8

こうしてリナルドの権威に励まされた市民たちは、ブラッチョの息子オッド伯(1)を雇い入れ、ブラッチョの弟子でもあり、また彼の旗の下で戦った者のうちで誰よりも名声を得ていたニッコロ・ピッチニーノを、その補佐役として送り込んだ。また彼に他の傭兵隊長たちを加えた。さらに、馬を失った何人かの者には馬も与えた。新しい税金を課すために二十人の市民を任命し、彼らは有力市民たちが先の敗戦のために意気消沈しているのを見て、かえって元気を得、彼らにまったく遠慮なく重税を課した。この重税は特に貴族を傷つけた。彼らは当初から、より公正に見えるよう自分たちの重税については嘆かなかったが、不正なこととして一般的にそれを非難し、軽減の必要があると勧告していた。

だが、そのことは多数の知るところとなり、評議会において差し止められた。そこで行動によって、その苛酷さを知らせ、多くの人に新しい税制を憎悪させるため、収税吏がきびしく税金を取り立てるように工作して、彼らに公共の警吏に反抗して自衛する者は、だれでも殺すことができる権限を与えた。そこから、市民が死んだり負傷する忌まわしい事件が、多数発生した。そこで、それぞれの党派が流血沙汰に走りそうに見え、賢明な人は皆、何か将来不幸が起こるのではないか、と恐れた。

いつも尊重されることになれた貴族たちは、手をかけられるのに我慢できず、他の人びとは、皆同等の扱いを望んでいたからである。そこで第一級の市民たちの多くは、互いに結束しあい、彼らが権力を取り戻すことがいかに必要か、を結論としてまとめた。なぜなら、彼らが怠慢だったばかりに、人びとに公共の活動に再び取り組む意欲を与えた上に、群衆の首領の役を果すのが常であった連中に勇気を回復させてしまったからだ。

こうしたことを仲間うちでなんども話し合った後、彼らは突然全員で集まることに決め、当時執政府に加わっていたロレンツォ・リドルフィ[2]殿とフランチェスコ・ジャンフィリアッツィ[3]の許可を得て、七十人以上の人びとが、サント・ステーファノ教会に集合した。疑わしいから呼ばれなかったためか、彼らの意見に反対だから参加したくなかったためか、ジョヴァンニ・デ・メディチは彼らの仲間に加わらなかった。

9

リナルド・デッリ・アルビッツィ殿は、全員に向かって話しかけ、都市の状況を示し、自分たちの怠慢のために、都市が一三八一〔西暦では八二〕年に自分たちの父たちによってそこから救い出されたはずの下層民の権力下に転落してしまったことを指摘した。また彼は七八年から八一〔西暦では八二〕年まで支配した邪悪な体制と、またその体制によってそこに出席した全員の父や祖父が殺されたこと、都市がいままた同じ危険に陥っていて同じ混乱状態にあること、を思い出させた。なぜならすでに群衆が彼らの好き勝手に重税を課していて、もしもっと大きな力か、もっとよい制度で抑制しなければ、彼らの勝手な意志に基づいて役職をでっち上げ、そのまま放置しておくと、彼らの地位を占領して、四十二年間非常な栄光とともに都市を治めてきた体制を倒してしまうであろう。するとフィレンツェは、群衆の気まぐれによって支配され、その場合ときにはある党派によって放縦に、ときには別の党派によって危険なやり方で統治されるであろう。さもなければ、群衆の君主にのし上がった者の専制支配に服することだろう。

だから、とリナルドは主張した。祖国と自分の名誉を愛するものは皆、アルベルティ家を滅ぼすことによって、当時、都市がおかれていた危険からそれを救い出したバルド・マンチーニ[1]の力量に感謝して、それを思い出さなければならない。こうした群衆による大胆な行為の原因は、自分たちの怠慢によって甘い役職予定者の資格審査が行われ、その結果、宮殿は卑しい新人だらけになったためだ。この事態に対処する方法はたった一つしかない、と彼は結論を下した。それは国家を貴族に返還し、小アルテの数を十四から七にへらして、その権威を奪うことだ。そのことは、そこで彼らの数がへることと、さらに昔からの敵意によって彼らに対立する貴族がそこでより多くの権威を持つことによって、評議会における下層民の権威を低下させるだろう。

そして彼は、時代に応じて人びとを利用できれば賢明だ、と主張した。なぜなら自分たちの父親は、貴族の横暴を断ち切るために下層民を利用したのだが、貴族たちが謙虚になり下層民が横暴になったいまは、貴族の助けを得て、下層民の横暴を押えるのがよいからである。こうした状況に誘導する手段には、欺瞞もしくは暴力があるが、暴力なら容易に頼れるだろう。仲間の何人かが十人委員会に入っているので、ひそかに市内に兵力を導入できるからだ。リナルド殿は賞賛を受け、皆は彼の勧告を承認した。

そのなかでニッコロ・ダ・ウッザーノは、リナルド殿が言ったことは全部真実であり、その対策がもしも市内の明白な分裂なしで行えれば、優れた確かなものだ、と述べた。ただ、もしもジョヴァンニ・デ・メディチを自分たちの意図に協力させられなければ、いずれにせよ、そういう分裂が起きてしまうだろう。もしもジョヴァンニの協力が得られれば、群衆は首領と勢力とを失って、攻撃はできないであろうが、もしも彼の協力が得られなければ、武力なしではすまないであろう。しかも、武力の行使は危険だ、と彼は判断した。それでは勝利は得られないか、それとも勝利を楽しむことができないか、のいずれかとなるだろう。

それからニッコロは控えめに、自分の過去の記憶に彼らを導き入れて、当時なら簡単にできた対策を彼らが取ろうとしなかったこと、いまではもう間にあわない、そうするにはより大きな損害を恐れざるをえない、だから何としてもジョヴァンニを仲間に入れざるをえないのだ、と述べた。そこでジョヴァンニと会って、彼がその計画に加わるかどうかを見きわめる任務が、リナルド殿にまかされた。

10

騎士リナルドは任務を実行し、ジョヴァンニ・デ・メディチに対して自分たちとともにこの計画に加わるように、また群衆の味方をして、秩序や都市を破壊するほど彼らを増長させようなどとは思わないよう、できるだけ巧みなことばを尽くして説いた。それに対してジョヴァンニは、彼の信じるところでは、賢明で善良な市民の任務とは自分の都市で慣れ親しまれた制度を変えないことであり、それを変えることくらい人びとを怒らせることはない、なぜなら、かならず多くの人びとを怒らせざるをえないし、多くの人びとが不満を抱くところでは、毎日何か悪い出来事が起こるのを恐れなければならないからだ、と答えた。

そして彼の考えでは、彼らのその決定は二つの非常に有害な結果をもたらしそうだ、と指摘した。その一つは、いままで名誉を持たなかったために名誉をそれほど評価しておらず、また名誉を持たないからといって嘆く原因もより少ない人びとに、名誉を与えることである。もう一つは、いままでそれを持ち慣れていたために、それらを返してもらえない限り、決しておとなしくはならない人びとから、名誉を取り上げることだ。こうして、一方に対して行う侮辱の方が、他方に対して与える恩恵よりもはるかに大きくなってしまうだろう。だからその張本人だった人は、ほんの少数の友人ときわめて多数の敵とを得ることになるだろう。その場合、味方が彼を守ろうとするよりも、はるかに激しい勢いで、敵は彼を侮辱しようとするだろう。というのは、侮辱が私たちに損害を与え、恩恵が利益や快楽を与えるように見えるため、人間は天性恩恵に対する感謝よりも、侮辱への復讐に走りやすい傾向があるからだ。それから彼は、話題をリナルド殿に移してこう言った。

「もし、あなたがこの後にひき続いて起こることや、どんな欺瞞をこの市内で進めることになるかをお考えになれば、こうした決定を実行する熱意がもっと乏しくなるはずです。なぜならそれを勧告している人は、あなたの力で民衆から権威を奪い取るやいなや、今度はこの侮辱のためにあなたの敵となった民衆の助けを借りて、あなたから権威を取り上げるでしょう。あなたの身には、ベネデット・アルベルティ殿に起こったのと同じことが起こるでしょう。彼を愛していない人の説得を受けて、彼はジョルジョ・スカーリ殿とトンマーゾ・ストロッツィ殿の破滅に同意しました。その後まもなく、まさに彼を説得したのと同じ人びとによって彼は追放されたのでした』。

それからジョヴァンニはリナルドに、物事をもっと老成した仕方で考えるように、そして市内全体の好意を得るため塩の値段を下げたり、税金が半フィオリーノ以下の人は自分の意志で払っても払わなくてもよいことにしたり、評議会に集まる日には、誰もが債権者から安全であることを求めた、リナルドの父マーゾ・デッリ・アルビッツィを見習うように勧めた。そして最後に、自分に関係のある問題については、都市を現状のままの体制に委ねておくつもりだ、という結論に達した。

11

このように行われた交渉が外部にもれてしまったため、ジョヴァンニの名声が上がると同時に、他の市民たちへの憎悪が強まった。ジョヴァンニは彼への好意を口実にして何か新しいことを企む連中を刺激しないために、なるべく名声を避けようとしていた。彼が口にするあらゆる言葉は、党派を生むためよりも消すためのものであり、彼から期待できる事がらはといえば、彼が市の団結だけしか求めていないということだった。

この点で、彼の党派に従う人びとの多くは不満であった。なぜなら、物事において彼がもっと積極的な姿勢を示すことを期待していたからだ。そうした人びとのうちに、アラマンノ・デ・メディチ[1]がいたが、彼は気性激しく、いつもジョヴァンニに対して敵を攻撃し、味方を応援するようにけしかけ、彼の冷静さや、ゆっくりとした物事の進め方を非難していた。それこそが、敵が彼を遠慮なしにあつかう原因だとし、そうしたやり方は、いつか彼の家と友人たちの破滅の原因となるだろう、と言った。彼は、ジョヴァンニの息子のコジモ[2]にもけしかけた。しかしジョヴァンニは、何と言われても、またどんな予言をされても、決して自分の方針から外れようとはしなかった。しかしそれにもかかわらず、すでにそれが一つの党派であることは明白になり、都市は明らかに分裂していた。

宮殿の執政府には二人の書記官セル・マルティーノとセル・パーゴロ[3]がいたが、セル・パーゴロがダ・ウッザーノの党派の味方だったのに対し、セル・マルティーノがメディチ派の味方であった。リナルド殿は、ジョヴァンニが彼らの仲間に加わろうとしないのを見て、そうすればその後、宮殿をよりいっそう自分たちの味方にできるものと考えて、セル・マルティーノからその地位を奪おうとした。ところが、そのことが反対派に知れると、セル・マルティーノの地位が守られただけではなくて、リナルドの党派にとって不面目で不愉快なことに、セル・パーゴロがその地位を奪われてしまった。

もしもこのとき、市が直面していた戦争がザゴナーラで受けた敗け戦さのために脅威と化す事態がなかったならば、ただちに悪影響をもたらしたことだろう。というのは、フィレンツェ市内が先のような出来事でもめている間に、アーニョロ・デッラ・ペルゴラと彼の率いるミラノ公の軍隊が、一部はその場所が守りに弱かったためと、一部はそれを守っていた連中の欠点のせいで、フィレンツェ市民が占領していたロマーニャのあらゆる領地を、カストロカーロとモディリアーナを除いて、すべて奪ってしまったからだ。それらの領地が占領された際に、人間の美徳は敵にさえどんなに歓迎されるか、また卑劣さや邪悪さはどんなに嫌われるかが分かる、二つの出来事が生じた。

12

モンテ・ペトローソ砦の城塞長官《カステッラーノ》はビアージオ・デル・メラーノ(1)だったが、敵の火炎で周囲を囲まれ、もはや砦が助かる手段が何一つ残されていないと見ると、砦のまだ燃えていない側に布や藁などを投げ落として、その上に二人の幼い息子たちを投げ落とすと、敵軍に向かってこう言った。「お前たちは、運命が私に与え、お前たちが私から奪えるこの宝を取れ。私の栄光や名誉がその中に宿る、この精神の宝を私はお前たちにはやらないし、お前たちは私から奪うことができない」。

敵は子供たちを救おうと駆け寄り、ついでに彼も助けようと、綱や梯子を彼に差し出した。しかし彼はそれらを受け取ろうとはせず、祖国の敵の手中で生きるよりも、炎の中で死ぬことを望んだ。それはまさに、あの賛美される古代にふさわしい模範的な態度であった。しかもそれが希少である分だけ、古代人よりもいっそう素晴らしい模範であった。彼の子供たちには、敵が無事に回収した彼の持物が返され、彼らはこの上ない配慮をこめて彼らの親族の所に送り届けられた。フィレンツェ共和国も、彼らに対してはそれに劣らぬ愛情を示し、彼らが生きていた間、公費で扶養された。

それとは反対のことがガレアータで起こった。そこではザノービ・デル・ピーノ(2)が法務長官であったが、彼は何の防御もせずに砦を敵に明け渡し、おまけにアーニョロに対して、ロマーニャ山岳地帯を後にして、もっと少ない危険で戦うことができ、儲けもより大きいトスカーナの丘陵地帯に来るように、と勧めた。アーニョロは、この男の卑劣さと腹黒い心に我慢できず、彼を獲物として自分の召使いたちに与えた。召使いは彼を大いに嘲った後、食事として蛇(3)を描いた紙だけを与え、こういうやり方で、彼をグェルフィ党員からギベッリーニ党員に変えるつもりだ、と言った。こうして食べ物にもありつけない生活を続けて、わずか数日でザノービは死んでしまった。

13

この間にオッド伯は、ファエンツァの領主(1)をフィレンツェ市民の味方に引き入れられるかどうかを見るため、あるいはせめてアーニョロ・デッラ・ペルゴラがこれ以上自由にロマーニャを劫掠《ごうりゃく》できないよう妨害するために、ニッコロ・ピッチニーノとともにラモーナ〔ラモーネ川〕の谷間に入った。ところが、この谷間が大変堅固なうえに、谷間の住人たちが戦さ上手だったために、そこでオッド伯が殺され、ニッコロ・ピッチニーノは捕虜となってファエンツァへ連行された。

しかし運命は、もしもフィレンツェ市民が勝っていたら得られなかったはずのものを、負けたおかげで得ることを望んだ。なぜならニッコロは、ファエンツァの領主およびその母親に非常に強く働きかけた結果、彼らをフィレンツェ市民の友人にしてしまったからだ。この和解によってピッチニーノは釈放された。彼は他人に与えた忠告を自分では実践しなかった。なぜなら彼を傭兵隊長に選んだフィレンツェ市と交渉した際、条件が不満だったのか、それとも他でもっとよい条件を見つけたのか、陣地を布いていたアレッツォからほとんど不意に出発すると、そこからロンバルディーアへ行って、ミラノ公の傭兵になってしまったからである。フィレンツェ市民はこの出来事に恐れをなしたのか、度重なる敗北にびっくりしたのか、もはや単独ではこの戦争は支えきれぬと判断して、ヴェネツィア市民に使者を送り、そのことがまだ彼らにとって容易な間に、成長するままほうっておけば、現在フィレンツェ市民に有害であるのと同様に、ヴェネツィア市民にも有害となるミラノ公の強大さに対抗すべきだ、と彼らに訴えた。

この当時、戦争においてきわめて優秀な人物だとみなされていたフランチェスコ・カルマニョーラも、同じことを彼らに勧めた。彼は、かつてミラノ公に雇われていたが、その後彼に反逆していたのである。ヴェネツィア市民は、公と彼の間の敵意が偽装されたものではないかと疑い、カルマニョーラをどこまで信用できるのかと怪しんでいた。こうした状態が続いていると、たまたま公がカルマニョーラの召使いの一人を使って、彼に毒を盛らせる事件が起こった。その毒は彼を殺すほど強力ではなかったものの、彼を瀕死の状態に導いた。病気の原因を知ったヴェネツィア市民は、その疑惑を捨てた。そしてフィレンツェ市民が彼らを扇動し続けて、彼らと同盟を結んだ(2)。

双方の側は共通の資金で戦う義務を負い、ロンバルディーアで獲得した領土はヴェネツィア市民のものとし、ロマーニャおよびトスカーナの領土はフィレンツェ市民のものとなることにして、カルマニョーラが同盟軍の総大将となった。その結果、この協定にしたがって戦争はロンバルディーアへと移り、そこではカルマニョーラが見事に指揮した。そしてわずか数か月のうちに、ブレッシャ市を含めた多くの領地がミラノ公から奪われた。ブレッシャの攻略は、この当時の戦争の技術にとっては、驚くべきものとみなされた。

14

この戦争は一四二二年から二七年まで続き、フィレンツェ市民は当時まで課せられていた重税にすっかり疲弊して、ついに税制改革に同意した。税金は富に相応して平等なために、資産に対して課税するように配慮された。そして百フィオリーノの現金資産を持つ人には、半フィオリーノの税金が課せられることとなった。

こうして人間ではなく、法律が税金を配分することとなると、有力市民に大いに負担がかかることとなり、決定以前から、有力者たちの反感を買っていた。ただジョヴァンニ・デ・メディチだけは公然とそれを誉め、その結果その案が承認された。税金配分にあたって各人の資産がまとめ上げられたが、その作業は「山積みにする《アッカタスターレ》」と呼ばれていて、そこからこの税制は「山積み《カタスト》」と呼ばれることになった[1]。こうしたやり方は、権力者の専制に対して、ある程度規制をかけることとなった。なぜなら、権力者は小市民を打つこともできず、またこれまで可能だったように、評議会で脅しによって黙らせることもできなくなったからだ。だから、この税金は全体からは歓迎されたが、有力者たちからは大変な不評で迎えられた。

しかし人間というものは、決して満足できないもので、あるものを手に入れても、内心で満足できず、別のものを求めるものなので、民衆はその法律から生まれた税金の平等さでは満足せず、それを過去にさかのぼらせて、権力者が今度の資産台帳による税制によるとこれまで少なく払っていたことを明らかにすることと、また払わなくても済むのに支払うために、資産まで売り払った人びとと公平にするために、権力者にその分を負担させるべきだ、と要求した。

この要求は新税制以上に大市民たちを脅かし、それから身を守るために新税制の非難をやめず、それは今日持っていたかと思うと、明日には失っている動産にまで課税しているので、たいへん不正なものだとか、またそれに加えて、資産台帳が把握できない隠し資金を持っている人が大勢いる、などと主張した。さらにそのうえ、共和国統治のために自分の事業を放擲している人びとは、彼らの身体をそのために労していることで十分なはずだから、それによって負担を軽くする必要があるし、都市が彼らの財産と労力とを利用しておきながら、他の人びとに対してはお金で済ましているのは公平ではない、という意見が述べられた。

それに対して、新税制に賛成する他の人びとは、もし動産が変動するとすれば、税額も変更が可能だ。そして、たびたびそれを変更することによって、その不都合に対処できる、と反論した。また、儲けを生まない金に課税するのは妥当ではないし、儲けを生む場合は必ず明らかになるのだから、隠し資金のある人びとなど考慮する必要はない。それに、もしも共和国のために苦労したくないのなら、そんなことはやめにして、骨など折らなければよい。なぜなら共和国は、それを金銭的にも、助言によっても援助に困難を感じない、愛すべき市民を見つけるからだ。また、政治に付随する便宜や名誉は大変なものだから、役職に参加することを断念しないだけで彼らにとっては十分なはずだ、などという反論がなされた。

しかし、権力者にとっての悩みの種は、皆が触れない点にあった。なぜなら彼らはもはや、自分たちの損害なくしては戦争ができなくなり、他人と同様に費用を負担しなければならないことに悩んでいたからだ。もしも、このようなやり方が以前に知られていたら、ラディスラーオ王との戦争はなかっただろうし、いまもフィリッポ公との戦争は行われていないだろう。それらの戦争は市民の懐を肥やすためのもので、決して必然のものではなかったのだ。

このように興奮した空気は、ジョヴァンニ・デ・メディチによって鎮められた。彼は過去にさかのぼるのはよくないが、将来に備えることはよいと指摘して、さらに、もし過去の税金が不正だったとすれば、それを公平にする方法が見つかったことを神に感謝すべきだ、過去の税金を細かく調べあげて、今回のそれと対照させるという、都市を分裂させるやり方ではなく、都市を団結させるためにこの方法を役立てたい。また圧勝しようと望む者はしばしば敗北するのだから、中ぐらいの勝利で満足する者がもっとも成功する者だ、などと述べた。こうした言葉によって、人びとの興奮は鎮まり、過去との対照は論じられないことになった。

15

こうしてミラノ公との戦争が続いたが、ある教皇使節(1)の仲介によって、フェルラーラで和平が結ばれた。ところが、その和平が始まったばかりなのに、公は条件を守らず、その結果、同盟は再び武器を取ることになった。同盟軍は公の軍隊と戦いを交え、これをマクローヴィオ〔マクローディオ〕で破った(2)。その敗戦の後、公は再び講和の条件を提案し、それに対してヴェネツィア市民も、フィレンツェ市民も同意した。ヴェネツィア市民を強力化するために、自分たちが巨額の負担を支払ったように感じて、フィレンツェ市民はヴェネツィア市民に対して疑惑を抱いたからである。ヴェネツィア市民は、カルマニョーラがミラノ公の軍隊を打ち破った後、非常にゆっくりと追撃したため、もはやとても彼は信用できないと感じたためであった。

こうして和平は一四二八年に結ばれ、そのおかげでフィレンツェはロマーニャで失った領地を取り戻した。ヴェネツィア市民の手にはブレッシャが残り、公はさらにベルガモとその領域部を彼らに与えた。フィレンツェ市民は、この戦争に三百五十万ドゥカートを費やした。この戦争を通して、ヴェネツィア市民は地位を高め領土を拡大したが、フィレンツェ市民は貧困と分裂を深めただけにすぎなかった。

対外的に平和になった途端に、内部の争いが始まった。大市民たちは新税制が我慢ならず、もはやそれを無効にする手段がないのを見ると、それと戦うための同志を得るため、それに対してより多くの敵を作り出す方法を考えた。そこで彼らは、新税課税のために選ばれた担当者たちに、領域部の人びととの間にもフィレンツェ市民の資産がないかどうかを調べるため、法律が彼らに命じているとおりに、領域部の人びとの資産をも調査して台帳を作成するように、と示唆した。そこで全領民に対して、一定期間内に自分の資産権利書を持参して出頭するように、命令が下された。

そこで、ヴォルテルラ市民が使者を執政府に派遣して苦情を述べると、憤慨した担当の係官が、十八人のヴォルテルラ市民を投獄した。この事実はヴォルテルラ市民を大いに怒らせたが、投獄された人びとを考慮して、反乱にはいたらなかった。

16

このころジョヴァンニ・デ・メディチは病に倒れ、自分の病気が不治のものだと悟って、息子のコジモとロレンツォ[1]を呼び、彼らにこう語った。

「私は、自分の誕生の時に神と自然から与えられた時間を生きたと思う。満足して私は死んでいく。なぜなら私の後を継ぐとき、富裕で健康で、尊敬されて皆の好意を得ながら、フィレンツェで暮らしていけるだけの資質を備えたお前たちを残していくからだ。つまり私が死に際して、何にもまして満足していることは、自分の記憶する限り、私がだれも傷つけておらず、むしろ自分の能力に可能な範囲で、皆に恩恵を施してきたからだ。私はお前たちにも、それと同様にすることを勧めたい。政治については、もしもお前たちが安全に生きるのを望むのなら、法律と人びとが与えるものだけを取るようにしなさい。そうすればお前たちは、羨望もされず危険もないだろう。なぜなら、もしも人が自分には与えられていないものを取ろうとすれば、憎まれることになるからだよ。

　そのことさえ気をつけていれば、いつも他人の分を求めて自分の分を失い、さらにまだ自分の分を失ってもいないうちから絶え間ない心労で暮らす人びとよりも、お前たちはずっと多くのものを得ることだろう。こうした術によって、私は多くの敵や反対意見の渦中にありながら、この市における自分の評判を保っただけでなしに、高めてきたのだ。お前たちも私の後を継いだ後は、そのようにして自分を保ち、そして高めるようにしなさい。だが、もしもそれ以外のやり方をすれば、お前たちの最期は幸福どころか、私たちの記憶のなかで、自分自身を滅ぼし、自分の家族を台なしにしてしまった人びとのようになるものと考えなさい」。

彼は、その後間もなく死んだ(2)。そして、市内全体にその最高の資質にふさわしい、彼に対する最高に深い哀悼の気持を引き起こした。ジョヴァンニは慈悲深くて、求める人に施しを与えただけではなくて、多くの場合求められなくても貧しい人びとの必要を助けてやった。あらゆる人を愛し、善良な人びとをほめ、悪い人びとを憐れんだ。決して名誉を求めなかったが、あらゆる名誉を得た。求められなければ宮殿へは行かなかった。平和を愛し、戦争を避けた。逆境の人びとには援助し、繁栄には協力した。公的財産の横領とは無縁で、その増大に協力した。役職についても、優しく振舞い、あまり雄弁ではないが、とても分別に富んでいた。人前では憂鬱そうな表情をしていたが、会話となると、愉快で冗談好きだった。彼は大富豪となって死んだが、よき名声と慈愛はそれ以上だった。彼の遺産は、財産の富という点でも、精神的な善という点でも、コジモによってただ維持されただけではなく、さらに増大された。

17

投獄されたヴォルテルラ市民たちは、牢獄にいることに疲れて、釈放のためには彼らに命じられたことに同意する、と約束した。そこで、釈放されてヴォルテルラに戻ると、彼らの新しい総代たちが政権を担当する時期がやってきた。その一人に選ばれたのは、ジュスト[1]という下層民の男だが、下層民には信望が厚くて、フィレンツェの牢獄につながれていた人びとの一人であった。彼はその公的に受けた侮辱のために憎悪に燃えていたのだが、また貴族で彼とともに役職につくジョヴァンニ・ディ〔・コントゥージ〕[2]に扇動されて、私的にもフィレンツェ市民に対する憎悪に駆りたてられて、総代としての権威と個人的な人気とによって、祖国をフィレンツェ市民の手から取り戻し、自分がその君主とならねばならない、と信じた。ジョヴァンニの勧めによって、ジュスト[3]は武器を取って市内を制圧し、フィレンツェ市民のためにそこに駐在していた隊長を捕え、民衆の同意を得て、その領主となった。

ヴォルテルラで起こったこの新しい事件は、フィレンツェ市民を大いに不愉快にした。だがミラノ公と和平を結び、しかもつい最近協定が成立したばかりだったので、ヴォルテルラを取り戻すのには間に合う、と判断した。時機を逸しないために、ただちに軍事代表委員として、リナルド・デッリ・アルビッツィ殿とパッラ・ストロッツィ殿[4]をその遠征のために派遣した。その間にジュストは、フィレンツェ市民が彼を攻撃してくると考えて、シエナ市民とルッカ市民に援軍を求めた。シエナ市民は、フィレンツェ市民と同盟を結んでいるからという理由で、彼に援軍を断った。

また当時ルッカの領主だったパーゴロ〔パオロ〕・グイニージ[5]は、ミラノ公との戦争中にフィリッポの味方であることがばれてしまったため、失ってしまったと思っていたフィレンツェの人民の好意を取り戻すために、ただジュストへの援軍を拒絶しただけではなくて、それを求めにやって来た使者を捕虜としてフィレンツェに送った。軍事代表委員たちは、ヴォルテルラ市民の戦備が整わぬ隙を衝こうとして、手元のあらゆる兵士たちをまとめると、アルノ川渓谷地方の下部からと、ピサ領域部から多数の歩兵を徴募して、ヴォルテルラへと向かった。ジュストの方でも、隣人に見捨てられ、フィレンツェ軍の攻撃が迫っているからと諦めたりはせず、要害の堅固さと土地の食糧の豊かさをたよりに、防衛の準備をした。

ヴォルテルラにはアルコラーノ殿(6)という男がいたが、彼はジュストに領主権を奪うように説得したジョヴァンニ殿の兄弟で、貴族の間で信望が厚かった。彼は自分が信用する何人かを集めると、たまたま発生したこの事件によって、いかに神が彼らの都市の必要に対して援助を与えたもうたか、を彼らに示した。なぜなら、もしも彼らが思いきって武器を取り、ジュストの領主権を奪い取って、それをフィレンツェ市民に返還したならば、その結果、彼らは町の最高位を占め、この町は古来の特権を保つことができるからである。

こうして彼らは話し合いをまとめると、ジュストのいる宮殿へと出かけて行き、仲間の一部は下で待ち、アルコラーノ殿と他に三人の者が広間に上がった。そしてジュストが何人かの市民と一緒にいるのを見て、まるで何かとても重大なことを話したいかのように、彼を横へと引っ張っていった。あれやこれやと話題を変えながら寝室まで連れて行くと、そこでアルコラーノとその仲間たちは、ジュストを剣で襲った。しかし、その動きがジュストが剣を手でつかめないほど素早くはなかったために、彼は殺される前に敵の二人に重傷を負わせた。しかし結局、多数にはかなわず殺されて、遺体は宮殿から地面に投げ落とされた。こうして武器を取ったアルコラーノ殿の党派の人びとが、軍隊を率いてその近くに来ていたフィレンツェの軍事代表委員に市を差し出したので、彼らは他になんの条件を結ばずにヴォルテルラの城内に入った。このことからヴォルテルラの状況が悪化することとなった。なぜなら、さまざまな処置の一つとして領域部の大部分が解体され、フィレンツェ直轄の代官領《ヴィカリアート》となったからである。

18

こうしてヴォルテルラは、ほとんど一瞬にして失われ、かと思うともう取り戻されていた。そして、もしも人びとの野心が改めてそれをけしかけなければ、新しい戦争の原因は見られなかったはずだった。ブラッチョ・ダ・ペルージャ(1)の妹の一人から生まれたニッコロ・フォルテブラッチョ(2)は、ミラノ公との戦争で長い間フィレンツェ市のために戦ってきた。和平になったので彼はフィレンツェから解雇されていたが、ヴォルテルラ事件が起こったため、また雇われてフチェッキオにいた。というのは、軍事代表委員たちが彼とその軍隊をこの遠征に起用したからである。

世間の噂によると、この当時リナルド〔・アルビッツィ〕殿は彼とともにその戦争の指揮を取ったといわれ、また彼を説得して、実在しない何らかの紛争をでっち上げてルッカを攻撃するように勧めたという。つまり、そうしてくれればリナルドがフィレンツェで工作して、ルッカへの遠征を企画し、自分がその首領になるだろうと彼に示したわけである。そこでヴォルテルラを取り戻して、ニッコロがフチェッキオの駐屯地に戻ると、リナルド殿の説得によるものか、それとも自分自身の意志にしたがったのか、一四二九年十一月、三百の騎兵と三百の歩兵を引き連れて、ルッカ市民の城塞、ルオーティとコンピトとを占領した。それから平野に降りて、多くの略奪を行った。

このニュースがフィレンツェに達すると、都市全体であらゆる人びとの会合が行われ、大部分の人びとはルッカ遠征が行われることを望んだ。それに賛成した大市民の中にはメディチ派の人びとがいたが、そのことが共和国にとって有利な遠征だという信念に動かされたのか、あるいは自分がその勝利の首領になるに違いないと信じて、自分の野心に動かされたためか、リナルド殿は、その党派に接近した。それに反対したのは、ニッコロ・ダ・ウッザーノとその党派であった。

戦争を起こすことに関して、同じ都市の中でこれほど異なった考え方が生じたとは、信じ難いことのように思われる。なぜなら十年間の平和の後に、自らの自由を守るためのフィリッポ公との戦争を非難したあの市民たちや民衆が、あれほど都市が出費を払って苦労を重ねた後だというのに、いまは大変手っとり早く、自ら他人の自由を奪い取るために、ルッカへ戦争を仕かけることを要求したからである。おまけに、かつて戦争を非難していた人びとが、今度はそれを望んでいたのだ。意見というものは、時とともにこんなに変わるものであり、群衆は自分の意見を守ることよりも、他人の意見を横取りしたがるものである。また人間は失うことの恐怖よりも、獲得することの希望によってより一層動かされやすいものだ。なぜなら、失うことの恐れは身近に迫らないと信じられないが、獲得することの希望は、たとえ離れていても、期待できるからである。

フィレンツェの民衆はニッコロ・フォルテブラッチョがすでに行い、また行いつつある侵略や、ルッカ近くの統治者たちからの手紙によって、期待で胸をふくらませていた。というのは、ヴィーコやペッシャの代官たちが、間もなくルッカの領域部全体が得られそうだから、彼らに身を委ねたいという申し出のあった城塞を受け取る許可を与えてほしい、という手紙を書いて来たからだ。これに加えて、ルッカの領主から派遣された大使の到来があり、ニッコロ〔・フォルテブラッチョ〕による攻撃に苦情を述べるとともに、執政府に対して、彼の隣人で常にその友人だった町に戦争を仕かけないでほしいという要望がなされた。この大使の名はイアコポ・ヴィヴィアーニ殿[3]といい、つい最近までパオロ（グイニージ）の牢獄に入っていた。それはパオロに対して陰謀を企んだためで、有罪であると分かっていたにもかかわらず、生命は許されたのだった。そしてパオロは、イアコポ殿がその侮辱を許したものと信じて、彼を信用したのであった。しかし、イアコポ殿は恩恵以上に危険を覚えていたので、フィレンツェにやって来ると、ひそかに市民たちに遠征を実行するようけしかけた。こうした扇動が、その他の期待に加わった結果、執政府は評議会を召集した。そこには四百九十八人の市民が集まり、彼らの前で市の主だった人びとが問題を討議した。

19

すでに先に述べたとおり、この遠征を最も望んでいた人びとの中にリナルド殿がいた。彼はルッカの獲得によって生じる利益を指摘し、またタイミングのよさも指摘した。ルッカはヴェネツィア市民からも、ミラノ公からも戦利品としてフィレンツェ市民に委ねられており、またナポリ王国の問題に巻き込まれた教皇によって妨げられることもありえないのだ。さらに彼は、ルッカは一人の市民の奴隷となっていて、自分の自由を守ろうとするあの天性の活力と古来の熱意を失っているので、これを占領することが容易なことをつけ加えた。その結果、暴君を追い出すために民衆から、あるいは民衆への恐怖によって暴君から、それは譲られるだろうということだった。彼は、この領主によって私たちの共和国に対してなされた侮辱や、共和国に対して彼が抱く邪悪な意図を語り、もし教皇やミラノ公が市に戦争を仕かけて来たら、彼がどんなに危険であるかを説いた。そして、これまでにフィレンツェの民衆によってなされた遠征のうちで、これ以上に容易で有益で、正当なものはなかった、という結論を下した。

この意見に対してニッコロ・ダ・ウッザーノは、フィレンツェ市がこれ以上に不正で危険で、さらにこれ以上に大きな損害を生みだすに違いない遠征を行った試しはなかった、と述べた。まず第一に、それではこれまでずっとフィレンツェの人民の味方であり、また祖国にいられなくなったグェルフィ党員を、自らも危険を冒して何度となく懐の中に迎え入れてきた、グェルフィ党の都市を攻めに行くことになる。また私たちの歴史の記憶のなかで、自由なルッカがこれまでにフィレンツェを侮辱した試しは一度もなかったはずだ。また、たとえかつてのカストルッチョや、いまの領主のように、ルッカを奴隷にした者がフィレンツェを侮辱したとしても、その罪はルッカのせいではなくて、暴君のせいだ。もし市民に戦争を仕かけずに、暴君に対してそれができるならば、自分もそれほど気にならないだろう。しかし、そんなことはありえないので、友邦の市民が財産を略奪されるようなことにはとても同意できない。

今日では、私たちはそれが正しいやり方か、不正なやり方かなどということをあまり問題にせずに生きているので、その問題は後まわしにして、単に市にとって有利かどうかだけを考えてみよう。その場合、安易に損害をもたらすことがありえないことを、有利なことと呼びうると思う。だから損害が確実で、利益が疑わしいような、そんな遠征がどうして有利だといえるのか、自分には理解できない。確実な損害とは、その後に続いて生じる出費のことで、それが莫大なものなのは明らかだから、私たちの都市のように長く厳しい戦争で疲弊していない、平穏な都市でさえもぞっとさせるに違いあるまい。それから得られる利益はといえば、ルッカの獲得だが、確かにそれが大きいことは認めよう。

しかし自分は、そのなかに潜んでいる疑わしい点を考慮すべきだと思う。それは大変重大なことなので、自分にはその獲得を不可能にしてしまいそうに見えるのだ。まずヴェネツィア市民やミラノ公が、この獲得に満足するなどと信じてはなるまい。なぜならヴェネツィア市民はといえば、ほんの少し前にフィレンツェ市民の資金によって多くの領土を得たので、恩知らずに見えないように、ただ同意したふりをしているだけである。さらにミラノ公の場合は、新しい戦争や新しい出費に巻き込まれると高くつくので、双方が弱ってあらゆる面で疲れ果てた時に、やおら改めて彼らを攻撃できるように同意しているのであって、たとえばわれわれの遠征の最中にこっそりと資金を送ったり、あるいは彼の家来どもを解雇したふりをして、彼らの支援に傭兵として送るなどのやり方で、より大きな勝利の期待を持って、ルッカ市民を救援する方法がないわけではない。だから、このような遠征からは手を引き、また暴君には市内でできるだけ多くの敵を作らせるよう、好きなように振舞わせておくのがよいのだ。なぜなら、ルッカを支配するには、暴君の下で生活させて、彼によって苦しめられ弱らせること以上に適切な方法はないからである。つまり、ことを賢明に収めるならば、あの都市は結局暴君に耐えきれなくなり、また自分自身で治める術も知らず、その能力もないために、必然的にわれわれの懐に飛び込んでくるからだ、と勧告した。

しかし彼は、市民の気分が動揺していて、彼の言葉に耳を傾ける人がいないことに気づいた。それでも彼は、以下のような予想を皆に語っておくことを望んだ。すなわち、結局彼らは大変な出費を要する戦争を始めるだろう。そしてまた、その渦中で大きな危険を冒すことになるだろう。ルッカを占領する代わりに、ルッカを暴君から解放して、彼の隷属下にある弱くて友好的な都市から、自分たちと敵対する自由な都市に変えてしまうだろう。それはときとともにフィレンツェ共和国の拡大の障害となるであろう。

20

こうして、ルッカ遠征に対しての賛成論と反対論が述べられた後、慣例通り秘密の投票が行われた。全投票数のうちで反対は、わずか九十八票であった[1]。こうして遠征が決定され、戦争を管理する十人委員が選出され、歩兵と騎兵とが雇われた。代表委員にはアストルレ・ジャンニ[2]とリナルド・デッリ・アルビッツィ殿が選ばれた。ニッコロ・フォルテブラッチョがすでに占領していた領土を彼から引き取り、引き続いて彼がわれわれの傭兵として遠征を続けるよう、彼らは合流した。軍事代表委員は軍隊を率いてルッカの領地に入ると、その軍隊を二分した。

アストルレの軍隊は、平野部をカマイオーレとピエトラサンタの方面に展開した。リナルド殿は、都市からその領域部を奪ってしまえば、都市の占領が容易になると判断して、山地の方にむかった。それは不幸な人びとの遠征となった。といっても、多くの領土を占領できなかったからではなくて、彼らがいずれも自分に委ねられた指揮権の操作において、非難を浴びることとなったためである。たしかにアストルレ・ジャンニには、非難されて当然な、明らかな原因があった。

ピエトラサンタの近くに、富裕で住民の多い、セラヴェッツァ[3]と呼ばれる谷があった。その住民たちは、軍事代表委員の到来を耳にすると彼に会いに行き、フィレンツェの人民の忠実な召使いとして受け入れてほしい、と申し入れた。アストルレは、その申し出を受け入れるふりをした。それから彼の軍隊に、その谷のすべての通路と堅固な場所とを占領させ、彼らの最も主要な教会に住民を集合させて全員を捕虜にしてから、彼の軍隊に町全体を略奪させ、破壊させた。また残酷で貪欲な典型として、聖なる場所であることも考えずに、処女と既婚の婦人の区別もなしに凌辱させた。これらの事実は、起こったとおりにフィレンツェに伝わり、役職にある人びとだけでなく、都市全体を不愉快にした。

21

軍事代表委員の軍隊の手を逃れた何人かのセラヴェッツァの人びとは、フィレンツェに走って、あらゆる通りで、あらゆる人びとに彼らの悲惨な体験を訴えた。その結果彼らは、この軍事代表委員を悪人として、あるいは反対派の人間として罰したいと望んだ多くの人びとに励まされて、十人委員会に出頭し、彼らの言葉を聞いて欲しいと望んだ。そして中に案内されると、彼らの一人が次のように語った。

「偉大な執政府の皆さん、あなた方の軍事代表委員が、どのような仕方で私たちの町を占領し、その後私たちが彼からどのような扱いを受けたかを知られたならば、私たちの言葉が信用を得て、執政府の皆さんの同情を獲得するものと、私たちは確信しております。私たちの谷は、あなた方の古い事件の記憶でいっぱいになるくらい、これまで常にグェルフィ党に属してきました。そしてギベッリーニ党によって迫害されて、そこへ逃げ込んできたあなた方の市民たちのために、何度となく忠実な避難所の役割を果してもきました。私たちの古い先祖たちも私たちも、この輝かしいフィレンツェ共和国がこの党派の首領であり、君主であったために、その名前を崇拝してきたものでした。そしてルッカ市民たちがグェルフィ党であったときには、喜んでその支配に仕えましたが、古い友人を捨ててギベッリーニ党に従う暴君の支配下に陥ったときには、進んでではなく無理強いされて彼に従ったものでした。古い党派に対する私たちの気持を示せるような機会を与えて下さるようにと、私たちが何度お祈りしたかは神様がご存じです。人間はその願望のために、何と盲目になることでしょうか。私たちが幸福のためにと望んだことが、私たちの破滅のもととなったのです。なぜなら、あなた方の軍旗が私たちの方に向かっていると初めて聞いたとき、私たちは敵としてではなく、私たちの古い主人として、あなた方の軍事代表委員に会いに行ったからです。そして、あの谷と私たちの運命と私たち自身とを彼の手中に置いて、彼にはフィレンツェ市民のそれではなくとも、少なくとも人間の魂があるものと信じて、彼の信義に私たちを委ねたのです。執政府の皆さんには、私たちを許していただきたいものです。なぜなら、私たちが体験したこと以上にひどいことには耐えられないという事実が、私たちに語る勇気を与えているからです。

あなた方のこの軍事代表委員は、姿だけしか人間ではなく、名前だけしかフィレンツェ市民ではないのです。あれは死をもたらすペスト、残忍な野獣、どんな作家もまだ描いたことのないおそるべき怪物にほかなりません。なぜなら、私たちと話したいからという口実で、私たちを教会に集めた後、私たちを捕虜にして谷中を荒らし、焼いてしまったからです。谷間の住民も財産も奪い取り、剝ぎ取り、略奪し、打ちのめし、殺しました。女たちを強姦し、処女を犯し、彼女らを兵士の戦利品として母親の腕から奪って行ったのです。もしも私たちがフィレンツェの人民もしくは彼本人に対して、あのような不幸にふさわしいなんらかの侮辱を行ったとか、私たちが武装して防衛しているところを捕えたというのなら、私たちもそれほどは嘆きません。むしろ侮辱や傲慢のための自業自得だ、と自らを非難するでしょう。しかし非武装で、自ら進んで身を委ねたのに、その後財産を奪われ、大変な侮辱と不名誉を受けて、身ぐるみ剝がれた以上、私たちは嘆かざるをえないのです。そうしようと思えば、私たちはロンバルディーア中に訴えてまわり、イタリア中に私たちが受けた恥辱をひろめて、この都市に泥を塗ることもできるのです。しかし私たちは、一人の性悪な市民の不正と残酷とで、このように公正で慈悲深い共和国の名を汚したりはしたくないので、そうしたいとは思いませんでした。もしこの男の貪欲さを、私たちが破滅する以前に知っていたら、たとえそれには限度や底がないとしても、私たちはその貪欲な心をみたし、そうしたやり方で、なんとか資産の一部を使って残りの部分を守ったことでしょう。しかし、もう間に合いません。だから私たちはあなた方の所に来て、皆さんの配下の人民の不幸を助けて下さい、と頼んでいるのです。それは他の人びとが私たちの例を知って、あなた方の支配下に入るのを恐れないためです。たとえ私たちの限りない不幸があなた方を動かさないとしても、神の怒りへの恐れがどうかあなた方を動かしてくれますように。神はその神殿が略奪され、焼かれ、その懐の中で私たちの民衆が裏切られたのを見ておられます」。

こう言うと、彼らは地面に身を投げて、財産と祖国を返してほしい、また（名誉は無理だとしても）せめて妻を夫に、娘を父親に返してほしいと叫び、かつ頼んだ。まず、ことの残酷さが知らされ、その後被害を体験した人びとの口から肉声で伝えられると、当局者はショックを受けた。そして猶予することなく、アストルレを帰国させて、引き続き彼は有罪を宣告され、譴責処分を科せられた。セラヴェッツァの住民の資産が調査され、見つけられたものは返還された。残りは市によって、ときとともにさまざまな仕方で補償された。

22

一方リナルド・デッリ・アルビッツィ殿の方は、フィレンツェの人民の利益のためではなく、自分の利益のために戦争しているという噂をたてられた。つまりそれは、彼が軍事代表委員でありながら、ルッカを取ろうという意欲が消えてしまったという非難であった。というのも、彼が領域部を略奪して奪ってきた家畜で彼の地所を満たし、また戦利品でその家をいっぱいにすることで満足しているからで、彼は自分の取巻きたちが彼の利益のために集めた戦利品では満足せず、兵士たちの戦利品まで買いこんで、軍事代表委員から商人になってしまった、などと中傷されたのであった。

こうした中傷がリナルドの耳に届くと、それは彼の高潔で誇り高い心を、重厚な人物にふさわしくないほどに動かした。そして彼をあまりにも動揺させたので、政府当局と市民たちに対して怒った彼は、許可を待たず、また求めもせずにフィレンツェに戻って来た。そして十人委員会の前に出頭すると、だらしのない人民と分裂した都市に仕えることがどんなに困難で危険なことかがよく分かった、と語った。なぜなら人民はどんな騒ぎでも引き起こし、市は悪しき行動を罰しても善行には報いず、疑わしき行いを非難するからである。だから、勝利を得ても誰も君を賞賛せず、失敗すると皆が非難し、敗北すると皆が中傷する。なぜなら味方は嫉妬のために、敵は憎悪のために、君を迫害するからだ。しかしながら彼は、根も葉もない非難を恐れるあまり、自分の都市にとって確実に有利な結果をもたらすような活動をやらないでおくような真似は決してしなかった。だが実は、今回の中傷があまりにもひどいので、ついに我慢の限界がきて、性質を改めないではいられなかった。

そこで彼は当局に対して、以下のように要望した。すなわち、自分たちが祖国のために進んで立派に活動できるように、将来はもっと市民たちを守る態勢を取ってほしい。フィレンツェでは、彼らのために凱旋式を行う習慣はないとしても、せめて虚偽の汚名ぐらいはすすいでほしい。覚えていていただきたいことは、彼ら自身もまたこの都市の市民だということで、高潔な人間を虚偽の中傷がどんなに傷つけるかを思い知らせるような非難は、彼らの身にもいつでも起こり得るからである。

十人委員会は臨機応変に彼をなだめようと努め、その遠征の管理をネーリ・ディ・ジーノ・カッポーニ〔(1)〕ノとアラマンノ・サルヴィアーティ(2)に任せた。彼らはルッカの領域部を荒らすことを中止して、陣営を都市部に近づけた。そしてまだ寒い季節だったので、カパンノレに止まった。そこにいることは軍事代表委員には時間つぶしのように思われ、もっと都市に迫りたいと思ったが、十人委員会がいくら都市に向かって布陣するようけしかけても、またどんな口実も認めようとしなかったけれども、兵士たちは天候が悪いという理由から、決してそのことに同意しなかった。

23

この当時フィレンツェには、フィリッポ・ディ・セル・ブルネッレスコ〔フィリッポ・ブルネッレスキ〕(1)という非常に優れた建築家がいた。私たちの都市には彼の作品がいっぱいあり、その功績があまりに大きかったので、死後にフィレンツェの最も重要な教会に彼の大理石像が設置され、その足元の文字が、今日でもなお読む人に彼の力量を証言している。彼はルッカとセルキオ川の川床の位置を考慮して、この都市は水攻めが可能だということを示した。

そして、そのことを非常に強く主張したため、十人委員会はその実験をやってみるように委任した。ところがそこから生じたのは、わが軍の陣営の混乱と、敵の安全にすぎなかった。なぜならルッカ市民たちは、セルキオ川を流そうとしていた側に土を盛り上げて堤防を築き、そうした後、ある夜、水を導いてきた水路の堤防を壊したからである。その結果、ルッカの側に高い障壁を見出した水は、おまけに水路の堤防が切り開かれたために、平野全体に溢れ出してしまった。こうしてフィレンツェ軍の陣営は、ルッカに近づくどころか、遠ざけられなければならなかったのだ。

24

結局この試みはうまくいかず、改めて政務についた十人委員会は、ジョヴァンニ・グィッチャルディーニ[1]殿を軍事代表委員として派遣した。彼は、できるだけ早くルッカ市に対して布陣した。そこでルッカの領主は、敵が迫って来たのを見ると、シエナのコムーネを代表して彼の許に来ていたシエナ市民アントニオ・デル・ロッソ[2]殿の助言に従って、ミラノ公の許にサルヴェストロ・トレンタとリオナルド・ブォンヴィージ[3]の二人を派遣した。

彼らは領主のために助力を求め、公が冷淡であると見ると、密かにどうしても援軍を送ってもらう必要がある、と要求した。というのは、ルッカ市民としての立場から、必ず自分たちの領主を捕えて公に送り、その後ルッカの領地をも公に引き渡す、と約束したからだ。さらに、その決心を早く決めないと、領主はルッカをフィレンツェ市民に与えてしまうだろう。なぜなら、彼らはたくさんの代償を約束して、彼に催促しているところだから、と公に対して警告した。

そこで、そうした事態が生じることへの懸念が、公のいろいろな配慮を一掃してしまった。そして、自分の傭兵隊長フランチェスコ・スフォルツァ伯に対して、ナポリ王国へ赴くために自分の許を去る許可を公式に求めるように、と命じた。スフォルツァ伯がその許可を得ると、彼は自分の軍隊を引き連れてルッカに向った。フィレンツェ市民はその事態を知って成り行きを怪しみ、それを妨げるために彼の友人であるボッカッチーノ・アラマンニ(4)を伯の許に送った。しかし、それにもかかわらずスフォルツァは傭兵隊を率いて、ルッカへとやって来た。こうして伯がルッカに到着したため、フィレンツェ市民は陣をリブラファッタ〔リパフラッタ〕まで引き上げた。

伯は、ただちにパーゴロ〔パオロ〕・ダ・ディアッチェート(5)が代官《ヴィカーリオ》を勤めていたペッシャに出陣した。この代官は他のどんなすぐれた対策以上に、恐怖の助言を受け入れて、ピストイアまで逃走した。そして、もしその警備に当たっていたジョヴァンニ・マラヴォルティ(6)によって防衛されなかったならば、その領地は失われていたはずである。そこでスフォルツァ伯は、ペッシャを最初の攻撃で占領できなかったので、そこからボルゴ・ア・ブッジャーノへ行き、その村を占領して近くのスティリャーノという城塞を焼いた。

こうした敗北を見ると、フィレンツェ市民はこれまでたびたび彼らを救ってきた手段に頼ることにした。傭兵を相手にする場合、力が足りなくても、どんなに買収が効果的かを、彼らは知っていたからである。そこで伯に金銭提供を申し出ると、彼は自分が立ち去ることだけではなくて、彼らにその領地をも与えようと約束した。どうやらルッカからはそれ以上お金が取れないと見た伯は、それを持っている人びとから容易に引き出す方針に変えたのである。

しかし、フィレンツェ市民との間でルッカを与える約束まではしなかった。その誠実さのために、そこまで同意するつもりはなかったのである。ただ五万ドゥカート(7)与えられるならば、ルッカを放棄することを約束した。こうした協定を結ぶと、ルッカ市民がミラノ公に対して自分の弁護をしてくれるように、彼らがその領主を追放する際の手助けをした。

25

すでに述べたとおり、ルッカにはシエナ大使アントニオ・デル・ロッソ殿がいたが、彼はスフォルツァ伯の権威によって、市民たちとともにパオロ・グイニージの失脚を工作した。陰謀の首領となったのは、ピエロ・チェンナーミとジョヴァンニ・ダ・キヴィッザーノ[1]であった。伯〔フランチェスコ〕はセルキオ川の畔で野営中で、領主の息子ランツィラーオ[2]も彼とともにいた。

そこで、その数四十人の陰謀仲間は夜間、武装してパオロに会いに行った。彼らの騒音にすっかり驚いたパオロは、彼らに出会うと何のために来たのかと尋ねた。それに対してピエロ・チェンナーミは、すでに久しく自分たちは彼に支配されてきたが、いまや周囲は敵だらけで、戦争と飢餓とで死にそうなところまで連れてこられた。だからこれから先は、自分たちで治めることに決めたと告げ、彼に市およびその国庫の鍵を引き渡すよう求めた。それに対してパオロは、こう答えた。資金は使ってしまった。鍵と自分の身柄とは、君たちの権限に委ねよう。君たちに一つだけ頼みたいことは、自分の支配が流血沙汰なしで始まって続いてきた[3]ように、どうか流血沙汰なしで終わることで我慢してほしい。パオロとその息子はフランチェスコ伯によってミラノ公の許に送られ、その後獄中で死んだ。

伯の出発は、ルッカを暴君から解放するとともに、フィレンツェ市民を彼の軍隊への恐怖から解放した。そこで防衛の準備をしていた人びとや、その他の人びとは攻撃に戻った。彼らはウルビーノ伯[4]を隊長に選び、彼がルッカの都市を強く攻めたてたために、ルッカ市民たちは再び公に泣きつき、公は前と同様の細工をして、ニッコロ・ピッチニーノを派遣した。ルッカに入城しようとする彼を、わが軍はセルキオ川の畔で迎え討ち、彼が川を渡ろうとしている最中に衝突したが、そこで敗れた。軍事代表委員と少数の兵士が、何とかピサに逃れた。

　この敗北は、われわれの都市全体を悲しませた。なぜなら、この遠征は全市民の総意でなされたので、民衆は誰に当たればよいのか分からず、またそれを決定した人びとを中傷できないので、それを指揮した人びとを中傷した。そして、リナルド殿に対して行われた非難が再燃した。しかし、他の誰にもましてひどい目にあったのは、ジョヴァンニ・グィッチャルディーニ殿で、人びとはフランチェスコ伯の出発後に戦争を終えることができたのに、彼は金銭で買収されたとして、その金が馬の荷駄として彼の家に送られたとか、誰が運んで誰が受け取ったか、といったことまで言いたてる者がいた。こうした噂や非難があまりにも声高なので、人民軍の隊長[5]はそうした世間の声や反対派に動かされて、彼を召喚した。ジョヴァンニ殿はすっかり怒って出頭し、また彼の親族たちが自分たちの名誉のためにたいそう運動したので、隊長は取り調べを投げ出してしまった。

　ルッカ市民たちは勝利の後、彼らの領地を取り戻しただけではなくて、ビエーンティナ、カルチナイア、リヴォルノ、リパフラッタ[6]を除く、ピサの領域部の全領土をも占領してしまった。もしピサで企まれていた陰謀が露見していなければ、この都市自体も失っていただろう。

フィレンツェ市民は自分たちの軍隊を立て直し、その隊長にスフォルツァの弟子のミケレット[7]を選んだ。他方ミラノ公は勝利を追い求め、さらに大きな勢力でフィレンツェ市民を苦しめるために、ジェノヴァ市民、シエナ市民、ピオンビーノ領主たち[8]にルッカ防衛のための同盟を結ばせて、彼らの隊長としてニッコロ・ピッチニーノを雇った。そうした行為は、公の存在を完全に露見させた。

そこで、ヴェネツィア市民とフィレンツェ市民は同盟を更新し、ロンバルディーアとトスカーナでは公然たる戦争が始まった。そのいずれの地域においても、さまざまな合戦が双方の運命を変転させた。その結果、各陣営は疲れはて、一四三三年五月[9]、双方の間で協定が成立し、フィレンツェ、ルッカ、シエナの各市民は、戦時中に互いに占領していた城塞をすべて放棄し、それぞれ元の所有者に返還された。

26

こうした戦争で苦労していた間も、国内の党派の邪悪な敵意は相変わらず沸騰し続けていた。コジモ・デ・メディチは父ジョヴァンニの死後、公務には父以上の熱意を示し、友人たちには父以上の誠意と気前の良さを見せて、身を持してきた。だからジョヴァンニの死を喜んだ人びとは、コジモが何者であるかを知って悲しんだ。

コジモは大変慎重で真面目な感じの良い人柄で、全く気前が良くて、思いやりがあった。グェルフィ党と祖国に対立的なことは決してやろうとせず、みんなに恩恵を与えようとしていて、その気前の良さのために、多くの人が彼の仲間に加わった。そこで彼の模範は、市を統治する人びとへの非難を強めることとなった。そして彼はこうしたやり方で、フィレンツェで他の誰にもおとらず有力で安全に生きていくか、さもなければ敵の野心とぶつかって非常事態となり、武力か人気によってより高い地位につくかのいずれかだろうと、考えられていた。

コジモの権力を組織するための有力な道具となったのは、アヴェラルド・デ・メディチ(1)とプッチョ・プッチ(2)であった。二人のうち、アヴェラルドはその大胆さで、プッチョは分別と抜け目のなさで、コジモの人気を高め、偉大だという評判を高めるのに貢献した。プッチョの助言と判断が皆からあまりにも評価されて知れわたっていたため、コジモの党派は彼の名前ではなくて、プッチョの名前で呼ばれていた(3)ほどだった。このように分裂した都市によってルッカ遠征が行われたのであり、しかもその過程で、党派心は消えるどころか、むしろ激化したのであった。

コジモの党派が、この遠征を支持したけれども、遠征の指揮には国家で最も信用のある人びととして、反対派のきわめて多数が派遣された。アヴェラルド・デ・メディチその他の人びとは、それに対抗できなかったため、あらゆる手を使って、彼らを中傷することに専念した。そして、なんらかの敗北が生じると、実はこの遠征では無数に敗北を喫したのだが、敵方の幸運や戦力のせいではなくて、軍事代表委員の知恵不足のせいだ、と非難された。

このことがアストルレ・ジャンニの罪を重大にした。また、このことがリナルド・デッリ・アルビッツィ殿を怒らせて、許可なしで軍事代表委員の任務から離れさせたのだった。またほかでもないこのことが、人民軍隊長にジョヴァンニ・グィッチャルディーニ殿を召喚させたのである。まさにこれゆえに、役職者や軍事代表委員に他のあらゆる非難が浴びせられた。なぜなら事実は誇張され、事実でなくとも事実だと偽られ、事実だろうがなかろうが、通常そういうことを憎む民衆によって信じられたのであった。

27

こうした工作とか異常な物ごとの進め方は、ニッコロ・ダ・ウッザーノその他の、敵方の党派の首領たちには、この上なく知られていた。彼らは何度となくその対策について話し合ったが、うまい対策が見つからなかった。なぜなら、そのままそうした風潮を成長させておくのは危険だが、それと対決しようとすることは困難だと思われたからだ。ニッコロ・ダ・ウッザーノは、特別なやり方を最も嫌うタイプの人だった。そこで対外的には戦争を抱え、国内的にはこうした心労に悩んでいたとき、ニッコロ・ダ・ウッザーノからコジモの破滅をはかる企てへの同意を得るため、ニッコロ・バルバドーロ(1)が彼の家に会いに行った。そして、一人書斎で物思いにふけっているウッザーノに向い、彼に可能な限りの最高の理由を列挙して、リナルド殿と協力し合ってコジモを追放する気になってほしい、と説得した。それに対してニッコロ・ダ・ウッザーノは、以下のような言葉で答えた。

「君にとっても、君の家にとっても、またわれわれの共和国にとっても、君やその他のこうした意見で君に従う人びとは、君が生やしているといわれる黄金の髭よりも、銀の髭を生やしてくれた方が好都合らしい。なぜなら、白くなって経験に富んだ頭からわいてくる人びとの忠告は、誰にとってもより賢明で、より有益だからだよ。

私はまず、コジモをフィレンツェから追放しようと考える人びとは、何よりもまず自分たちの力とコジモの力を測ってみる必要があると思う。君たちはわれわれの党派を貴族党と呼び、反対党を下層民党と名づけた。もしも真実が名前と一致するならば、どっちにころんでも勝利は疑わしく、下層民に抹殺されたこの都市の古い貴族階級の前例から考えて、期待するよりもむしろ恐れるべきだろう。ところが、私たちの党派がばらばらで、敵が団結しているのであれば、私たちはもっとずっと恐れるべきだろう。

まず第一に、私たちの都市で第一級の市民ネーリ・ディ・ジーノ〔カッポーニ〕(2)とネローネ・ディ・ニージ〔ディオティサルヴィ〕(3)の二人は、彼らの仲間ではなくて、私たちの仲間だといえるほど、その立場をはっきりさせたことがない。多くの家族、いや多くの家門が分裂している。なぜなら、多くの人びとが兄弟や親戚への嫉妬から、私たちを嫌い、彼らの味方をしているからだ。私は君にそれらのうちで最も重要な人びとの何人かを挙げておこう。その他の人びとについては、君が自分で考えてみたまえ。マーゾ・デッリ・アルビッツィ殿の息子のうち、ルーカ[4]はリナルド殿に対する嫉妬のために、彼らの党派に身を投じた。グィッチャルディーニ家の場合、ルイージ殿の息子のうちで、ピエロ[5]はジョヴァンニ殿の敵なので、私たちの敵の味方だ。トンマーゾおよびニッコロ・ソデリーニ[6]は、彼らの伯父フランチェスコに抱く憎悪のため、公然と私たちに敵対している。

したがって、彼らが何者であり私たちが何者であるかをよく考えるならば、一体どうして私たちの党派が、彼ら以上に貴族党と呼ばれるにふさわしいのか、私には理解できないのだ。また、もしもその理由が、彼らには下層民全体がついているためだとしたら、私たちはそのために不利な条件にあり、彼らの方が有利な立場にあることになる。その結果、もしも武器を取って戦えば、つまり決定的選択の時期がきたら、私たちにはとても抵抗する余地はあるまい。

また、もしも私たちがいまなお権威を保っているとすれば、それはすでに五十年もの間保たれてきた、この政体の古き名声から生じたものだ。しかし、政体が試練に遭い、もし万一私たちの弱味が暴露されるようなことが起これば、私たちは破滅してしまうだろう。

もしも君が、正当な理由に私たちが動かされていれば、そのことが私たちの信用を高め、彼らの信用は低下すると言うのなら、その正義が他人にも私たちと同様に理解され、信じられていなければならない、と私は答えよう。

ところが、これは現実とは正反対だ。なぜなら、私たちを動かしている理由は、すべてコジモがこの都市の独裁者になりはしないか、という疑惑に基づいているからだ。たとえ私たちがこうした疑惑を抱いていても、他の人びとはそんな疑惑を抱いてはいない。むしろさらに悪いことに、私たちがコジモを非難する理由で、彼らは私たちを非難している。

コジモの行動のうちで、私たちに疑惑を抱かせるのは、以下のような事実だ。まず、彼が自分の金銭をすべて私的な用途だけでなく、公的な用途にも用いていること。それもフィレンツェ市民だけではなくて、傭兵隊長にまで役だてていることがある。なぜなら彼は、役職につく必要のあるあれこれの市民を援助しているし、また彼が市内全体から得ている他人の好意を活かして、あれこれの友人をより高い名誉職へと引き上げているからだ。だから、彼を追放するための理由として、彼は気持が優しく、義理堅く、気前が良くて、皆に愛されているからだ、と言わねばならないだろう。

どんな法律が、人の優しさや気前の良さ、愛情を禁じたり非難したり、罰したりしているかを、ちょっと言ってほしい。たしかにそのやり方はすべて、人間を君主の地位にまで飛躍させてしまうものだけれども、しかしそのようには信じられておらず、また私たちにも人びとをそうだと納得させるに足る十分な根拠がない。なぜなら私たちのやり方自体が、自分たちの信用を台なしにしてしまって、本来党派的なこの市は、常に党派の政府の下にあって堕落しているために、そうした非難に耳を貸すことなどできないからだ。

だが、仮に彼の追放に成功したものとしよう。それはそのために都合のよい執政府を作れば、容易にうまくいくだろう。そこで、後に残されて彼の帰国の希望に燃える多くの彼の友人のなかにあって、君たちは一体どうやって彼の帰国を妨げられるのだ。それは不可能だろう。なぜなら、彼の友人は数多い、市内全体の好意を得ているため、とても安心はできないからだ。そして彼との親交が知れわたっている最も重要な友人たちを追放すればするほど、ますます多くの人間を敵にまわすことになるだろう。だから、わずかの間に彼は、私たちの許に戻ってくるだろう。そして諸君が得るものは、追放したときには善人だった彼が、悪人となって帰国するということだ。なぜなら彼の性質は、彼を呼び戻した連中によって堕落させられるからである。彼はその連中に義理ができて、とても反対などできないからだ。

また、たとえ諸君が彼を殺そうと計画しても、法務関係者を通しては決してうまくいくまい。なぜなら、諸君の精神は汚職に弱くできているので、彼の資金が常に彼を救い出すからだ。しかし、もしも仮に彼を殺すなり、帰ってこれないように追放できたとしても、それで私たちの共和国内に何が得られるのか、私には分からない。なぜならコジモから解放されたとしても、共和国はリナルド殿の奴隷となるからだ。

私自身としては、いかなる市民もその権力や権威において他人より優ることを望まない人間の一人だが、どうしてもこれらの二人のうちのいずれかが優越せざるをえないとするならば、私にはどんな理由で自分がコジモよりもリナルド殿の方をより愛すべきだとするのか、その理由が分からないのだ。

私は君に、神よ、どうかこの都市ではいかなる市民も、その君主とならないよう守りたまえ、としか言うつもりはないが、もしも私たちの罪のために、君主を持たざるをえないとすれば、どうか彼に服従することからは守りたまえ。したがって、あらゆる側にとって有害な方針を勧告しようとしてはいけないし、また少数の者の協力を得て、多数者の意志に対抗できると思ってもならない。なぜなら、これらすべての市民たちは、一部は無知、一部は悪意のために、いつでもこの共和国を売り払う用意ができているのだ。しかも彼らの友である運命によって、彼らは買い手を見つけたのだ。だから、君は私の忠告に従って身を処したまえ。控えめに暮らすように心がけよ。また自由に関しては、敵方の人びとと同様に、味方の人びとにも疑惑を持ちたまえ。そしてなんらかの厄介事が生じたならば、中立の立場で生きて、みんなに気に入られるようにすることだ。そうすれば君にとっても好都合だし、また君の祖国に害を及ぼすこともあるまい(7)」。

28

こうした言葉がバルバドーロの心を抑制させたので、事態はルッカ戦争が続く間は、沈静していた。しかし、その後平和が訪れ、それにニッコロ・ダ・ウッザーノの死(1)が続くと、市には戦争も抑制もなくなってしまった。そこで、もう何の遠慮もなしに、悪しき敵意が高まった。リナルド殿は、自分の党派のただ一人の君主となったと信じこみ、彼が旗手になる可能性があると信じるあらゆる人びとに、少数の悪意と多数の無知につけこんで必ずこの都市を隷従状態に陥れるあの人物を、武器を取って祖国から除くことを要求し、しつこく説き続けるのをやめなかった。

リナルド殿が取ったこうしたやり方と、反対派を支持する人びとのそれは、市内を疑惑でいっぱいにした。そして役職者が選出されるたびに、一方の党派からは何人か役職についで、他方からは何人だ、と公然と噂された。そこで執政府役員の抽選のたびに、市全体が熱狂した。たとえほんのわずかでも、役職が関係してくると、両派の間で競争となった。秘密も公開された。こうして、善も悪も賛否両方で迎えられた。善人も悪人同様ぼろぼろになってしまった。役職者は、だれ一人として公務を執行しなかった。

だからフィレンツェが、こうした混乱に陥り、コジモの権力を失墜させてやろうという望みに駆られたリナルド殿は、ベルナルド・グァダーニ(2)が正義の旗手になれるはずだと知ると、彼が公的な負債のためにその地位を剝奪されないように、彼の税金を払ってやった。その後、執政府役員の抽選時期がくると、私たちの不和の友である運命の計らいで、九月から十月にかけてその地位につくよう、ベルナルドが正義の旗手に選出された。リナルド殿はすぐ彼に会いに行き、貴族党の者たちと良く生きたいと望むあらゆる人びとは、ベルナルドの旗手就任をどんなに喜んでいるかを語り、その喜びが糠喜びに終わらないかどうかは、すべて彼の行動にかかっている、と説いた。さらに、市がいま置かれている分裂状態の危険を彼に示して、こう説き続けた。統一のための唯一の手段はコジモを消すことしかない、なぜなら彼のみが彼の法外な富から生じる好意によって、市民たちを腐らせているからだ。それに、彼はすでに大変高い地位に祭り上げられているから、しかるべき処置を取らなければ、君主になってしまうだろう。だからそのための処置を取り、民衆を広場に呼び出して、祖国に自由を返すために国家を取り戻すことこそ、いかに良き市民の義務であることか。またリナルドは、自分たちの先祖の流した血によって、政府がその下に従属していたグェルフィ党の偉大さを、サルヴェストロ・デ・メディチ殿が不正に抑圧したことをも、彼に思い出させた。そしてサルヴェストロが不正に多数に対して行えた事がらを、ベルナルドはただ一人に対して正当に実行できるのだ、と説いた。さらに恐れることはない、と激励した。なぜなら、友人たちがただちに武器を取って彼を助けるだろうし、コジモはかつてジョルジョ・スカーリ殿が得た以上の好意を下層民たちからは得られないので、彼を崇拝する下層民などは気にしなくともよいからである。それに、彼の富についても恐れることはない、なぜなら、それが執政府の権力の下に入れば、自分たち自身の物となるからだ。そして、この行為が共和国を安全で統一されたものにし、ベルナルドを名誉ある人にするだろう、と結論づけた。

こうした言葉に対してベルナルドは、自分もリナルド殿が語ったことは必要だと思う、そして行動するには時間がかかるので、仲間を説得し次第、素早くやるため武力の準備に専念する、と短く答えた。ベルナルドは正義の旗手に就任するやいなや、仲間をまとめ、リナルド殿と協力してコジモを喚問した。コジモは多くの友人たちからやめるよう忠告されたけれども、執政府の慈悲を信じたというよりも、自分の無罪に自信があったために出頭した。コジモが宮殿に入って拘留されるやいなや、(3)リナルド殿は多くの武装兵とともに家から出て、彼の後からその党派全員が続き、広場へとやって来た。そこで執政府は人民を招集し、都市政体の改革のために二百人の大権委員会を創設した。その大権において、可能な限り早く改革が論じられ、またコジモの生死が論議された。

多くの人びとは彼が追放されることを望んだが、死刑を望む者も多く、他の多くは彼への同情のためか、敵の党派への恐怖のために沈黙していた。こうした意見の不一致は、何ごとについても結論をもたらさなかった。

29

宮殿の塔の中には、そっくりそのまま塔と同じ広さを占めるアルベルゲッティーノと呼ばれる場所があった。コジモが閉じ込められたのはそこで、フェデリーゴ・マラヴォルティ(1)がその監視役を命じられた。コジモはその場所から、市民総会が行われ、広場から聞こえる武器の音、頻繁に鳴り響く大権会議への招集のラッパの音などを聞き、自分の生命が危うい、と感じた。しかし彼がそれ以上に恐れたのは、彼の特別な敵たちが、異常な手段で彼を暗殺することだった。そのため彼は食事を避けて、実に四日の間わずかのパン以外は食べようとしなかった。それに気づいたフェデリーゴは、彼にこう言った。

「コジモよ、君は毒殺されるのではないか、と疑っているね。私がそんな悪事に手を貸すものと信じて、餓死することで私の名誉を汚そうとしている。君は宮殿の内外にとてもたくさんの友達を持っているから、君が生命を失わねばならない、などと私は思っていないよ。しかし、たとえ君が死なねばならないとしても、君の生命を奪うために私を手先に使うような真似はさせないから、安心したまえ。なぜなら、私は自分の手を誰の血ででも汚そうとは思わないし、とりわけ私を一度も侮辱したことがない君の血では手を汚したくないよ。だから安心して食べ物を食べて、友達と祖国のために生きていてくれ。あんたにもっと信用して食べてもらうために、私は君の食べ物をそっくりそのまま、一緒に食べるとしよう」。

こうした言葉は、すっかりコジモを元気づけた。そこで彼は目に涙を浮かべてフェデリーゴを抱きしめ、キスをした。そして元気なはっきりした言葉で、かくも優しく愛情深い勤めぶりに対して彼に感謝し、もしも運命が彼にその機会を与えてくれれば、彼にうんと恩返ししようと申し出た。

こうしてコジモは、いくぶんか元気を取り戻し、市民の間で彼の事件がどう見られているかを話し合っているうちに、たまたまフェデリーゴが彼を楽しませようと、自分たちの夕食の席に正義の旗手の家来の一人で、ファルガナッチョ(2)と呼ばれる大変愉快で、こっけいな人物を呼んできた。コジモはファルガナッチョを非常によく知っていたので、ほとんど夕食が終わるころ、彼の到来を利用しようと考えて、フェデリーゴに少し席を外してくれるよう合図した。その理由を覚った彼が、夕食に不足しているものを取りに行くふりをした。

二人きりになると、コジモはいくらか親身な言葉でファルガナッチョ相手に語った後、彼にある証拠品を与えて、サンタ・マリーア・ヌオーヴァの病院へ行き、千百ドゥカート(3)取ってきてくれるように、そしてそのうちの百ドゥカートはファルガナッチョ自身が取り、残りの千ドゥカートは正義の旗手の所へ持って行くよう、また適当な機会に正義の旗手が自分の所へ話しに来るよう頼んでほしい、と依頼した。

ファルガナッチョはその依頼を引き受けた。お金が支払われ、そこでベルナルドはさらにおだやかになり、コジモを消してしまいたいと望むリナルド殿の意に反して、コジモはパドヴァへ追放された。またアヴェラルド、その他メディチ家の人びとや、プッチョおよびジョヴァンニ・プッチを含む多くの人びとも追放された。コジモの追放に不満を抱く人びとに衝撃を与えるため、八人公安委員会と市民軍隊長に大権が与えられた。

こうした決定の後に、一四三三年十月三日、コジモは執政府の人びとの前に呼び出されて、彼らによってその追放が宣告された。また、彼の財産や彼自身に対するこれ以上にきびしい処置を望まないならば、服従するように勧告された。コジモは明るい表情で追放を受け入れ、執政府がどこを指定しようと喜んで受け入れると誓った。さらに彼は、自分の生命を助けてくれた以上、広場には彼の血を望む者が多数いると聞いているから、自分の命を保護して欲しい、とねんごろに頼んだ。さらに、自分はどこへ行こうとも、祖国とその人民と執政府のために自分自身とその財産を提供したい、と申し出た。

彼は正義の旗手に慰められ、夜になるまで宮殿に止められた。その後、ベルナルドはコジモを自分の家に案内し、そこで夕食をともにすると、多くの武装兵に彼を国境まで送らせた。どこを通過しても、コジモは丁重に迎えられた。ヴェネツィア市民に公式に訪問を受け、追放者としてではなく、最高の地位にある者として敬われた。

30

かくも重要な市民で、かくもみんなから愛されていた人物がフィレンツェから去ったことで、だれもがびっくりした。そして勝った方も、負けた方も同様に恐れていた。リナルド殿は将来の自分の不幸を恐れて、自分自身とその党派に手落ちがないよう、友人である多くの市民を集めると、彼らに向かってこう語った。

敵方の嘆願や涙や資金に負かされたために、自分たちの破滅が準備されるのを自分は目撃したが、この後間もなく、今度は自分たち自身が嘆願したり、泣いたりする羽目に陥るだろう。だが、自分たちの嘆願は聞き入れられず、その涙に同情してくれる人は見出せず、いま受け取った金銭は、元金を返却するだけではすまず、高利に加えて拷問や死や亡命を添えて、支払うことになるだろう。またコジモを生かしたまま手放して、彼の友人たちを市内に止めておくくらいなら、何もしない方がずっとよかった。なぜなら大人物は全然触れないでおくか、一旦触れた以上は、消してしまう以外に仕方がないからだ。どうせ彼らは、すぐに元気を回復するはずだが、敵が元気を取り戻した場合、合法的なやり方ではとても彼らを追放できそうにないので、とにかく都市の守りをしっかりと固めて、武器を取って彼らを追い払う以外に手はないと思う。そのための対策とは、ずっと以前に彼が思いついたもので、つまり敵方が下層民たちで自分を補強している以上、市のあらゆる名誉ある地位を貴族たちに返却して譲歩することによって、貴族を味方に取り込み、その党派の力で自分たちを補強するという方式だ。それによって自分たちの党派に、より多くの生気と力量と勇気と信用とが加わった分、よりいっそう強力になることだろう。さらにリナルド殿は、もしもこの最後の真の対策を採用しなければ、これほど多数の敵の中で政権を保持できるようなどんな方法もほかに見当たらないし、自分たちの党派と市の滅亡が切迫していることを知っている、と断言した。

それに対して集まった人びとの一人、マリオット・バルドヴィネッティ(1)は、貴族たちの傲慢さと彼らの我慢し難い性質を指摘して反対し、下層民の疑わしいだけの危険を避けるために、貴族たちが確実にもたらす専制政治に逃げ込むべきではない、と述べた。リナルド殿は自分の勧告が聞き入れられないのを見ると、自分と自分の党派の不幸を嘆いて、すべてを人びとの無知や蒙昧のせいにする代わりに、むしろこのような事態を望んだ諸天のせいにした。

だから事態がこうした状態に止まり、いかなる必要な手段も取られていない時、アーニヨロ［アンジェロ］・アッチャイウォーリ(2)殿からコジモに宛てて書かれた手紙が発見された。それは彼に宛てて、市の彼に対する処置を示し、なんらかの戦争を仕かけることと、ネーリ・ディ・ジーノ〔カッポーニ〕の友人となることが勧められていた。なぜなら市は資金に窮しているので、軍務を引き受けてくれる者が見つからないであろうし、コジモの記憶が市民たちの間で蘇り、また彼を帰国させたいという望みも蘇るだろう、と彼が判断したからである。もしもネーリがリナルド殿と手を切るならば、リナルド殿の党派は非常に弱体化してしまい、とても自分を守るのには足りないはずであった。この手紙が役職にある人びとの手に入ると、アンジェロ殿が捕えられ、綱責めの拷問にかけられた後に追放された。だが、そうした見せしめによっても、コジモに味方する気分はすこしも沈静しなかった。

コジモが追放されてからすでにほとんど一年がたち、一四三四年の八月の末になったころ、それから二か月間の正義の旗手としてニッコロ・ディ・コッコ[3]が抽選され、彼の同僚の総代八人もすべてコジモの党派から選出された。そこで、このような執政府はリナルド殿とその党派の人びと全員を大変脅かした。そして、彼らがその地位に就任する日があと三日と迫ると、リナルド殿は彼の党派の首領たちと再び集まった。そして彼らに危険が確実に間近に迫ったことを示し、そのための対策として武器を取って、当時、正義の旗手であったドナート・ヴェッルーティ[4]によって民衆を広場に招集させ、新しい大権を創設して次期執政府のメンバーからその地位を剝奪することと、政権のための新役員を選出し、名札入れの袋を焼却して、新しい資格審査によって友人たちの名札を入れた袋を作ることだ、と説いた。

こうした方針は多くの人びとによって、確実で必要だと判断されたが、他の多くの人びとからは、あまりにも乱暴でまたあまりにも多くの非難を後に残す、と判断された。それを好まなかった人びとの一人に、パッラ・ストロッツィ殿[5]がいた。彼は物静かで上品で優しく、党派を統率したり市内の紛争と対決するよりも、むしろ文芸の研究に適していた。だから彼は、狡猾あるいは大胆な方針というものは、当初はよいもののように見えても、その後扱うのが困難になり、結局有害なものとなってしまうものだ、と述べた。さらに、ロマーニャではミラノ公の軍隊が私たちの領土の国境に迫っているので、国外での新しい戦争の心配が、国内の紛争以上に新しい執政府の頭を悩ませるであろう。しかし、もし仮に彼らの間に革命を起こそうという動きが見られるならば、(そういうことは、人に悟られないでは起こせないので)いつでも自分たちが武器を取って、公益のために必要だと信じることを実行するのに間に合うはずだ。そして必要に迫られてそうした手段を取るならば、民衆の驚きも、自分たちへの非難も少なくてすむはずだ、と述べた。

その結果、新しい執政府をその地位につかせて、彼らのやり方を監視しようという結論が下された。もしもわれわれの党派に対して何か不当なことを聞きつけたならば、ただちに武器を取って宮殿に近いサン・プリナーレ〔サンタ・アポリナーレ〕広場に集合し、その後そこから必要だと思われる場所に向かうことにすればよい、ということになった。

31

彼らがこうした結論を下して解散したため、新しい執政府の人びとがその地位に就任した。すると正義の旗手〔ニッコロ・ディ・コッコ〕は、名声を得るためと自分たちに反対しようと企てている人びとに衝撃を与えるために、彼の前任者ドナート・ヴェッルーティを公金費消の罪で投獄した。

その後、彼は同僚たちにコジモを帰国させようと説き、自分たちがその準備を整えたとみると、彼がメディチ党の首領だと判断した人びとに、そのことを伝えた。彼らから激励されて、敵の党派の首領としてリナルド殿、リドルフォ・ペルッツィ[1]、ニッコロ・バルバドーロを召喚した。

その召喚を受けると、リナルド殿はもはや猶予はできないと考えて、多数の武装した人びとともに家から出発し、リドルフォ・ペルッツィやニッコロ・バルバドーロも彼らに合流した[2]。そのなかには他の多くの市民たちや、フィレンツェにやって来たが雇い主がなかった多くの傭兵たちもいた。彼らは打ち合わせどおり、全員サンタ・アポリナーレ広場に集まった。

パッラ・ストロッツィ殿は、すでに彼のためにたくさんの人びとが集められていたのに、家から外へは出なかった。ジョヴァンニ・グィッチャルディーニ殿も同様だった。そこでリナルド殿は人をやって彼らに催促し、その遅刻を咎めさせた。ジョヴァンニ殿は、自分の兄弟のピエロが宮殿を支援しに出かけないよう抑えることで、自分は家にいても敵の党派と大いに戦っているのだ、と答えた。パッラ殿の方は、何度も催促の使いが来た後、ようやく馬に乗って二人の徒歩のお供を引き連れ、武装もせずにサンタ・アポリナーレへやって来た。

リナルド殿は彼に詰め寄り、その怠慢をきびしく叱責して、こう言った。他人との約束を守らないことは信義が乏しいためか、勇気不足のために生じるのだが、そのいずれにせよ、これまでパッラ殿がそうだとみなされていたような類の人だとみなされることを望む人間は、そうした非難を当然避けるべきであった。しかし、もしもパッラ殿が、グェルフィ党のために果すべき義務を怠ったことで、敵方が勝利を得た時、彼に生命や追放を許してくれるなどと信じていたら大間違いだ。何か忌まわしいことが起こった時に、自分が期待できるのは、危険がくる前には忠告を怠らず、危険に際しては武力で戦ったという満足感だろう。それに対してパッラ殿やその他の連中は、祖国を三度も裏切ったことを思い出して、二重に不愉快な思いをすることだろう。その一度目はコジモの生命を助けた時、二度目は自分の勧告を受け入れなかった時、三度目はいま、武器を取って味方を助けに来なかった時のことだ。こうした言葉に対して、パッラ殿は周りの人びとが理解できるようなことは何も答えなかった。ただ口の中で何かぶつぶつ呟いた後、馬の向きをくるりと回すと、帰宅してしまった。

執政府の人びとは、リナルド殿とその党派が武器を取ったことを聞き、自分たちが見捨てられたのを見ると、宮殿を閉じさせ、評議会も持てないまま、どうすればよいのかわからなかった。しかしリナルド殿は、やって来ない兵力を待つために宮殿広場到着を遅らせているうちに、自分が勝てるチャンスを失い、執政府に対策を講じる勇気を与えてしまった。また多くの市民が彼らの許に駆けつけ、彼らを励まして、武器を置かせるため交渉するように勧めることを許した。

そこで、何人かのあまり疑われていない人びとが、執政府の代わりにリナルド殿の許に赴き、以下のように伝えた。執政府には、なぜこうした動きがなされたのかその理由が分からないが、彼を侮辱する意図は毛頭なかった。たとえ、コジモのことが論じられたとしても、彼を呼び戻すことは考えられていないし、もしそれが疑惑の原因だとすれば、彼に保証するであろう。だから、どうか安心して宮殿に来ていただきたい。彼らは歓迎され、彼らの要求は何でも受け入れられるだろう。こうした言葉もリナルド殿の意図を全然変えることができず、彼は執政府の人びとを辞めさせて私人の地位に落とすことで確証を得たいと言い、さらに皆の利益のために市を改革したいのだ、と述べた。

しかし常に生じていることだが、権威が等しくても見解が異なる場合には、なんらかの問題が正しく解決されることはめったにない。リドルフォ・ペルッツィは市民たちの言葉にすっかり心を動かされ、自分はコジモが帰国しないこと以外何も求めておらず、この点の一致さえ得られれば、十分勝利を得たことになる。自分には自分の祖国をこれ以上血まみれにする気はない、だから執政府に従いたい、と述べた。

そして自分の一党とともに宮殿に入って行き、そこで陽気に歓迎された。そこでサンタ・アポリナーレに残っているのは、リナルド殿だけとなった。パッラ殿の臆病とリドルフォが去ったことが、リナルド殿のこの蜂起から勝利のチャンスを奪ってしまったのだ。彼に従っていた市民たちの気持も、次第に最初の熱意が冷めていった。そこへ教皇の権威が加わることとなった。

32

教皇エウゲニウス〔四世〕[1]はローマで民衆から追放されたため、フィレンツェに来ていた。こうした騒乱を耳にして、彼はそれを鎮めることが自分の任務だと信じた。そこでリナルド殿の大の友人である総大司教ジョヴァンニ・ヴィテッレスキ[2]殿を使いにやって、自分の許に来るように求めた。市民たちの流血や損害なしにリナルド殿を満足させ安心させられれば、執政府に対する自分の権威や信用が万全のものとなりそうだったからである。

やがて、その友人に説得されたリナルド殿は、彼に従う武装した人びと全員とともに、教皇が住むサンタ・マリーア・ノヴェッラ教会へと赴いた。教皇は彼に対して、執政府の人びとが自分を信頼していることを説いて、すべての対立は自分の裁定に委ねられていることを彼に理解させた。そして、もしリナルド殿が武器を置くならば、彼の思いどおりに事態が調整されるだろうと告げた。

リナルド殿は、パッラ殿の冷淡さやリドルフォ・ペルッツィの軽薄さを見て、とても行動には移れないことを悟り、教皇の権威がともかく彼を守ってくれるはずだと考えて、彼の腕に身を委ねることにした。そこで教皇は、外でリナルド殿を待っていたニッコロ・バルバドーロ、その他の人びとに対して、リナルドは執政府との協定を結ぶために教皇と一緒に残るから、武器を置いて立ち去るように伝えさせた。その言葉で皆は解散し、武装を解いた。

33

執政府の人びとは、彼らの敵が武器を捨てたのを見ると、教皇を通して協定のための交渉に取りかかった。だがその一方で、ひそかにピストイアの山地へ使いをやって、歩兵軍を呼び寄せた。彼らは、その軍隊を自分たちの味方のすべての戦士たちとともに夜中にフィレンツェに入城させた。こうして、彼らが市内の要所を固めると、民衆を広場へ招集し、新しい大権を創設した。

その大権委員会は、まず集まるやいなやコジモの帰国を決め、つづいて彼とともに追放された人びとの帰国を決定した。そして敵の党派のリナルド・デッリ・アルビッツィ殿、リドルフォ・ペルッツィ、ニッコロ・バルバドーロ、パッラ・ストロッツィ殿その他、多くの人びとを追放処分に処した。

非常に多くの人びとが追放されたので、イタリアには追放された人がいない場所はほとんどなくなったし、イタリア以外でも多くの土地が亡命者でいっぱいになった。だからフィレンツェは、同種の事件のために善良な人びとのみならず、富裕な人びとや勤勉な人びとをも失った。

教皇は、自分の懇願によって武器を置いた人びとの身にかくもひどい破滅が降りかかるのを見て、大変不満であった。リナルド殿に対して、自分が保証していた相手に行われた侮辱について、いたく遺憾の意を表した。そして彼に忍耐するように励まし、運命の変わり易さに期待するよう勧めた。それに対してリナルド殿はこう答えた。

「私を信頼すべきだった人びとの信頼の乏しさと、私があなたに寄せたあまりにも大きすぎる信頼とが、私と私の党派を滅ぼしてしまいました。しかし、私は他の誰よりも自分自身のことを残念に思っています。なぜなら私は、自分の祖国から追放された聖下が、私を私の祖国に止めて下さると信じたからです。私は運命の悪戯については、十分経験を積んでいます。私は繁栄をほとんど信用していませんが、それと同様、逆境もたいして私を傷つけることはありません。そして運命は、気が向いたら、私にもっと陽気な顔を見せてくれるかもしれないことも分かっております。しかし、運命に気に入られないときには、法律よりも人間がものを言う都市で住むことを、私はあまりたいして有り難がるわけにはいかないようです。なぜなら望ましい祖国とは、財産や友情を安心して楽しめる所のことであり、財産が人の手からやすやすと奪われたり、友人がわが身の安全のために、最も必要な時に友を見捨てたりするような所ではないからです。また賢明で善良な人びとには、常に彼らの祖国の不幸を目で見ることよりも、耳で聞くことの方がつらくはないのです。彼らは奴隷のような市民であるよりも、立派な反逆者となることの方が、より名誉なことだと見なしているのです」。

大変憤慨しながら教皇の許を去ると、彼は自分自身に対して、教皇の助言と友人たちの冷たさとを何度も非難しながら、亡命の途についた。一方コジモは、帰国許可の知らせを受けてフィレンツェに帰国した。たとえどんな市民が戦争に勝って凱旋した時でも、コジモが追放から帰国した時ほどに多くの民衆が群がり、好意を露わに示して、一人の市民の祖国への復帰を歓迎したことは稀であった。彼はみんなから、民衆の保護者、祖国の父として自発的に歓迎されたのである。

訳注

本書においては、翻訳に使用したウテット版（アレッサンドロ・モンテヴェッキ監修、トリノ、一九七一年）、および参照したリッチャルディ版（マリオ・ボンファンティーニ監修、ミラノ・ナポリ、一九六三年）に記された注からの抜粋と、人名や用語などの説明（厳密な意味における訳注）とを併せて、いずれも訳注として列記しておく。ただし紙数に制約があるため、必要最小限度に止めざるをえず、またしばしば舌足らずな説明に止めざるをえなかったことを、あらかじめお断りしておきたい。

献辞

（1）クレメンス七世（一四七八～一五三四）は、パッツィ家陰謀事件で暗殺されたジュリアーノ・デ・メディチの遺児で、一五二三年より教皇。マキァヴェッリは一五二〇年十一月八日に、『フィレンツェ史』執筆を依頼され、一五二五年にこれを引き渡して、一二〇ドゥカーティの報奨金を得たとされている。

（2）「ジョヴァンニ（一三六〇～一四二九）…、コジモ（一三八九～一四六四）…、ピエロ（一四一四または一六～六九）…、ロレンツォ（一四四九～九二）…」は、ロレンツォ・イル・マニフィコにつながる、メディチ家直系の四代。本書のなかば以降は、彼らの生涯と深くかかわっているので、その列伝のような性格を帯びている。

序文

（1）　リオナルド〔レオナルド〕・ダレッツォ殿は、アレッツォ生まれのレオナルド・ブルーニ（一三六九頃～一四四四）のこと。有名な人文主義者で、一四一〇～一一年および一四二七～四四年にフィレンツェの書記官長を務め、起源から一四〇二年までの、『フィレンツェ人の歴史』全十二巻をラテン語で著作した。ポッジョ殿とは、テルラノーヴァ出身のポッジョ・ブラッチョリーニ（一三八〇～一四五九）で、長く教皇庁に勤めた後、一四五三～五八年にフィレンツェの書記官長。一三五〇～一四五五年を扱った『フィレンツェ人の歴史』全八巻その他、ラテン語の著書や論文が多い。リッチャルディ版の校訂者ボンファンティーニは、マキァヴェッリの二人に対する批判は、ポッジョには該当してもブルーニには該当しない、と批判している。

なお本書にしばしば現れる「殿」という称号は、「メッセル」の訳語で、通常は騎士の称号を持つ人物や高位聖職者に付けられている。厳密には「卿」、もしくは「閣下」「猊下」などに当たるが、この翻訳では平凡に「殿」と訳しておく。

（2）　マキァヴェッリは、『ディスコルシ』第一巻の冒頭において、党派争いや内部分裂は都市を強化する、と主張している。本書においても、そうした立場は維持されているようだが、その表現は必ずしも単純ではなく、矛盾した記述も散見されるようである。

(3) ギベッリーニ党。しばしば「皇帝党」と訳されている。ホーエンシュタウフェン家の皇帝の与党として、当時の反教皇派であったが、その後は必ずしもそうとは言えないので、イタリア語読みのままにしておく。

(4) カンパルディーノ戦争とは一二八九年六月十一日、フィレンツェを中心とするグェルフィ同盟が、アレッツォのギベッリーニ党の軍隊を破った戦争。ダンテも出陣した、とされる。

(5) グェルフィ党。ギベッリーニ党の対立勢力で、しばしば「教皇党」と訳されるが、必ずしも常に時の教皇に対して忠実だったわけではなく、教皇のほうでも常に与党扱いしていたわけでもないので、イタリア語読みのままにしておく。

(6) 原文では「戦争」となっているが、実際は一二八八年六月にフィレンツェがアレッツォ領へ行った合戦なしの遠征のこと。これは同年二月にギベッリーニ党支配下のアレッツォが行った、フィレンツェ領侵入への反撃であった。

(7) 正式の名前はフィリッポ・マリーア・ヴィスコンティ(一三九二～一四四七)だが、マキァヴェッリは常にマリーアを省略して呼ぶ。ジャンガレアッツォの次男で、一四一二年以降ミラノ公としてロンバルディーアの広大な領地を支配し、しばしばフィレンツェとも戦った。その死とともにヴィスコンティ家は断絶する。

(8) この戦争は一四二三～二八年に戦われ、その結果生じた財政危機は、フィレンツェにおけるアルビッツィ家中心の支配体制に危機をもたらした。
(9) 一四三〇年より三八年まで続く。
(10) 通称アテネ公とは、ナポリのフランス系名門貴族グァルティエーリ・ディ・ブリエンヌ(一三〇二～五六)のこと。ロベルト王の姪と結婚し、一三四二年にフィレンツェの終身領主に任命されたが、一年足らずで追放される。その経緯は第二巻にくわしい。
(11) 対教皇戦争とはフィレンツェ市民が、教皇グレゴリウス十一世(在位一三七〇～七八)相手に戦った、「八聖人戦争」と呼ばれる戦争。マキァヴェッリの記述は不正確で、実はアテネ公の追放よりはるかに遅い。
(12) ラディスラーオ王(一三七七～一四一四)は、アンジュー家のナポリ王兼ハンガリー王カルロ三世の子で、幼くしてナポリ王となるが、フランスのアンジュー家を継ぐルイ二世の侵入に悩まされながらも、ローマの征服を目指して、しばしばラツィオやウンブリアなどの教皇領を侵略して占領した。

第一巻

1

(1) ガイウス・マリウス(前一五七～八六)は、ユグルタ戦争、ゲルマン人討伐などで勝利し、ローマの兵制を改革した、民衆派を代表するローマの将軍、政治家。

(2) キンブリ族は前一〇一年、テウトネス族とともにウェルケラエでマリウスに敗北したゲルマン民族。

(3) ヴィジゴート〔西ゴート〕族とは、ゲルマン民族の一つでアドリアノープルの戦い(三七八)でヴァレンス皇帝を破り、ギリシャ、イタリア等を荒らした後、南ガリアに建国、その後スペインのトレドを首都とする王国を築いた。

(4) テオドシウス帝(三四六〜九五)は三九四年、東西ローマの最後の統一に成功した。

(5) アルカディウス(三七七〜四〇八)とホノリウス(三八四〜四二三)は、テオドシウス帝の二人の男子。領地を分割相続したため、東西ローマは永遠に分離した。

(6) ルッフィヌスまたはルフィヌス(三三五頃〜九五)、スティリコ(三六五頃〜四〇八)、ギルドヌス(三三〇頃〜九八)は、いずれもテオドシウスの高官で、東西ローマに分かれた後、スティリコのみは一時期ホノリウス皇帝の意志を自由に左右して栄えたが、結局三人とも悲惨な死を遂げた。

(7) ブルグンド族、フランク族、ヴァンダル族、アラン族のうち、前三者はゲルマン民族で、ブルグンド族はバルト海岸から南下して、ライン川沿岸に定着したが、四三六年フン族に敗れ、四四三年サヴォイアに移住、さらにサヴォイアからブルゴーニュへと移住した。フランク族は三世紀にライン川中流および下流沿岸に定着し、次第に領地を広げて、シャルルマーニュ帝によって西ローマ帝国を復活させる。ヴァンダル族はバルト海沿岸から、現在のフランスを越えて四〇九年スペインに定住し、さらに四二九年にはアフリカに侵入し王国を建設。地中海の島々をも占拠して、四五五年にはローマを劫掠《ごうりゃく》したが、東ローマ帝国によって滅ぼされた。アラン族は、スキタイ－サルマート系の民族で、ステップ地帯で東洋系のフン族に討たれ、その後ヴァンダル族やスエビ族に混じり合い、南ガリアからスペイン、さらにアフリカに渡り、一部は地中海からローマ攻略に加わる。

(8) アラリクス王（三七〇頃～四一〇）は、ギリシャやイタリアを荒らした。四一〇年、三日間にわたりローマを略奪した。

(9) アタウルフォは在位四一〇～一五の西ゴート王（四一五年没）。

(10) ガラ・プラキディア（三八九頃～四五〇）はテオドシウス一世の娘で、西ゴート王妃。アタウルフスの死後、西ローマ皇帝コンスタンティウス三世と結婚。息子ウァレンティニアヌス三世の摂政（四二五～四〇）として西ローマ帝国を統治した。

(11) ベティカは現在のスペイン、アンダルシア地方のローマ帝国支配下での呼び名。

(12) ボニファツィオ（四三二年没）はホノリウスやガラ・プラキディアに仕えるが、晩年宮廷と対立して、ヴァンダル族をアフリカに招く。

(13) ガイセリック王（三九〇頃～四七七）は、四三九年アフリカにヴァンダル王国を建国した後、シチリア、サルデーニャ、コルシカを征服し、ローマを荒らす。

(14) テオドシウス二世（四〇一～五〇）は、政治には無気力だったが、コンスタンティノープルの城壁を築かせ、テオドシウス法典を編修させた。

2

（1）フン族とは、トルコ−モンゴル系の騎馬民族で、四世紀半ばアラン族を破り、三七〇年東ゴート族領に侵入して征服。ゴート族に続いてローマ帝国に侵入し、ハンガリーを中心に王国を建国し、アッティラ王の下で猛威を振るうが、カタラウヌム〔シャロン〕の戦い（四五一）に敗れ、アッティラの死後分散、その後ハンガリーに定住した。

（2）パンノニアとは、現在のハンガリー西部にあたるドナウ河右岸と、その周辺の古代ローマ時代の呼称。

（3）実際はマジャール人の別名、フンゲリに基づくものとされている。

（4）ゲルマン民族のアングル族、サクソン族、ジュート族は、五世紀にブリテン島に侵入した。

（5）マキァヴェッリは、ヴォルティゲル王とは五世紀ごろのアングル族の王とみなしている。しかし実際はヴォルティゲルンと呼ばれ、ブリテン島南東部を統治していたブリテン島民の王で、北方の民族の侵入を免れるため、四五〇年ごろサクソン人らを島に招き入れ、彼らに居残られてしまった王のことらしい。このあたりの記述は、不正確な箇所が多い。

（6）ブリテン島民がブルターニュに侵入したという事実はなく、古来、当時のブリテン島民と同じケルト族が、ブルターニュ地方に住んでいた。

3

(1) ゲピド、ヘルリ、トゥリング、オストロ〔東〕ゴーティは、いずれもゲルマン民族だが、ゲピドは今のポーランド付近から出て、ロンゴバルド族に敗れた民族として有名。ヘルリはスカンジナヴィア起源で、南下して各地を移動した後、五世紀にドイツにいたトゥリング族とともにオドアケルの指揮下でイタリアに侵入。東ゴート族は四世紀ごろまで黒海沿岸やウクライナに定住していたが、やがて西南へ移動し、後に一時期イタリアを支配した。

(2) アッティラ王（四〇六頃〜五三）は、黒海からライン河にいたる大領土を征服後、カタラウヌムの戦いに敗れる。その後イタリアに侵入して「神の鞭」と呼ばれる。

(3) ブレダ（四四五年頃没）は、おじであるルア王の死後、弟のアッティラとフン族を率いて戦うが、後アッティラに殺された。

(4) アルダリックはゲピド王だが、五世紀アッティラ王の傘下にあり、その遠征に参加。

(5) ヴェラミル王はアッティラの死まではその傘下で戦うが、その死後の四五四年アッティラ王の遺児らを破り、独立王国を建てる。テオドリックの祖父の兄で四六九年没。

(6) 四五二年のこと。

(7) レオ一世（在位四四〇〜六一）のことで、聖徳と偉大な功績で大教皇と呼ばれる。

(8) アウストリアではなくてパンノニアらしい。

(9) エルリコ〔エラク〕は四五四年、ハンガリー平原ナタオの戦いで戦死。ウリク〔デンジツィコ〕は四六八年または九年、東ローマ帝国軍に殺害される。

(10) ヴァレンティニアヌス三世（四一九〜五五）の治世に、ヴァンダル族やアッティラの侵入が相次いで起こった。
(11) この記述は誤りで、すでにホノリウス帝が四〇二年に首都をラヴェンナに移転していた。
(12) ペトロニウス・マクシムス（三九六〜四五五）のこと。わずか二か月の治世の後、逃亡して殺された。
(13) エウドクシア（四二二頃〜没年不明）はテオドシウス二世の娘。
(14) アウィトゥス（四世紀末〜四五六）は四五五年、皇帝に選ばれるが、リキメルに敗れてその軍隊に殺された。
(15) ゼノン（四二六〜九一）は軍人上がりで、四七四年以降、中断しつつも皇帝位にある。
(16) オレステス（四七六年没）は、イリュリア地方出身の傭兵隊長。自分は帝位につかず息子を皇帝に指名した。
(17) アウグストゥルスはオレステスの息子で、四七五年最後の西ローマ皇帝となり、正式の名前はロムルス・アウグストゥルスと呼ばれるが、翌年父が敗れて失脚。
(18) オドアケル（四三三〜九三）は、スキリア族出身の元ローマ傭兵隊長。実際は、彼らはすでにこの時代より前に、イタリアに来ていた。
(19) ロンゴバルド族は、スカンジナヴィア出身でイタリアを約二世紀支配した後、フランク族に敗れたゲルマン民族。
(20) ゴドゴ、正式にはゴデホクか。ロンゴバルド族五代目の王で、五世紀末にルーギ族の領地を占領したとされる。

4

(1) メシアとは、ドナウ川下流右岸のローマ属州の名前。今日のブルガリア、セルビア付近。

(2) スエビ族は、ゲルマン民族の集合部族名。スソビア地方からイタリア、ガリア、ブリタンニア、イベリア半島などに移住。一時イベリア半島で王国を建設したが、西ゴート王国に服属した。

(3) テオドリック（四五四頃〜五二六）は、パンノニアから四九三年にイタリアを征服し、その後イタリアを平和に統治した東ゴート族の王。

(4) 事実かどうか疑わしいが、東ゴート族はイタリア支配の根拠とした。

(5) テオドリックは、実際は大抵ヴェローナに居を構えたという。

(6) シンマクス（五二四年没）はローマの大政治家。ボエティウス（四八〇〜五二四）はその女婿で政治家、哲学者。『哲学の慰め』の著者。

5

(1) このうちのルーニはルッカの近く、ポプロニアはピオンビーノの一部。

(2) アルチペーラゴとは、イタリア語では「群島」だが、ここではギリシャ語の「主な海」、すなわちエーゲ海のこと。

(3) アリウス派は、父と子が異質だとして、三位一体説を否定した、アリウス（二五六頃〜三三六）によって説かれ、多くのゲルマン民族に帰依された異端派。

6

(1) 実際は、四九三年から五二六年までの三十三年間。
(2) アマラスンタ（四九八頃〜五三五）はアタラリック（五一六〜三四）の摂政となる。
(3) アマラスンタの従兄で夫となったテオダート（四九〇頃〜五三六）は、妻をボルセーナ湖中の島に追放して殺させた。
(4) ユスティニアヌス皇帝（四八二〜五六五）とは、法典編纂と帝国領回復で有名なユスティニアヌス一世。
(5) ベリサリウス（五〇〇頃〜六五）は、アフリカをヴァンダル族から奪回した、ゲルマン民族出身の将軍。
(6) ヴィティジェーテ（在位五三六〜四〇）は東ゴート王。五四二年コンスタンティノープルで獄中死。
(7) ギボンによるとベリサリウスが呼び戻された後、東ローマ帝国の軍隊は十一人の同格の指揮官に委ねられた、とされている。ヨハンネスとヴィタレスとはそれら十一人の筆頭の二人であろうか。
(8) イルディヴァードは五四一年没。

(9) トティラはイルディヴァードの後を継いだエラーリック(五四一年没)が東ローマ帝国軍との内通の疑いで殺された後、王位につき、五五二年戦死。
(10) 五四八年。すでにパルティアは滅び、ササン朝ペルシャの時代である。
(11) 聖ベネディクトゥス(四八〇頃~五四三)は、西欧式修道制の創設者で修道院活動の父と言われる。
(12) イリュリアはアドリア海の東岸。トラキアはバルカン半島南東部。
(13) スラヴ族は五四七年に、ローマ帝国の北側の国境であるドナウ河を越えた。
(14) ナルセスは宦官だが、東ゴート族を破った名将(四七八頃~五七三年頃)。
(15) 五五二年、ペルージャ県グァルド・ダディーノにおいて。
(16) テイアス(在位五五二~五三)は東ゴート最後の王。
(17) 実際には六十年間。

7

(1) ユスティヌス二世(五七八年没)は、ユスティニアヌスの息子ではなく甥である。
(2) ソフィアはテオドラ皇后の姪で、夫を皇帝にした野心家だった。
(3) ロンギヌスは五六七年、ナルセスが罷免された後に派遣された東ローマ帝国のイタリア総督で、五八三年にコンスタンティノープルに召還されている。
(4) マキァヴェッリは「エザルコ」と記したが、「エザルカ」が正しい。イタリアにおける東ローマ帝国領を統括する官職名。

8

(1) アルボイーノ（在位五六〇頃〜七二）はロンゴバルド王。五六八年イタリア侵入。なおマキァヴェッリは、ビオンドをそのまま写していて、このあたりの記述は不正確だとされている。

(2) クニムンドは五六七年、アルボイーノ王に敗れたゲピド族の王。ゲピド族は当時ダキアにいた。

(3) ロズムンダはクニムンドの娘。五七二年没。

(4) フラミニア街道とは、紀元前三世紀末ローマの政治家フラミニウスが建設した、ローマからリミニに至る街道だが、実際は当時ロマーニャはまだ征服されていなかった。

(5) エルミーキはアルボイーノの盾持ちで五七二年没。このエピソードは全く伝説的なものだという。

(6) ティベリウス二世（在位五七八〜八二）は、五七四年にユスティヌス二世の養子となった。義子マウリティウスによってペルシャに打撃を与えた。

(7) クレーフィ（在位五七二〜七四）はアルボイーノの後、王に選ばれるが、妻マッサーナと共に家臣に暗殺された。

9

（1）ヘラクリウス帝（五七五〜六四一）は六一〇年以降の東ローマ皇帝。内乱によって新王朝を樹立したが、当初ペルシャ軍の侵略に大打撃を受けた。その後の戦いでかなり失地を回復した。

（2）マホメットはイスラム教の教祖（五七〇頃〜六三二）。

（3）トルコ人はアジア北東部出身の民族で、六世紀に現在のモンゴルで最初に建国し、十一世紀セルジュック族によって発展し、地中海沿岸に進出。十五世紀に東ローマ帝国を征服し、ヨーロッパの歴史に重大な影響を及ぼす。

（4）教皇庁がイタリア統一の障害であるとする、マキァヴェッリの持論。『ディスコルシ』第一巻12章にも記されている。

（5）シャルル八世（一四七〇〜九八）は一四八三年以降フランス王。一四九四年イタリアに侵入。

10

（1）グレゴリウス三世（在位七三一〜四一）。

（2）アイストゥルフォ（在位七四九〜五六）。ロンゴバルド王、東ローマ帝国領を侵略してフランク族南下を招く。

（3）ピピン二世。実際は三世（七一四〜六八）。フランク王国カロリング朝の初代の国王。シャルルマーニュの父。
（4）アウストラシアはフランク王国東部。ブラバンはベルギー周辺。
（5）カール・マルテル（六八九頃～七四一）は、メロヴィング王朝の宮宰の地位にあった七三二年、トゥール－ポワティエの戦いでイスラム教徒を破り、その脅威を食い止めた。
（6）ピピン二世（七一四年没）と愛妾ガルパイダの子がカール・マルテル。
（7）七三二年のトゥール－ポアティエの戦い。
（8）実際はパヴィーアだとされている。
（9）デシデーリオ（在位七五六～七四）は元トスカーナ公で、ロンゴバルド族最後の王。

11

（1）シャルルマーニュ（カール大帝）（在位七六八～八一四）は西ローマ帝国の再建者として、八〇〇年にローマで載冠された。
（2）テオドルスではなく、ハドリアヌス一世（在位七七二～九五）。
（3）長子アデルキ（七八八年頃没）はコンスタンティノープルに亡命した。
（4）レオ三世（在位七九五～八一六）。
（5）ピピン（七七七～八一〇）はシャルルマーニュの次男でイタリア王だが、父より先に没。
（6）パスカリス一世（在位八一七～二四）。
（7）エウゲニウス二世（在位八二四～二七）。

(8) セルギウス二世（在位八四四〜四七）。オスポルコのポルコは、ブタという意味である。

12

(1) ルートヴィヒ（七七八〜八四〇）はシャルルマーニュ没時の唯一の残された男子で、敬虔帝（ピウス）というあだ名で呼ばれるほど信心深かった。

(2) アルヌルフ（八五〇頃〜九九）は西ローマ帝国の帝位を得た最初のドイツ王。

(3) フリウーリ公ベレンガーリオ（八五〇頃〜九二四）。波瀾の生涯の後暗殺された、イタリア王ベレンガーリオ一世。

(4) ロマヌスは水兵上がりの皇帝で、共治者の時期も含め在位は九一九〜四四年。九四八年没。なお彼に帝位を奪われたとされるのはコンスタンティヌス七世（九〇五〜五九）で、九四五年以後娘婿で共治者のロマヌス父子から帝位を奪回し、彼らを修道院に閉じこめて死ぬまで単独で統治した。

(5) トスカーナ公アルベリーゴ。九一五年に連合軍に加わってイスラム教徒を破ったトスカーナ侯アダルベルト二世（九一五年没）のことか、あるいはアルベリーコ・ディ・スポレート（九一七年頃没）か。

(6) ガルガーノ山とは、フォッジャ県のアドリア海に突き出たずんぐりした岬のこと。

(7) 実際は注（3）の一世とオットー帝に敗れた二世（九〇〇頃〜六六）の二人のみ。

(8) ハインリヒ一世（八七六〜九三六）とその妻、聖マティルデ（八九五頃〜九六八）。

(9) 実際は、オットー一世(九一二～七三)が皇帝に選ばれたのは九六二年。
(10) アガペトゥス二世(在位九四六～五五)が招いたが、オットーを戴冠したのはヨハンネス十二世(在位九五五～六三)。

13

(1) ベレンガーリオ二世(九〇〇頃～九六六、イタリア王在位は九五〇～九六一)。その息子のアダルベルト(九三二頃～七五頃)はオットー帝に抵抗し、最後はブルゴーニュに逃れる。
(2) オットー三世(九八〇～一〇〇二)を招いたのはヨハンネス十五世(在位九八五～九六)。
(3) 教皇グレゴリウス五世(在位九九六～九九)は、オットー三世の従兄で、彼自身が選出した教皇である。
(4) 通常「選帝侯」と呼ばれ、一二九〇年にボヘミア王が加わり、七名となる。なお、この制度の成立は、教皇の意向によるものではなかった。このあたりの記述は正確ではない。
(5) 後に聖人となる皇帝ハインリヒ二世(九七三～一〇二四)は一〇一四年ローマで戴冠。
(6) 実際は、ステファヌス(在位九二八～三一)ではなくベネディクトゥス八世(在位一〇一二～二四)によって戴冠。
(7) 聖クニグンデ(九七五～一〇四〇)。
(8) コンラート二世(九九〇頃～一〇三九)はザリエル朝最初の皇帝。
(9) ハインリヒ三世(一〇一七～五六)。

(10) ベネディクトゥス九世（在位一〇三二～四四）、グレゴリウス六世（在位一〇四五～四六）、シルヴェステル三世（在位一〇四五）の三人。
(11) クレメンス二世（在位一〇四六～四七）。

14

(1) ゴットフリート四世、ロートリンゲン大公（一〇七六年没）。
(2) マティルダ女伯。トスカーナ辺境伯ボニファチオの娘マティルダ（一〇四六～一一一五）は一〇六九年に結婚したが、すぐ別居。マティルダはバイエルン大公ヴェルフとも離婚（一〇九五）。叙任権闘争におけるグレゴリウス七世の熱烈な支持者となる。
(3) ベアトリーチェはルクセンブルク伯の娘（一〇一五頃～七六）。夫はボニファチオ辺境伯。
(4) （聖ピエトロの）世襲財産とは、教皇が東ローマ帝国から相続したものと見なしていた旧総督領やロマーニャ地方全体を指す。
(5) ニコラウス二世（在位一〇五九～六一）。
(6) 次節で扱うロベルト・グィスカルドらノルマン人の君主。

15

(1) アレクサンデル二世（在位一〇六一～七三）。
(2) カードロ・ダ・パルマはホノリウス二世（一〇六一～六四）と名乗る。

(3) 以下の事件は、いわゆる「カノッサの屈辱」と呼ばれるもので、当然、皇帝はハインリヒ四世（一〇五〇〜一一〇六）のはずである。もちろん、彼が教皇位から追放した相手は、アレクサンデルではなくて、グレゴリウス七世（在位一〇七三〜八五）である。

(4) 一〇七七年の誤りである。マキァヴェッリの、この事件の知識はきわめて不正確。

(5) ハインリヒ五世（一〇八一?〜一一二五）のことで、彼は一一〇五年に父を退位させた。

(6) ロベルト・グィスカルド（一〇一五〜八五）は、一〇四〇年ごろ一族とイタリアに来たノルマン人征服者。

16

(1) ロマーニャはこの場合、東ローマ帝国領を意味している。

(2) タンクレーディ・ディ・アルタヴィッラはシチリア王家の祖先にあたり、グリエルモやロベルトら十三人の兄弟姉妹の父。

(3) グリエルモはタンクレーディの長男で、プーリア伯（一〇四六年没）。

(4) メロルコ（マニアケス）はイタリア語でジョルジョ・マニアーチェ（一〇四三年没）。東ローマ帝国の軍人。

(5) グリエルモは一〇四六年にプーリア伯となるが、カラブリアはロベルト・グィスカルドによって一〇五七年にようやく征服された。

(6) ルッジェーリ（ルッジェーロ）（プーリア公の在位一〇八五〜一一一一）はロベルトの息子

だが、グリエルモ（在位一一一一～二七）はルッジェーロの息子でロベルトの孫である。

（7）このルッジェーロはロベルトの弟（シチリア伯、一一〇一年没）なので別人。プーリアとシチリアを征服して合併。このあたりの記述は混乱している。

（8）前注のルッジェーロ一世の息子、ルッジェーロ二世（一〇九五～一一五四）。父の領土にカラブリアも加えて、一一三〇年、シチリア王に即位した。

（9）シチリアはホーエンシュタウフェン家、アンジュー家、アラゴン家、そしてヘントで生まれたハプスブルク家のカール五世の支配下にあることを示す。

17

（1）ウルバヌス二世（在位一〇八八～九九）は、一〇九五年クレルモン公会議で十字軍を提唱した。

（2）ゴドフロワ・ド・ブイヨン（一〇六〇頃～一一〇〇）たちは弟ユスターシュ、ボドヤン（一〇五八～一一一八、エルサレム王一一〇〇～一八）や、ブーローニュ伯らと第一次十字軍に参加。一〇九九年にエルサレムを征服した。

（3）隠者ピエトロは、途中で四散した民衆十字軍の責任者、隠者ピエール（一〇五〇頃～一一一五）のこと。

（4）エルサレム騎士修道会は、一〇七〇年にエルサレムに設立された。

（5）聖堂騎士修道会は一一一八年に設立されたが、仏王フィリップ四世が一三一二年、総長らを焚刑に処して財産を没収した。
(6) サラディンとはサラーフ・アッディーン(一一三八〜九三)、アイユーブ朝の始祖(一一七一)。一一八七年、エルサレムをキリスト教徒から奪回した。

18

(1) パスカリス二世(在位一〇九九〜一一一八)。
(2) アレクサンデル三世(在位一一五九〜八一)。
(3) フェデリーゴ(独名フリードリヒ)一世(一一二三頃〜九〇、在位一一五二〜九〇)。
(4) 対立教皇ウィクトル四世(在位一一五九〜六四)。
(5) 当時の仏王はフィリップではなく、ルイ七世(在位一一三七〜八〇)。
(6) この同盟とは、一一六三年のヴェローナ同盟で、一一六七年ロンバルディーア同盟に発展して、レニャーノの戦い(一一七六)でフェデリーゴに完勝した。マキァヴェッリは、この戦いについて知らなかったらしく、全く触れていない。
(7) 対立教皇はパスカリス三世(在位一一六四〜六八)と呼ばれた。
(8) トゥスコロ家は、古代ローマの都市トゥスクルムを基にして名乗った伯爵家。ベネディクトゥス八世(在位一〇一二〜二四)、ヨハンネス十九世(一〇二四〜三二)、ベネディクトゥス九世(一〇三二〜四四)と連続して三人の教皇を出し、教皇庁の私物化を象徴する豪族。
(9) ルッジェーロの息子グリエルモ悪王(一一二〇〜六六)ではなく、その息子グリエルモ善王（一一五三頃〜一一八九）。

（10）対立教皇カリストゥス三世（在位一一六八〜七八）。

19

（1）ヘンリー二世（一一三三〜八九、イングランド王、プランタジネット朝の始祖、在位一一五四〜八九）。

（2）トマス・ベケット（一一一八〜七〇）はカンタベリー大司教で、ヘンリーに憎まれ暗殺された殉教者。

（3）第三次十字軍（一一八九〜九二）に参加。川の名前は、どの文献にも見当たらないという。

20

（1）マキァヴェッリはコンソレと記しているが、この時妥協が成立したのは「執政官」ではなく次章注（1）の「元老」に関してであった。

（2）タンクレーディはグリエルモの息子ではなくて従兄弟。グリエルモ善王の死後、シチリア王として一応地位を守るが、一一九四年に没した。

（3）ケレスティヌス三世は在位一一九一〜九八年。クレメンス三世は在位一一八七〜九一年。

（4）ハインリヒ六世（一一六五〜九七）は一一九〇年に神聖ローマ皇帝となる。

(5) コスタンツァ・ディ・アルタヴィッラ(一一五四～九八)は修道院を出て、一一八六年にハインリヒと結婚し、一一九四年に四十歳でフェデリーゴ二世を出産した。

(6) フェデリーゴ二世(一一九四～一二五〇)は、一一九七年シチリア王、一二一五年ドイツ王、一二二〇年皇帝となり、優れた才知のため「世界の驚異」と呼ばれた。

(7) ルッジェーロではなく、グリエルモ三世(一一八五頃～九八頃)。

(8) インノケンティウス三世。史上最も権威があったとされる教皇で、在位一一九八～一二一六年。

(9) 正確にはザクセン公ではなく、ブラウンシュワイク公のオットー四世(一一七五または八二～一二一八)は、インノケンティウス三世によって一二〇九年戴冠されるが、シチリア問題で同教皇と衝突して、翌年罷免された。

(10) 実際は、ホノリウス三世(在位一二一六～一二七)がドミニコ修道会を認めたのは一二一六年、フランチェスコ修道会を認めたのは一二二三年のことである。

(11) このジョヴァンニは、ジョヴァンニ・ディ・ブリエンヌのことだが、ボドヤンの子孫ではない。娘はヨランダ・ディ・ブリエンヌで母方の祖父コルラード・ディ・モンフェルラートからエルサレム王権を継ぐ。

21

(1) この地位は、同じセナトーレという称号でありながら、百名から次第に増加した古代ローマの元老院議員とは全然異なり、一人または少数の有力な中世ローマ市の支配者の官職である。本書では「元老」と訳しておく。

(2) 実際は、一〇三六年コンラート二世の時代。

(3) この一族ダ・ロマーノ家の先祖、エチェルソはドイツのフランケン地方の騎士だが、エッチェリーノ〔またはエッツェリーノ〕一世の時代にはイタリアに帰化していて、一一五四年ベッルーノ司教の弁護士を務め、ロンバルディーア同盟の指揮官だったという。その息子エッチェリーノ二世はヴィチェンツァなどの法務長官（一二一一）を務め、一二二一年引退して修道士となる。

(4) エッチェリーノ三世（一一九四〜一二五九）は、同二世の息子で、それまで親グェルフィだった一族の伝統を裏切り、一二三二年フェデリーゴ二世の協力者、そして女婿となる。残虐行為で知られ、敗戦で捕えられソンチーノで自殺。

(5) 実際は、フェデリーゴはシチリアで育てられ、元来シチリアと南イタリアを主要な拠点としていた。

(6) 第二次ロンバルディーア同盟を破ったコルテノーヴァ（ベルガモ県）の戦い（一二三七）。

(7) グェルフィ党のリーダーとして、一二四〇年フェルラーラの領主となった侯爵、アッツォーネ〔アッツォ七世〕・ダ・エステ（一二六四年没）のこと。なおエステ家は、ロンゴバルド族起源のオベルテンギ家につながる、イタリアきっての由緒ある名門。

(8) ルチェーラは、プーリア州フォッジャ県のコムーネ。ノチェーラは四箇所もあるが、無関係。

22

(1) インノケンティウス四世（在位一二四三〜五四）。

(2) 公会議とは、カトリック教会の高位聖職者の会議。これまで二十一回開催されているが、これは第十三回の第一リヨン会議のこと。

(3) 実際は、シチリアではなく、プーリア県のフィオレンティーノで死去した。フェデリーゴはフィレンツェで死ぬと予言されていたので、生涯フィレンツェを訪れなかったが、プーリア州のフィオレンティーノで死去した。

(4) コンラート四世（一二二八〜五四）は一二五一年イタリアに来て一応平定したが、突然病死した。

(5) マンフレーディ（一二三二頃〜六六）は一二五八年パレルモで戴冠。

(6) コンラディン（一二五二〜六八）。

(7) アレクサンデル四世（在位一二五四〜六一）。

(8) ウルバヌス四世（在位一二六一〜六四）。

(9) ルイ九世（一二一四〜七〇）。聖王と呼ばれた。

(10) シャルル（カルロ）・ダンジュー（一二二六〜八五）。イタリアのアンジュー王朝の始祖。

(11) クレメンス四世（在位一二六五〜六八）。

(12) 一二六六年二月二十六日のベネヴェントの戦い。
(13) 一二六八年八月二十三日。タリアユッツォはアブルッツォ州ラクィラ県。

23

(1) ハドリアヌス五世（在位一二七六）。
(2) ルドルフ一世（一二一八〜九一）はハプスブルク家初のドイツ王。皇帝として載冠されたことはない。マキァヴェッリは皇帝だと勘違いしている。
(3) ボニファキウス八世（在位一二九四〜一三〇三）はダンテと同時代で、その宿敵となった教皇。
(4) ボヘミア王のオットカーロ（オタカル）二世（一二三〇〜七八）はルドルフと皇帝位を争った。
(5) オルシーニ家は十世紀以来記録が残るローマの親グェルフィ党の豪族。一族に多くの封建領主や傭兵隊長を擁し、後年メディチ家の姻戚としても重要な役割を果した。以下のイタリアの豪族に関する記述は、セスタン編『イタリア政治史事典』（サンソーニ、一九七一）によっている。
(6) ニコラウス三世（在位一二七七〜八〇）。ただしハドリアヌスとニコラウスの間にヨハンネス二十一世（在位一二七六〜七七）がいる。
(7) オスティア司教で教皇の妹の息子に当たるマラブランカ・ラティーノ（通称ラティーノ

枢機卿）は、皇帝使節としてではなく、教皇使節としてフィレンツェを訪問して、グェルフィ、ギベッリーニ両党の調停に当たる。
（8）ベルトルド・オルシーニはロマーニャ公ではなく、ロマーニャ伯。
（9）アラゴン王ピエトロ（一二三九～八五）。ピエトロ・ダラゴーナ三世（イタリアでは一世）。
（10）次章参照。
（11）確実な根拠のない説。
（12）アレクサンデル六世の庶子チェーザレ・ボルジアがその典型。

24

（1）マルティヌス四世（在位一二八一～八五）。
（2）グイド・ボナッティとは、ダンテの『神曲』の地獄篇、第二十歌一一八行に登場する予言者の一人で、生没年不明。フェデリーゴ二世等多くの宮廷に仕えたフォルリ出身の占星術師。
（3）シチリアの晩鐘事件（一二八二年三月三十日）。
（4）コスタンツァ・ダラゴーナ（一二四七～一三〇二）は、マンフレーディ王の娘。
（5）カルロ二世（一二四八～一三〇九）。脚が悪かったシャルル・ダンジュー一世の息子。

25

（1）正確にはザクセンではなく、ナッソウのアドルフ（一二五五頃～九八）は一二九二年ドイツ王に選出されたが、後に戦いに敗れて殺された。

（2）ケレスティヌス五世（在位一二九四）。ボニファキウス八世が教皇位を奪取した。

（3）「諸天」ということばに注意されたい。マキァヴェッリが「神意」について述べた稀な箇所だとされている。

（4）コロンナ家とは、十世紀初頭にまでさかのぼることができる、常にオルシーニ家と並び称されるローマの豪族で親ギベッリーニ党。

（5）「二人の枢機卿」はイアコポ（一三一八年没）とピエトロ・コロンナ（一三二六年没）。

（6）シャッラ・コロンナ（一三二九年没）がギョーム・ド・ノガレとアナーニへの侵入を企てる。

（7）フィリップ四世（端麗王、一二六八～一三一四）。

（8）いわゆる「アナーニの屈辱事件」（一三〇三）である。

26

（1）ベネディクトゥス十一世（在位一三〇三～〇四）。

（2）クレメンス五世（在位一三〇五～一四）。彼の在位中に、いわゆる「教皇のアヴィニョン幽囚」が生じたが、教皇庁のアヴィニョンへの移転は一三〇五年ではなく一三〇九年。

(3) ロベルト一世・ダンジョー(一二七八〜一三四三)は一三〇九年に即位。この世紀には、アンジュー家は完全にイタリア化しているので、アンジョーとイタリア語読みしておく。実際ロベルトの時代から、ナポリの宮廷でもフランス語ではなく、イタリア語が使用された。

(4) ハインリヒ七世(一二七五頃〜一三一三)は一三一〇年にイタリア入りして一三一二年に戴冠した。

(5) フェデリーゴ二世・ダラゴーナ(一二七二〜一三三七)は一二九六年以降、シチリア王。

(6) イタリア人から「バーヴァロ(バイエルン人)」と呼ばれたルートヴィヒ四世(一二八七頃〜一三四七)は、一三二八年対立教皇ニコラウス五世(在位一三二八〜三〇)によって戴冠された。

(7) ヨハンネス二十二世(在位一三一六〜三四)。

(8) ヴィスコンティ家は、十世紀から記録が残るロンバルディーア地方の親ギベッリーニ党の名家。十三〜十五世紀にミラノ、その他のロンバルディーアの都市を支配。

(9) カストルッチョ・ダ・カストラカーニはマキァヴェッリが理想化して伝記を記したルッカの領主(一二八一〜一三二八)。

27

(1) デッラ・トルレ家は、一一四七年の記録が残るミラノの親グェルフィ党の名家。一時期ヴィスコンティ家のライヴァルとして戦い、ミラノを支配したこともある。

(2) グイド・デッラ・トルレ(一三一二年没)は、皇帝とマッテオ・ヴィスコンティ(一二五〇～一三二二)に追放される以前、短期間だがミラノの支配権を握っていた。

(3) ガレアッツォ〔・ヴィスコンティ〕一世(一二七七～一三二八)はマッテオの長子で一三二二年の父の死後ミラノを支配。アッツォ(一三〇二～三九)はガレアッツォの長子。

(4) 前注のアッツォが若くして死んだので、アッツォの叔父に当たるマッテオの三男で、一三三九年にミラノ大司教となるジョヴァンニ(一二九〇～一三五四)と、その弟ルキーノ(一二九二～一三四九)がミラノの支配権を握る。

(5) ガレアッツォ二世(一三二〇頃～七八)とベルナボ(一三二三～八五)の兄弟はルキーノの息子ではなくて、その弟ステーファノ(一三二七年没)の息子である。

(6) ジャンガレアッツォ(一三五一～一四〇二)はフィレンツェを何度も危機に陥れて、ルネサンス文化を大いに刺激したと評価されている。一三八五年叔父を騙し討ちして捕え、毒殺して独裁権を得、一三九五年には公爵位を得て、ミラノ公となる。

(7) ジョヴァンニ・マリーア(一三八八～一四一二)とフィリッポ・マリーア(一三九二～一四四七)は、父ジャンガレアッツォが突然死んだ時まだ子供だった。

28

(1) このピエロは、対立教皇ニコラウス五世(在位一三二八～三〇)のこと。ヨハンネス二十二世(在位一三一六～三四)の時代。

(2) ボヘミア王ヨハン一世（一二九六～一三四六）は実際は、グェルフィ党員に招かれてイタリアにやって来た。
(3) 当時の教皇使節はベルトランド・デル・ポッジェット。
(4) デッラ・スカーラ家は十二～十五世紀にヴェローナを支配したギベッリーニ党の名家、ゴンザーガ家は十二世紀末以来記録のある、マントヴァを長期に支配した名家で、フィリッピーノ・ゴンザーガ（一三五六年没）は一三四九年、レッジョの皇帝代理となる。ダ・カルラーラ家は十一世紀以来記録があり、一三一八年パドヴァの領主となった名家。
(5) ボヘミアへ、ではなく、援軍を得るためアヴィニョンの教皇庁を訪れた。
(6) ロッシ家は十三～十四世紀に活躍したパルマの名家。一二四五年にギベッリーニ党からグェルフィ党に転向。マルシーリオとピエロの兄弟はダ・カルラーラ家のためにデッラ・スカーラ家と戦い、ともに一三三七年に戦死。

29

(1) 原注によると、ここでマキァヴェッリは、ピピン短軀王と、シャルルマーニュの息子でイタリア王となり、ヴェネツィア占領を試みて失敗したピピンとを混同している、とされている。
(2) 「カンディア島」とはヴェネツィア支配下（十三～十七世紀）のクレタ島のことで、首都の名で呼ばれていた。一二〇四年、第四次十字軍の後にヴェネツィアの支配下に入った。

(3) ヴェネツィアが調停役を任されたというのは、事実ではない。
(4) 一五〇八年のカンブレー同盟のことに触れている。

30

(1) ベネディクトゥス十二世(在位一三三四〜四二)。
(2) クレメンス六世(在位一三四二〜五二)。
(3) マラテスタ家は、一二三六年以来記録に現れ、一二九五年リミニを領有した名家で、ガレオットは一三八五年没。
(4) モンテフェルトロ家とは、同名の領地を十二世紀以来領有した、元来は親ギベッリーニ党の名家。アントニオは一三七七年に領地を回復したという。
(5) ダ・ヴァラーノ家はジェンティーレ一世(一二八四年没)以来カメリーノ領主となる。この家のジェンティーレ二世(一三五五年没)は傭兵隊長として有名。
(6) ダ・ポレンタ家はラヴェンナの親グェルフィ党の名家。グイド・ミノーレ(一三一〇年没)がラヴェンナ領主となり、その孫グイド・ノヴェッロはダンテを歓待したが、やがて失脚して一三三三年ボローニャで没した。
(7) オルデラッフィ家は一〇七〇年より知られ、フランチェスコ(一三七四年没)が一三三三年、フォルリとチェゼーナの領主権を確立。一時アルボルノス枢機卿によって領土を失うが、シニバルド(一三八六年没)が一三七六年領土を再建。

(8) マンフレーディ家は十一世紀から記録が残るロマーニャの親グェルフィ党の名家で、一三一三年よりファエンツァを支配した。ジョヴァンニは領主フランチェスコ（一三四三年没）の甥。後の領主アストルジョ一世（一四〇五年没）の父。

(9) アリドージ家は十二世紀に記録があるイモラの名家。ロドヴィーゴはフィリッポ・マリーア・ヴィスコンティに捕えられたイモラ領主（一四三〇年没）。

(10) アレクサンデル六世はマキァヴェッリの時代のボルジア家出身の教皇（在位一四九二～一五〇三）。ここでマキァヴェッリはチェーザレ・ボルジア（一四七五または七六～一五〇七）による、教皇領の武力による統一について触れている。

(11) ジョヴァンナ一世（一三二六～八二）・ダンジョー。

(12) アンドレーア・ダンジョー。カルロ・マルテッロ（一二九六年没）の孫で一三四五年に暗殺された。

(13) ロドヴィーコ・ダンジョー。カルロ二世の息子のフィリッポ一世（一三三一年没）の次男（一三六二年没）。

(14) ロドヴィーコ・ダンジョー。アンドレーアの兄で一三八二年没。

31

(1) コーラ・ディ・リエンツォ（一三一三～五四）は、一三四七年にローマの護民官に選出された。

(2) ルートヴィヒ(一二八七〜一三四七)は一三二七年に皇帝に選ばれたが、教皇ヨハンネス二十二世(在位一三一六〜三四)に反対され、対立教皇(一三二八〜三〇)ニコラウス五世(在位一三二八〜三〇)により戴冠された。

(3) ボヘミア王カール四世(一三一六〜七八)は一三五五年にローマで戴冠。

(4) フランチェスコ・バロンチェッリはコーラの崇拝者で、その逃亡後二代目護民官となるが、コーラが帰国した際の騒動によって殺された(一三五四年没)。

(5) 実際は、当時の教皇インノケンティウス六世(在位一三五二〜六二)がコーラをローマの元老に任命してローマに帰国させた。コーラは一三五四年八月アルボルノス枢機卿と共にローマに帰国し、十月八日に暴動で殺された。

32

(1) これを決定したのはクレメンス六世(在位一三四二〜五二)である。

(2) エジーディオ・アルボルノス枢機卿(一三一〇〜六七)は一三三八年トレド大司教となり、回教徒との戦い(一三四〇)を経験した後、一三五三年教皇使節としてイタリアに来て、軍隊を率いて教皇領の回復に努め、アルボルノス憲法(一三五七)で教皇国家の統治の骨組を定め、教皇のイタリア復帰の基盤を用意した。

(3) ジョン・ホークウッド。一三六〇年以降ピサ、ミラノ、教皇庁、フィレンツェ等に仕えた外国人の傭兵隊長を代表するイギリス人(さまざまなスペルで記されるが、一般的なイタリア語名はジョヴァンニ・アクート、一三二〇頃～九四)。

(4) ウルバヌス五世(在位一三六二～七〇)。

(5) グレゴリウス十一世(在位一三七〇～七八)。

(6) チェゼーナの虐殺で悪名を残したロベール・ド・ジュネーヴ枢機卿。

(7) 三月二十五日に年度が変る当時のフィレンツェ暦による。現在の西暦では一三七七年。

(8) ウルバヌス六世(在位一三七八～八九)。

(9) クレメンス七世(在位一三七八～九四)。教会分裂の始まり。

(10) テネドス島とは、エーゲ海北東部トルコ沿岸の現在のボズジャ島のギリシャ語名。

(11)「教皇の仲裁」とあるが、実際はサヴォイア伯アメデーオ六世(一三三四～八三)の調停による「トリーノの和平」(一三八一)。

33

(1) カルロ[・ディ・ドゥラッツォ]三世(一三四五～八六)は一三八一年ナポリ王国に侵入。ジョヴァンナを捕えて国王となるが、一三八五年王位相続のためハンガリーを訪問して、その翌年毒殺された。ドゥラッツォはアルバニアの港町で、アンジョー家の分家の領地。

(2) ジョヴァンナ一世がフランスに逃亡したのは一三四七年のことで、一三五二年に王国の支配権を取り戻すが、一三八二年にはカルロに捕えられ殺された。

(3) シャルル五世(一三三八～八〇)は対立教皇クレメンス七世を支持した。

（4）ルイ・ダンジュー（一三三九〜八四）。彼はシャルル五世の弟で、イタリア遠征中に死去した。この時期から、フランスを根拠とするアンジュー家の南イタリア再征服の企てが行われるのでアンジョーではなく、アンジューと記す。

（5）「九人の枢機卿」とあるが、投獄はサレルノ県のノチェーラで行われ、その人数は九人でなく六人。

（6）ラディスラーオ（一三七七〜一四一四）は九歳で王位につき、母マルゲリータの摂政の下で統治。一時期ルイに追われるが、復位した後何度もローマを襲う。ジョヴァンナ二世（一三七一〜一四三五）はその姉で弟の死後ナポリ王位を継承した。

（7）ボニファキウス九世（在位一三八九〜一四〇四）。

（8）ベネディクトゥス十三世（在位一三九四〜一四一七）。

34

（1）アルベリーゴ・デル・コーニオ（またはダ・バルビアーノ、一三四八〜一四〇九）はファエンツァ北部出身の伯で、一三七六年以来ホークウッドに仕え、その後七千のイタリア人のみからなるサン・ジョルジョ軍団を指揮した最初のイタリア人傭兵隊長として有名である。

（2）グリエルモ・デッラ・スカーラ（一四〇四年没）は、一時期ヴェローナの領主。この一族は結局十六世紀にバイエルンで断絶したという。

（3）パドヴァの領主フランチェスコ・ダ・カルラーラ（一四〇六年没）は、一時期ヴェローナとブレッシャを占領し、ヴィチェンツァをも狙うが、一四〇五年ヴェネツィア軍に敗れ捕虜となり、二人の息子と共に殺された。

35

（1）インノケンティウス七世（在位一四〇四～一五）。

（2）マルケ伯ロドヴィーコ。一四〇五年ローマ市民の代表十一人を虐殺して、教皇のヴィテルボ退去の原因となったロドヴィーコ・ミリオラーティだが、後に教皇はローマに復帰して間もなく死去した。ロドヴィーコ自身は一四〇六～二八年の間、アンコーナとフェルモを領有した。

（3）グレゴリウス十二世（在位一四〇六～一五）。

（4）バルダッサレ・コッサ。後に対立教皇ヨハンネス二十三世（在位一四一〇～一五）となるナポリ出身の大物枢機卿（一三七〇頃～一四一九）。

（5）アレクサンデル五世（在位一四〇九～一〇）。

（6）33章注（4）のルイ・ダンジューの息子ルイ二世（一四一七年没）。

（7）ジギスムント（一三六八～一四三七）はカール四世の息子。一四一〇年皇帝となる。

（8）実際は、教皇が皇帝と会談したのはマントヴァではなく、一四一三年、ローディで会った。

36

(1) マルティヌス五世(在位一四一七～三一)。

37

(1) ファチーノ・カーネ(一三六〇～一四一二)。自分が仕えていたジャンガレアッツォ・ヴィスコンティの死後、ロンバルディーアに広大な領土を築いた傭兵隊長。

(2) ヴェンティミリア伯の娘でファチーノの未亡人ベアトリーチェ・ディ・テンダ(一三七二～一四一八)。一四一二年にフィリッポ・ヴィスコンティと再婚。不義密通の罪で斬首される。

38

(1) スフォルツァ・ダ・コティニョーラ(一三六九～一四二四)。本名はムツィオ・アッテンドロで通称がスフォルツァ。ラヴェンナ県コティニョーラの富農出身の傭兵隊長で、後のミラノ公フランチェスコの父。

(2) パンドルフェッロ・アローポはジャコモ(イアコポ＝ジャック)・ド・ブルボン(次注)に捕えられ斬首された(一四一五年没)。

(3) イアコポ・デッラ・マルチャ。通称ジャコモ(二世)・ディ・ボルボーネはブルボン家の一員で、ナポリ女性と結婚したが、王位にはつけなかった。ド・ラ・マルシュ伯(一三七〇〜一四三八)。
(4) アルフォンソ一世・ディ・ナポリ・ダラゴーナ(同時に五世・ディ・カタローニャ、一三九六〜一四五八)は一四二一年ジョヴァンナ二世と養子縁組を結ぶが、一四二三年に一旦解消。しかし、さまざまの波瀾の後に一四四二年ナポリ王位につく。
(5) ブラッチョ・ダ・モントーネ。傭兵隊長アンドレーア・フォルテブラッチ(一三六八〜一四二四)の通称。アルベリーコ・ダ・バルビアーノに仕え、一四一六年ペルージャ領主。スフォルツァの好敵手として傘下に多くの傭兵隊長を率いていた。
(6) フランチェスコ・スフォルツァ(一四〇一〜六六)。本章の注(1)のスフォルツァ・ダ・コティニョーラの長男。父親の軍隊を引き継いで、さらに優れた傭兵隊長として活躍し、フィリッポ・マリーア・ヴィスコンティの娘ビアンカ・マリーア(一四二五〜六八)と結婚して、フィリッポの死後、ミラノ公の位につく(一四五〇)。
(7) オッド・フォルテブラッチョは父の戦死後、フィレンツェのためにニッコロ・ピッチニーノらとファエンツァに攻め込んで戦死(一四二五)。
(8) ニッコロ・ピッチニーノ(一三八六頃〜一四四四)。本章注(5)のブラッチョの家臣で、彼とその息子オッドの死後、ブラッチョの軍団を傘下に収めて傭兵隊長として活躍した。何故かマキァヴェッリはこの有名な傭兵隊長を一貫してピッチーノと記している。

39

（1）グイニージ家は、十世紀以来記録が残るルッカの名家で、銀行業や絹織物業で栄え、一四〇〇～三〇年にはルッカ領主だった。

（2）カルマニョーラ伯とはフランチェスコ・ブッソーネ（一三八〇頃～一四三二）の通称で、フィリッポ・ヴィスコンティに仕えていたが、ヴェネツィア共和国にくら替え（一四二五）してヴィスコンティ軍に大勝。しかし、追撃が遅かったためヴェネツィアに裏切りを疑われて斬首された。

（3）アーニョロ・デッラ・ペルゴラ（一四二八年没）はフィリッポ・ヴィスコンティに仕え、ロマーニャ等で戦い、カルマニョーラの軍隊に敗北した。

（4）アッテンドロとはフランチェスコ・スフォルツァの父親の正式の姓なので、ロレンツォとミケレットの二人は、その係累の傭兵隊長達か。ミケレットは一四四七年にモンテ・ブリアンツァでフランチェスコ・ピッチニーノを破っている。

（5）アンジェロ・タルタッリア（十五世紀）はスフォルツァやブラッチョに仕え、スフォルツァに陰謀の罪で処刑された。

（6）イアコパッチョ。イアコポ（またはジャコモ）・カルドーラ（一三七〇～一四三九）はブラッチョの弟子だが、一四二四年ラクィラでブラッチョを破る。一四三〇年、バーリ公となる。

（7）チェッコリーノ・ダ・ペルージャは、一三五三年ペルージャに生れ、一四一九年に殺害された。本書ではここ一箇所しか登場しない。

(8) ニッコロ・ダ・トレンティーノ（一三五〇～一四三五）。ブレッシャ占領やマクローディオの勝利の功績でフィレンツェ軍の総指揮官に任命（一四三一）されたが、その地位のまま、一四三四年ヴィスコンティ軍に敗れて捕虜となった。

(9) グイド・トレッロ。トレッロ家は、フェルラーラ出身の豪族で、多くの傭兵隊長を輩出しているが、グイドは一四〇六年ヴィスコンティ家よりグァスタッラの領地を与えられて、一四二八年伯爵の称号を得た。

(10) アントニオ・ダル・ポンテ・アド・エーラはピサ領域部出身の傭兵隊長。

第二巻

2

(1) ダンテ（一二六五～一三二一）は『神曲』の作者として余りにも有名なフィレンツェ生れの大詩人。ジョヴァンニ・ヴィッラーニ（一二八〇頃～一三四八）は、フィレンツェの『年代記』の著者で銀行家。何度も市政府の総代などの要職につくが、晩年は銀行倒産をめぐって投獄され、不遇だった。

(2) ポエニ戦争。第一次（前二六四～二四一）、第二次（前二一八～二〇一）、第三次（前一四九～一四六）。

(3) スッラ（前一三八〜七八）、ポンペイウス（前一〇六〜四八）、カエサル（前一〇〇〜四四）はいずれもローマ共和政末期の有名な政治家。カエサルの独裁君主化を妨げるためにブルートゥス（前八五頃〜四二）やカッシウス（前四二年没）が約六十人の同志とともにカエサルを暗殺したが、その多くはローマを追われ、ギリシャのフィリッピでオクタウィアヌスやアントニウスらに敗れて死んだ。

(4) オクタウィアヌス（前六三〜後一四）、アントニウス（前八二〜三〇）、レピドゥス（前一三年没）の三人。後に争い合い、勝ち残ったオクタウィアヌスが初代皇帝アウグストゥスとなる。

(5) フィエーゾレはエトルリア人が建設したきわめて起源の古い都市だが、前二八三年にローマ人に征服され、前九〇年に反乱を起こし一度破壊された後、スッラ配下の退役軍人によって再建された。他方フィレンツェは前五九年に、アルノ川のほとりに植民都市として建設された。十二世紀にフィレンツェがフィエーゾレを併合するまで、両都市は戦い続けた。

(6) フロリーノという名前はヴィッラーニの『年代記』第一巻三八章によるが、実在が疑わしい人物。なお以下の説は、サルターティ、ブルーニ、タキトゥス、ポリツィアーノその他によっているという。

(7) ガイウス・プリニウス・セクンドゥス（二三〜七九）、いわゆる大プリニウスのこと。厖大な『博物誌』を著した古代ローマ最大の博物学者。なお文人として名高い小プリニウス（六一頃〜一一三）はその甥。

（8）セクストゥス・ユリウス・フロンティヌス（三〇～一〇三頃）には『ローマの水道』『戦術論』などの著書がある。

（9）コルネリウス・タキトゥス（五四または五五～一二〇頃）はローマの歴史家。有名な『ゲルマーニア』や『年代記』『同時代史』の著者。

（10）ティベリウス・クラウディウス・ネロ・カエサル・アウグストゥス（前四二～後三七）はアウグストゥスの養子で、その後を継いだ二代目の皇帝。

（11）ここではトティラとシャルルマーニュを対照的に扱う伝説が採用されている。

（12）聖ロムルスとは四世紀末から五世紀にかけて生きたフィエーゾレの初代司教で、殉教者とされていたが、実際は自然死したらしい。聖名祝日は七月六日。ダーヴィトゾーンによると、フィレンツェは、一一二三年より一一二五年九月十二日までかかって、フィエーゾレを占領している。

（13）すでに見たとおり一一七七年、ハインリヒ四世の誤りである。

（14）ダンテ『神曲』「天国篇」十六歌一三六～一四四行。

3

（1）ブォンデルモンティ家は、一一五二年に記録が残るフィレンツェ周辺の名門。貴族であるために、あまり市政には参加できなかった。ウベルティ家は、伝説ではドイツ起源とされるギベッリーニ党の家で、十二世紀に最盛期に達し、フィレンツェの領主権を狙った豪族。

(2) アミデーイ家はウベルティ家支持勢力の一つ。ドナーティ家はウベルティ家の領主化に抵抗した有力な家門集団の一つで、グェルフィ党の指導者。
(3) ブォンデルモンテ・デ・ブォンデルモンティ(一二一五年没)。
(4) モスカ・ランベルティは一二四三年没。ランベルティ家はウベルティ家と並ぶ古い名門。
(5) スティアッタ〔スキアッタ〕・ウベルティは、この後十三世紀前半にプラートの法務長官を務めた有力者。ランベルトゥッチョ・アミデーイはブォンデルモンティと婚約していた娘の父親。フィファンティ家も十二世紀に栄えた名門で、オデリーゴ・フィファンティがブォンデルモンティに止めを刺したとされている。
(6) 「マルス像」とは、古代ローマの軍神マルス像のこと。フィレンツェはかつての守護神マルスを捨てて、洗礼者聖ジョヴァンニ〔ヨハネ〕に帰依したため、マルスの祟りで紛争が絶えないとされている。

4

(1) 実際は、一二四八年グェルフィ党の多くの家がフィレンツェから亡命した。
(2) これらの家のリストの出典は、ダンテの『神曲』「天国篇」十六歌。

5

(1) プリーモ・ポポロ(第一次民主政)と呼ばれている体制。長老制以前には、複数の執政官《コンソレ》による統治が行われていた。

(2) いずれもイタリアの都市国家に一般的に見られる官職で、ポデスタは裁判、カピターノ〔・デル・ポーポロ〕は軍事を主に扱ったので、このように訳しておく。実際はフィレンツェでは、法務長官はすでに一一九三年、市民軍隊長は一二四六年に成立している。さらにこの後、エゼクトーレまたはバルジェッロという、警察や処刑執行などを担当する官職が生れるが、前者を「執行長官」、後者を「警察長官」と訳しておく。

(3) 九十六人の誤り。

(4) 復活祭(年ごとに変化する)から数えて五十日後の祭り。カトリックでは、「聖霊降臨日」。

(5) このいわゆるカルロッチョも一二三〇年に発足した、もっと古い制度である。

6

(1) プリーモ・ポポロ体制は、確かに一二五〇~六〇年の十年間続いた。

(2) 一二五三~五五年の戦争。

(3) ファリナータ・デッリ・ウベルティ殿(一二六四年没)は、マンフレーディの軍隊を対フィレンツェ戦争に巻き込んだとされるギベッリーニ党の謀略家。ダンテの『神曲』「地獄篇」十歌に登場。「殿」という敬称は、「メッセル」という貴族の称号を直訳したもの。

(4) 一二六〇年九月四日の「モンタペルティの戦い」。

7

(1) ジョルダーノ伯はマンフレーディ王の従弟で、マルケ代官なども務め、一二六六年ベネヴェントの戦いで捕虜となる。

(2)「グイド・ノヴェッロ伯」 トスカーナに勢威を誇ったグイド伯爵家は、グェルフィ党とギベッリーニ党に分裂し、ギベッリーニ党のグイド四世の子グイドは、こう呼ばれた。ギベッリーニ党がフィレンツェを支配した時期(一二六〇～六六)のフィレンツェの法務長官だが、マンフレーディの死後も意外に粘り強く抵抗し、一二八九年のカンパルディーノの戦いにも参戦して敗北した。一二九三年に大体六十五歳で没。

8

(1) 実はウルバヌス四世が招き、クレメンス四世の時代に実現した。

(2) 一二六六年の「ベネヴェントの戦い」。

(3)「二人の騎士」はボローニャの在俗修道騎士団体「楽しき騎士」から派遣された、カタラーノ・デ・マラヴォルティとロデリンゴ・デッリ・アンダロという二人。

(4) アルテ、すなわち同業者が結成する組合自体の歴史は古く、すでにカリマーラの前身は一一八三年、両替商人のアルテが一二〇六年、羊毛商人のアルテが一二一二年に結成されたとされているので、この記述は正しくない。

(5) 実際は、この時点で認められたのは、七大アルテのみだった、と原注にある。
(6) コムーネとは今日も使われている、一応独立した地方自治体のことだが、中世イタリアでは、領域部を支配下においた独立、半独立の共和制都市国家のことで、これに対し君主政の体制はシニョリーア（君主制国家）と呼ばれている。

9

(1) ジョヴァンニ・ソルダニエーリは、一二八〇年にフォリーニョの法務長官を務めたグェルフィ党の貴族。

10

(1) ここに記述された諸制度が機能するのはもっと後のことなので、このあたりの記述は、かなり時代錯誤的だとされている。
(2) クレメンス四世。マキァヴェッリは「皇帝代理」とするが、カルロ・ダンジョーが任命されたのは、実際は「教皇代理」。なおヴィカーリオは通常「教皇代理」と訳されるが、カルロ王は任期が長期にわたり、行政官的役割が強いのでこう訳した。
(3) グレゴリウス十世（在位一二七一〜七六）。
(4) インノケンティウス五世（在位一二七六）。

11

（1）この時の教皇使節は、本名はマラブランカ・ラティーノ（一二二五頃〜九四）でオスティア司教。ニコラウス三世の教皇使節として、一二八〇年フィレンツェの党争の調停を試みた。

（2）実際はグェルフィ党八人、ギベッリーニ党六人の構成であった。

（3）「プリオーレ」は、修道院長、筆頭者などを意味することばだが、一二八二年以後のフィレンツェでは、政府の閣僚を意味し、約十年後に制定される一人の「ゴンファロニエーレ・ディ・ジュスティツィア」と共に、「シニョリーア」を形成する。「プリオーレ」は当初三人だが、後六人、そして八人となる。ただし臨時に十余人となったこともある。本書では「プリオーレ」を「総代」、「ゴンファロニエーレ…」を「正義の旗手」、「シニョリーア」を「執政府」と訳しておく。この制度は、一五三二年のメディチ家による君主政の成立まで一応継続した。マキァヴェッリは彼らをまとめて「お偉いさんたち」（シニョーリ）と呼んだが、執政府という意味ではシニョリーアが普通。

（4）一三四三年の誤り。

（5）「一つの宮殿」は、トルレ・デッラ・カスターニャと呼ばれる塔。一二九九年にパラッツォ・ヴェッキオが建設されたので、そちらに移転した。

（6）一二八九年六月十一日、ポッピの北東の平原カンパルディーノで戦われた。ダンテも戦ったことで名高い。

12

(1)「正義の旗手」は、当初護民官的な目的で設けられたが、定員が一人なので、大統領のように名誉ある地位となった。任期は二か月だが、総代とは就任の時期がずれていた。執政府のメンバーは任期中起居を共にして、食事も共に取った。

(2)ウバルド・ルッフォーリ。正式の名前はバルド。ジャーノ・デッラ・ベッラの推薦で、この地位につく。ルッフォーリ家は白派に加わり没落した。

(3)実際はガッリ家のセーニャがフランスでウゴリーニ家の二人の兄弟を殺したためといわれる。

13

(1)ジャーノ・デッラ・ベッラは、きわめて古い家柄の貴族の出身だが、小市民の味方で「正義の規定」成立(一二九三)の立役者となり、一二九五年に追放され、フランスで客死した。

(2)コルソ・ドナーティはグェルフィ党の騎士で、白黒闘争の立役者だが一三〇八年、市政府に反逆して殺される。

(3)当時の市民軍隊長は、ブレッシャの貴族グリエルモ・デ・マディイ(一二九五年没)。

14

(1) こうした事実はなかった、とされている。

(2) フォレーゼ・アディマーリは一二八五年アレッツォの法務長官を務めた大物。アディマーリ家はグェルフィ党の中心的な貴族。モッジ家はフィレンツェの最も古い銀行家の一族で、グレゴリウス十世やラティーノ枢機卿の宿舎を提供した豪族。ヴァンニはその時期の銀行家。スピーニ家も十三〜四世紀の代表的銀行家。ジェーリはボニファキウス八世の宮廷と特に関係が深く、教皇と黒派(16章参照)のつなぎ役。

(3) 実は噂による告発は残されたが、必要な証人を二人から三人に増やした。

15

(1) この数字はフィレンツェ暦による。西暦だと一二九九年から一三一四年にかけて、アルノルフォ・ディ・カンビオの下で建設された。この宮殿が今日のパラッツォ・ヴェッキオ。

16

(1) 「チェルキ家」は、十三世紀フィレンツェにおける最も富裕な銀行家の一族だったが、白黒闘争で没落した。

(2) 「カンチェッリエーリ家」は、一二一〇〜四〇年頃のピストイアの銀行家カンチェッリエーレに由来する名門。

（3）ヴェーリ・デ・チェルキと記されているが、正しくはヴィエーリ。最盛期のチェルキ家を代表した銀行家（一三一三年没）。

17

（1）一三〇〇年の事件。ヴィッラーニは、逆にチェルキ家の人びとのいる所に、ドナーティ家の人びとが来たと記す。なお列挙されている家は多数過ぎるので、解説は省略させていただく。

（2）マッテオ・ダックァスパルタはフランチェスコ修道会ミノーリ派総長（一二四〇～一三〇二）。

（3）聖務停止令とは、洗礼から結婚や終油などあらゆる秘蹟の執行を、司祭に禁止する命令。

18

（1）このエピソードは一二九七年、前章の事件以前の出来事である。

（2）この会合は一三〇一年のこと。マキァヴェッリはもっと前の出来事だとする。

（3）次章注（1）参照。

（4）ダンテは一三〇〇年六月十五日～八月十五日の総代。つまりこの会合よりもっと前の時期である。しかし彼の任期中にも両派の首謀者の追放が行われたことは事実である。

19

（1）シャルル・ド・ヴァロア（一二七〇～一三二五）は、フィリップ端麗王の弟でヴァロア王朝の祖。

（2）帰宅させたのはシャルルで、新役員を指名したのは旧執政府。

（3）こうした一連の騒ぎは一三〇一年十一月の前半のこと。

20

（1）ニッコロ・デ・チェルキは事件当時、相当の年配の有力な銀行家で、一三〇一年十二月末に、この事件で没。

（2）シモーネ・ドナーティはコルソの息子で、同じ紛争で死んだ。

（3）ピエロ・フェルランテはシャルルの家臣のイタリア語の呼称で、オーヴェルニュの領主。

21

（1）ロッティエーリ・デッラ・トーザは元ファエンツァ司教で、一三〇二年以後フィレンツェの司教となり、一三〇九年三月没。デッラ・トーザ家は、久しく司教不在時の司教座教会の管理者だった由緒ある旧家、ヴィズドーミニ家から分かれた三家の一つ。

（2）ニッコロ・ダ・プラートはオスティアその他の司教で、枢機卿。物凄い謀略家でアヴィニョン幽囚の原因となった教皇クレメンス五世の選出を陰で演出したとされる。一三二一年没。

(3) ここではメディチ家は、行動的な反逆者の味方として描かれている。ジュンニ家は十三世紀以来記録の残る旧家で、ヴォルテルラ司教との関係で財を成した。通算十五人の正義の旗手と五十二人の総代を出した有力な家でもある。なおこれらの数字は、あくまで就任回数の通算なので、同一人物が複数回選ばれている可能性が高い。したがって、実際の人数はずっと少ない。やや不正確な記述となることを詫びておきたい。なお数字の基になっているのは、G・M・メカッティの『フィレンツェの貴族と市民の系図史』(ナポリ、一七五四)である。

(4) ネーリ・アバーティ。有名な旧家の出身で堕落した聖職者の典型的存在とみなされているが、この火事の後も、その地位を保っている(一三〇六年の記録が残る)。

(5) この火事は七月ではなく、六月十日に発生したとされている。

22

(1) トロセット・ウベルティ。トロセットはあだ名で、本名はスキアッタらしい。武名高く、当時はピストイアの市民軍隊長だった。最後の記録は一三一三年、ピサのハインリヒ七世の宮廷に出入りしたこと。

(2) ウグッチョーネ・デッラ・ファッジョーラ(一二五〇頃~一三一九)は一三一〇年アレッツォ領主、ハインリヒ七世のジェノヴァ代官の後に、一三一三年よりピサの市民軍隊長兼法務長官となり、ルッカをも支配したが、一三一六年カストルッチョを支持して生じた両市の反乱でヴェローナに逃走した。

23

(1) ロッソ・デッラ・トーザは、同族の司教ロッティエーリと敵対したグェルフィ党の実力者で一三〇九年没。

(2) パッツィーノ・デ・パッツィはフィレンツェの代表的旧家パッツィ家の当主で、一三一二年に暗殺された。

(3) ベルト・ブルネッレスキは、もとはギベッリーニ党の旧家だが黒派として復活。ベルト、またはベットは一三一一年にドナーティ家に暗殺される。

(4) ピエロ・ブランカは伝統的にフィレンツェと関係が深いグッビオ出身の法務長官。

(5) ゲラルド・ボルドーニはコルソ側の熱狂的な一員。ボルドーニ家は黒派の民衆派の一族で、この事件の後も市政に加わり続け、七人の正義の旗手と三十人の総代を出したが、メディチ体制成立後は排除された。

(6) ボッカッチョ・カヴィッチユーリ。カヴィッチユーリ家はフィレンツェのグェルフィ党のリーダーだったアディマーリ家の分家。貴族なので執政府からは排除されていたようだが、フィレンツェ政界に隠然とした勢力を保ち、久しく紛争の火種であり続けた。

24

（1）実際は四十二日間。

（2）一三一三年八月二十四日。グォンコンヴェントはシエナ領内の小さな町だが、皇帝の遺体はピサの大聖堂に眠っている。

25

（1）王の弟ピエロまたはピエトロ。カルロ二世の息子でグラヴィーナとエボリ伯（一三一五年没）。

（2）この戦いが、いわゆる「モンテカティーニの戦い」（一三一五年八月二十九日）。戦死したのはルッカの法務長官だったフランチェスコ・デッラ・ファッジョーラ。

（3）「ノヴェッロ伯爵」とは、プロヴァンスの封建領主でロベルト王の妹ベアトリーチェの夫ベルトラン・ド・ボー。

（4）シモーネ・デッラ・トーザは前出ロッソの息子。ランドの警察力によって恐怖政治を布いた。当時有力だったデッラ・トーザ家には、王を支持するピーノがいて分裂していた。

（5）マガロッティ家は、平民の銀行家の家。ジャーノ・デッラ・ベッラを裏切る。三人の正義の旗手と三十四人の総代を出したが、メディチ家の体制下で排除された。

（6）ランド・ダ・グッビオ。本名ランド・ビッチ〔デ・ベッキ〕・ダ・グッビオ。騎士の称号を持ち、ピストイアの警備をまかされ、残酷な処置で名を上げた、とされる。なおフィレンツェで警察長官《バルジエッロ》という官職が定着するのはこれ以後らしい。
(7) グイド・ダ・バッティフォッレ伯は、バッティフォッレとポッピに領地を持つグイド伯爵家の一支脈で、一二八五年のシエナの法務長官で、白黒闘争にも関係。この時期相当高齢のはず。
(8) 一二九八年ドイツ王に選ばれたオーストリアのアルブレヒト一世の娘カタリーナ。
(9) 実際は姫がナポリに到着した後のこと。彼女の役割は誇張されている。
(10) 24章でロベルト王に委ねられた領主権が、当初の五年から八年となる。

26
(1) 一三二六年四月。
(2) 『君主論』(18、25章)や『カストルッチョ・カストラカーニ伝』参照。

27
(1) アメリーゴ・ドナーティ。ドナーティ家は一三一一年に恩赦で帰国が許された。アメリーゴはコルソ・ドナーティの息子で帰国後、一三三三年にこの紛争に関係した。一三二九年フィレンツェ軍を指揮。
(2) テギアイオ・フレスコバルディ。フレスコバルディ家も古い銀行家で、テギアイオはすでに高齢のはず。

(3) ロッテリンゴ・ゲラルディーニ。ゲラルディーニ家は元来、白派に近い銀行家で、すでに貴族化していた。

28

(1) 改革が行われたのは一三二三年で、実際は当初四十二か月だったという。

(2) マキァヴェッリは「スクィッティーノ」の複数形で記しているが、「スクィッティーニオ」が「資格審査」という制度の正式の呼称である。ただし古語では「スクィッティーノ」という呼称もあったらしい。なお資格審査という美名の下で、数年分の役員の名札を袋に入れて、多数派が権力を保持しようとした。

29

(1) ラモンド・ディ・カルドーナはアラゴン出身の傭兵隊長で、アンジュー家やフィレンツェ軍の指揮官となるが、一三二四年ミラノ近郊で敗れて捕虜となり、一三二五年アルトパッショで敗北して再度捕虜となる。一三二八年カストルッチョの死後に釈放された。

(2) ガレアッツォ・ヴィスコンティの息子アッツォや、当時のマントヴァ領主パッセリーノ・ボナコッシなど。

(3) これが「アルトパッショの戦い」で、一三二五年九月二十三日。

30

(1)「シチリア戦争」とあるが、この戦争は一三二五年でなく一三二六年のことなので事実ではない。

(2)フィリッポ・ダ・サッジネートは皇太子カルロ陣営の騎馬隊の最高責任者。プロヴァンスからナポリ王国に移住した領主階級に属し、一三二九年一月までフィレンツェ軍を指揮した。

31

(1)フランチェスコ・カストラカーニはカストルッチョの一族だが、その息子たちと敵対していて、一三二九年ルートヴィヒによりルッカの皇帝代理に任命されるが、すぐ追放された。

(2)ゲラルディーノ・スピノーラ。スピノーラ家は、一一〇二年グイドがジェノヴァの執政官に就任して以来のジェノヴァ最高の名家の一つ。この時期は、ドーリア家と組んで、ジェノヴァを二頭支配していた。

(3)あの有名な巨匠ジョット・ディ・ボンドーネ(一二六七頃～一三三七)自身が塔を設計した。なおサンタ・レパラータ教会とは、「花の聖母マリア」と改名する以前のフィレンツェの司教座教会の名前。小アジアの殉教者の女性に由来するという。フィレンツェの最初のキリスト教徒たちは、小アジアから来た商人だったためとも言われる。

(4)地方によって異なるが、一ブラッチョは六〇センチメートル前後。

32

(1) イアコポ・ガブリエッリ・ダ・グッビオ。ガブリエッリ家はグッビオの親グェルフィ党の封建貴族。十四世紀にグッビオの領主となるが、一三八四年に追放される。白黒闘争当時、カンテ・ガブリエッリが四度も法務長官となるほど、フィレンツェとは関係が深かった。

(2) ピエロ・デ・バルディ。大銀行家バルディ家の当時の代表者の一人。

(3) バルド・フレスコバルディ。バルドはフレスコバルディ家に何人もいる。一三〇七年に平民を脅して裁判にかけられたのもその一人だが別人らしい。

(4) アンドレーア・デ・バルディ。十四世紀初頭、フィレンツェに生まれ、若くしてサン・ミニアートの市民軍隊長や法務長官を勤めながら、商業活動にも従事したが、一三四〇年の陰謀に加担。その後二度も追放されながら、結局市政に復帰、主に使節として活躍した(一三六八年没)。

(5) イアコポ・アルベルティ。アルベルティ家は十四世紀フィレンツェの最も富裕な一族。

(6) タルド・ヴァローリ。ヴァローリ家は十四世紀に頭角をあらわした新興の一族で、タルドは一三一八年バルディ銀行の正社員となっている。

(7) フランチェスコ・サルヴィアーティ。サルヴィアーティ家は十二世紀から記録のある古い一族で、市政にも関与。

(8) マッフェオ・ダ・マルラーディ。フォルリに近いマルラーディ出身の貴族。

33

(1) マスティーノ・デッラ・スカーラ二世（一三〇八〜五一）のこと。
(2)「条約」とは、一三三二年のカステルバルド条約。
(3) ルチェッラーイ家は十三世紀のアラマンノにさかのぼる商人だが、ナッドについてはこの事件以外不明。ジョヴァンニ・デ・メディチ（一三四二年没）は十五世紀に繁栄して市政を支配する一族とは別系統で、チオンピの反乱のリーダー、サルヴェストロと曾祖父を同じくする系統。リッチ家は十三世紀末にフィレンツェに移住した近郊カナパイアの領主で、十四世紀後半アルビッツィ家と市の主導権を争った豪族。ロッソ（一三二〇頃?〜八二）はアテネ公に投獄され追放された。
(4) 一三四二年七月六日のこと。
(5) マラテスタ・ダ・リミニはグァスタファミリア（家名を損う者）と呼ばれたマラテスタ三世（一二九九〜一三六四）。
(6) これは誤りで、アテネ公はロベルト王の了解を得ずにやって来た。アテネ公については、「序文」の注（10）参照。
(7)「保安長官」とは、中世コムーネで臨時的に設けられた主に調停役の官職。
(8) グリエルモ・アルトヴィーティ。アルトヴィーティ家は、ロンゴバルド族起源で十世紀に記録が残っているが、市政に関しては十四世紀前半から重要になった。

35

(1) ジョヴァンニ・デッラ・トーザは反コルソ闘争のリーダー、ロッソの息子で一三三〇年の軍事代表委員。

(2) フランチェスコ・ルスティケッリ。ルスティケッリ家は医師の家として有名だが、この人物は不明。

(3) リニエーリ・ディ・ジョットは市庁舎警備隊の歩兵隊長。

36

(1) バリオーネ・ダ・ペルージャ。ペルージャのバリオーニ家は後の同市の領主で、十三世紀以来シャルル・ダンジューの代官などとして関係深いが、このバリオーネについては不明。

(2) グリエルモ・ダッシージ。アッシージは党争の盛んな都市で、この時期はグッビオのガブリエッリ家等と組んだペルージャ市民の支配下にあり、その党派の一員らしい。

(3) チェルレッティエーリ・ヴィズドーミニ殿。古来、司教が空位の時、教会の管理を行うことで、司教座教会と深い関係があるヴィズドーミニ家出身の騎士だが正体不明。

(4) 古来伝統ある五月一日の祭り。

(5) マッテオ・ディ・モロッツォ。家名も出ていないので、小市民らしい。なおこれ以下で、二十人委員の一人としてジョヴァンニが処刑されているメディチ家は、反アテネ公闘争のリーダーの一つとして描かれている。

(6) ベットーネ・チーニ。この人はカルロッチョの牛追いとされ、小市民か下層民らしい。

(7) アーニョロ〔またはアンジェロ〕・アッチャイウォーリ(一二九八〜一三五七)。アッチャイウォーリ家は十二世紀初頭ブレッシャより移住したとされ、グェルフィ党黒派のリーダーでアンジュー家出入りの大銀行家。アーニョロ、正確にはアンジェロはドミニコ修道会出身のフィレンツェ大司教となり、晩年はナポリ王国の書記官長。なお以下の党派分けは不正確らしい。

(8) コルソは前出(27章)のアメリーゴの息子らしいが、マンノとの関係は不明。

(9) アントニオ・アディマーリ。名門の出身で、この事件によって重要視されている人物だが、詳細は不明。

(10) フィレンツェの守護聖人、洗礼者聖ジョヴァンニ〔ヨハネ〕の祝日、六月二十四日には競馬が催された。

(11) フランチェスコ・ブルネッレスキは同家の大物ベルト、またはベット(一三二一年没)の息子で一三二五年、ポルカーリにおける戦いでカストルッチョの捕虜となった人物らしい。

(12) パーゴロとシモーネは、いずれも正体不明の人物。モンテラッポリはフィレンツェの西方、サン・ミニアートに近い地名なので、領域部の住民らしい。

(13) この記述は事実に反している、とされている。

(14) 当時、メルカート・ヴェッキオ〔旧市場〕とメルカート・ヌオーヴォ〔新市場〕があったが、前者は現在の「共和国広場」、後者は通称「わらの市場」あたりとされている。

37

（1）「平民の四家族」とは、ペルッツィ、アッチャヤウォーリ、アンテッレージ、ブオナッコルシのことらしいが、前の二家は大銀行家族があり、この時代にはすでに全部を平民と見なしては正確ではない。

（2）ジャンノッツォ・カヴァルカンティ。一三二六年にピストイアで対カストルッチョ戦争を指揮した市民の一人。

（3）これはマキァヴェッリの「コルソ・ディ・メッセル・アメリーゴ・ドナーティ〔アメリーゴ・ドナーティ殿の息子のコルソ〕」の写し誤り。つまり二人ではなく一人の仕業。

（4）「シモーネ伯」とは、グイディ・ディ・バッティフォッレ伯爵家のシモーネ二世（一二八〇から八五～一三四八）のこと。

（5）「愛されること」と「恐れられること」のいずれを選ぶべきかについては、すでに『君主論』の17章で論じている。

38

（1）こうした方針が実際に採用されたかどうかは、文献的に裏付けられていない。他方マキァヴェッリの『ディスコルシ』第二巻23章等の方針と一致している。

39

（1）リドルフォ・デ・バルディは、十四人委員の一人で、そのリストでは、筆頭の司教の次に記されている大物貴族。

40

（1）アンドレーア・ストロッツィは商人出身で、十三世紀後半より活躍した家に属し、十三〜十四世紀の両替商パーニョの息子で十六世紀まで続く三系統の祖。

（2）「ネルリ家」は、早くも十三世紀初頭にモンテカステッロの法務長官を出している旧家。正義の旗手三人と総代十五人を出した。

（3）「マンネッリ家」は、十三世紀末にヴェッルーティ家相手に復讐の殺人を犯した旧家。総代を十人出した。

（4）「ロッシ家」は、早くも十三世紀初頭から市政に加わっていた旧家。しかし五人しか総代を出さなかった。

41

（1）メディチ家はフィレンツェ平民の味方の行動的な精鋭として描かれている。なお同家は、三十四人の正義の旗手と六十二人の総代を出した、とされている。ロンディネッリ家は、メディチ家同様十四世紀に頭角を現した家の一つ。主としてメディチ家の支配体制が成立する以前に、十二人の正義の旗手と三十六人の総代を出した。

(2) カッポーニ家は十三世紀半ばより知られ、羊毛、絹織物、銀行等の業界で活躍した名家。アルビッツィ家の盟友ジーノ・ディ・ネーリは、マーゾ・デッリ・アルビッツィの右腕的存在として外交に手腕を振るった(一三五〇頃～一四二一)。

(3) セミフォンテから移住し、十二世紀までさかのぼることができる旧家。正義の旗手十三人と総代五十五人を出す。ピッティ宮殿を建設したルーカ(一三九四～一四七二)は、一時期メディチ家をしのぐ勢力家だった。なお彼の一族は、正義の旗手十五人と総代九十六人を出した。

42

(1) ジョヴァンニ・ボッカッチョ殿(一三一三～七五)は『デカメロン』の作者である文豪。その序文でペストの惨状を描いた。貴族ではなかったが、ここではメッセルの称号が与えられている。

(2) 「大司教」とはジョヴァンニ・ヴィスコンティ大司教のこと。

第三巻

2

(1) モンレアーレはルイ・ダンジューのために一三四五年に来伊し、その後教皇に仕えてコーラ・ディ・リエンツォに処刑されたプロヴァンス出身のモリアーレ・ダルバルノ、別名フラ・モリアーレ（一三〇〇頃〜五四）。なお彼のトスカーナ到来は、一三五四年のことである。

3

(1) 「主要な」というのは誇張だ、とされている。
(2) ウグッチョーネ・デ・リッチは十四世紀後半アルビッツィ家に対抗したリッチ家を代表する大物（一三八三年没）。なおリッチ家は、正義の旗手十四人と総代五十二人を出した。
(3) ピエロ・デッリ・アルビッツィはアルビッツィ家を市内の最有力の家に押し上げた実力者（一三七九年没）。アルビッツィ家は正義の旗手十四人と総代九十三人を出した。
(4) 現代の暦では一三五八年。
(5) ラーポ・ダ・カスティリオンキオはペトラルカの友人の人文主義者で、亡命中にローマで死去した（一三八一年没）。

（6）カルロ・ストロッツィはアルビッツィ、リッチ両派の調停役として実力を伸ばし、チオンピの反乱で家が焼かれたが、後に帰国して財産を補償された。一三八三年ペストで死去。

4

（1）ベンギ〔・ブォンデルモンティ〕殿とはグェルフィ党の大物指導者で、その隊長に選ばれ、一三七六年ロマーニャへの遠征隊長を務めた。チオンピの反乱の際、追放された。

5

（1）第二巻25章参照。

6

（1）この当時、厳密に守られていたかどうかは疑問だが、「正義の規定」では、貴族は主な役職に就任できなかった上に、犯罪が発生した場合、平民よりもはるかに厳しい罰則が貴族に対して定められていた。

7

（1）ペルージャに対しフィレンツェへの小麦の売却を禁止して、「八聖人戦争」の原因を作ったサンタンジェロ枢機卿ギョーム・ド・ノレ（一三九四年没）。

（2）一三七五年。
（3）ウグッチョーネは一三八三年没なので、実際はこの時期には存命中だった。

8

（1）ジョルジョ・スカーリは有名な銀行家の一族だが、猛烈な民衆派の闘士（一三八一年没）。
（2）トンマーゾ・ストロッツィはフィレンツェきっての豪族の一員だが、猛烈な民衆派。革命の鎮静化で亡命。
（3）次章注（3）参照。

9

（1）サルヴェストロ・デ・メディチ（一三三一〜八八）はチオンピの反乱のきっかけを作った人。後代のコジモ－ロレンツォ等とは数代前に枝分れした別系統のメディチ家だが、この一族が民衆派の家だという強い印象を残した。
（2）「サン・ジョヴァンニの祭日」は、六月二十四日。
（3）ベネデット・アルベルティ（一三八八年没）。なおアルベルティ家は当時フィレンツェで最も富裕だったアルベルティ一族の代表者は、約半世紀市政から閉め出されたが、それでも十人の正義の旗手と五十二人の総代を出した。
（4）評議会は「人民の」評議会と「コムーネの」評議会の二つがあった。

10

（1）「大権《バリーア》」とは、臨時的な独裁権力。中世コムーネでは、体制を変革するために、個人または団体にそうした権力を一時的に委任して、改革を実行させた。

（2）実は大アルテの一つ「毛皮商・皮革製品業者のアルテ」が先頭に立つ。

（3）訳者が調べた範囲では、この英雄的な人物の氏名は記録されていないようである。

（4）ルイージ・グィッチャルディーニ。ロンゴバルド族起源の古い一族だが、十四世紀に商人階級入りして今日も残る。ルイージは、この後も二度正義の旗手に就任した（一四〇五年没）。この一族全体で、十三人の正義の旗手と四十四人の総代を出した。

12

（1）第二巻8章のことだが、すでに指摘したとおり事実に反する。アルテはさらに古くから、自然発生的に存在していた。

13

（1）語り手は記されておらず、マキャヴェッリが創作した演説だと思われる。

14

(1) シモーネ・ダッラ・ピアッツァはポルタ・ア・サン・ピエロ・ガットリーニ教区のシモンチーノ、通称ブジガットという人物のこととされるが、それ以外はよく分からない。

(2) ニッコロ・ダ・サン・フリアーノは明らかに職人の一人。貧民が多いサン・フレディアーノ教区の住民らしい。

(3) 「七月二十一日」とあるが、正確には二十日のこととされている。

(4) アントニオ・デッリ・アルベルティは一三七八年の騎士で一三八四年の総代(一三六三〜一四一五)。一三八九年「パラディーゾ」別荘で賓客を歓待し、知的なサロンを開設した。一四〇一年投獄、追放され、ボローニャで数学等を教えた。

(5) ジョヴェンコ・デッラ・ストゥーファ。一三七一年総代、一三七八年騎士に叙任されるが、一三七九年より三年間の公職追放処分を受けた。

(6) ジョヴァンニ・ディ・カンビオ。一三七八年騎士に叙任。後に過激派から告発されるが、そのことが転機を生む(20章)。

(7) 「ベル形模様」とは、本来は「シロテン」の意味で、楯形の地紋として用いられる毛皮模様の一種で、銀または白と青の二色で交互に組み合わせたベル形の連続模様。

(8) ステーファノ殿。注に「ベッレトリのステーファノ殿と呼ばれた人物」とあるが、それ以上のことは不明。

15

（1）「細民」とは、専門的な技術を持たない勤労者のこと。

（2）グエルリアンテ・マリニョッリ。一三六九年にも総代に選ばれ、譴責を推進したグェルフィ党の首領の一人。

（3）アラマンノ・アッチャイウォーリ。この時総代の地位を追われ、一三七九年に三年の公職追放にあった。

（4）ニッコロ・デル・ベーネ。一三七九年十二月末、国家転覆を企てた罪で、同志とともに処刑されているニッコロ・デル・ベーネ・ダ・コッレ・ディ・ヴァルデルサのことらしい。

（5）軍事八人委員は、実はすでにこれ以前の七月十九日に任期が終了していたとされている。

16

（1）ミケーレ・ディ・ランド（一三四三～一四〇一頃）の出自については諸説あるが、一説では羊毛のアルテの職人で、チオンピの反乱のリーダーとして活躍した。むしろ正義の旗手として反乱の鎮静化に協力した後には、一三八一年ヴォルテルラの市民軍隊長を務め、フィレンツェが反動化した一三八二年にルッカに移住して羊毛商人となる。元来羊毛の仲買人だったという説もある。

（2）セル・ヌート。チッタ・ディ・カステッロ出身の貴族。なぜ「セル」という公証人の敬称がついたかは不明だが、通常騎士号を持つ貴族への敬称である「メッセル」（本書ではすべて「殿」という訳語で統一)を省略した一種の蔑称か。

(3) 前章注(5)で見たように、この記述はマキァヴェッリの創作だとされる。

(4) 実際は七月二十一日に細民の手中に渡った、とされている。

(5) エンポリではなくバルベリーニとする説もあるが、ともに根拠がない。

17

(1) 「アルテの団体」とは、新設された三アルテのこととされている。

(2) 前章注(4)、(5)で見たように、そんな恩典はなかったとされている。

(3) 七大アルテではなく、従来から存在した二十一アルテのことだとされている。

18

(1) バロッチョは本名バルトロ・ディ・イアコポ・コスタという梳毛《そもう》職人、トリアは本名ジョヴァンニ・ディ・ドメニコで職業は不明。

(2) フランチェスコ・ディ・ミケーレ。この時、総代に選ばれたこと以外は不明。

(3) ロレンツォ・ディ・プッチョ。一三七九年一〜二月期の総代だが、一三八一年追放され財産は没収される。

19

（1）ジャンノッツォ・ダ・サレルノはアンジョー家の分家出身のカルロ（三世）・ディ・ドゥラッツォ王の高官で、亡命者とともにサン・ジョルジョ傭兵隊を率いてフィレンツェに近づき、アヴェラルド伯の率いるフィレンツェの軍隊に敗北した傭兵隊長。

（2）チプリアーノ・マンジョーニは一三六二年以来、三度総代を務めたグェルフィ党の首領の一人。イアコポ・サッケッティ殿は一三六〇年以来、三度総代を務め、一時追放された後帰国。ドナート・バルバドーリ殿はグレゴリウス十一世やカルロ・ディ・ドゥラッツォ王の許に使いした大使。フィリッポ・ストロッツィは一三七八年に国家への陰謀罪でチッタ・ディ・カステッロから追放されて帰国していた。ジョヴァンニ・アンセルミは、不穏な言動のため捕えられたこと以外不明の人物。カルロ・ストロッツィ以外は全員逮捕され、斬首された。

（3）当時の市民軍隊長は、イモラの貴族オビッゾ・デッリ・アリドージ殿。

（4）このエピソードは、フランコ・サッケッティの『三百話』（一部は岩波文庫の杉浦明平訳『ルネッサンス巷談集』として刊行）の第百九十三話に記されている。そこでは、ブォンデルモンティ家の騎士、ヴァローレ殿のいたずらだったとされている。

20

（1）過激派の剪毛《せんもう》職人イアコポ・ディ・バルトロメーオ、通称スカティッザ。

(2) 19章の注(3)参照。
(3) フィレンツェ暦で一三八一年一月十七日のこと。一月のことなので、西暦では一年プラスされる。

21
(1) この辺りの記述は不正確だとされている。すなわち紛争がこの後の新体制を生んだのではなく、新体制が紛争を引き起こしたとみなされている。
(2) すでに18章で「細民のアルテ」が失権しているので、残りの二つ。
(3) 一三八一年とするのは、三月二十五日で一年が始まるフィレンツェ暦による。西暦では一三八二年が正しい。

22
(1) 第一巻33章参照。

23
(1) フィリッポ・マガロッテイは何人もいるが、一三七八年のチオンピ(羊毛組合の下層職人たち)によって騎士に叙任された人物らしい。
(2) ベーゼ・マガロッティ。グェルフィ党の譴責推進派の一人。一三七八年に告発されたことがある。
(3) 二十五歳。
(4) バルド・マンチーニはグェルフィ党の首領の一人で、一三七九年に三年間の公職追放を宣告された。
(5) この辺りの記述も正確ではないとされている。
(6) 一三八八年一月三日。

24

(1) ピエロ・ベニーニは一三七八年にチオンピに騎士を叙任され、(西暦) 一三八二年一月二十四日に追放の上、一〇〇〇リラの罰金を科された。マッテオ・アルデロッティは一三六三年以来四度も総代に就任したが、この時ジェノヴァへ十年間追放された。ジョヴァンニ・デル・ベーネは一三七〇年以来二度総代となり、ピストイア市民軍隊長在任中に追放された。フランチェスコは一三六八年の総代でフェルモに追放された。ジョヴァンニ・ベンチは一三八〇年十一〜十二月の総代。アンドレーア・アディマーリは一三六〇年に追放され、一三七三年に譴責処分、その後チオンピの反乱で返り咲いてピサの市民軍隊長に就任し、在任中に追放された。
(2) コヴォーニ家は古い銀行家で、多くの正義の旗手や総代を出すが、ベッティーノなど親民衆派が活躍した。この後メディチ政権下で復活したらしい。ベニーニ家は新興の一族らしいが、注(1)のピエロの活躍が目立ったらしい。リヌッチまたはライヌッチ家は、十三世紀後半のフィレンツェ司教や十三世紀末の建築業者の記録があり、結構古いがあまり大きくない旧家。当時ほとんど没落しかけていて、ここで政界からは消えた。フォルミコーニは逆に新興の家。コルビッツィ家は、すでに十三世紀に栄えていた古い銀行家の一族。マンネッリ家は十三世紀末その一人がヴェッルーティ家の者を殺して、復讐を受けたという古い銀行家の一族。アルデロッティ家は、十三世紀に有名な医師でボローニャ大学教授タッデオを出した一族。注(1)のマッテオが活躍。

25

(1) ジャンガレアッツォは叔父を騙し討ちにした時点(一三八五)では伯爵で、公爵の称号を得たのは一三九五年のことなので、この記述も正しくない。

(2) 一四〇二年九月のこと。

(3) マーゾ・デッリ・アルビッツィ(一三四三〜一四一七)。ピエロの甥で、ジャンガレアッツォとの戦争を指導した。この時代を代表する大政治家。

(4) アルベルトおよびアンドレーア・デッリ・アルベルティ。アルベルトはルイージの息子、アンドレーアはベネデットの息子で一三八一年に騎士に叙任されたが、二人とも追放されて一三八三年にペストで死んだ。調べられた人の名は不明。

(5) ヴィエーリ・デ・メディチ(一三九五年没)はサルヴェストロの従兄弟でコジモとは別

系統の銀行家、元来はグェルフィ党の譴責《けんせき》処分政策の推進者だったが、後に民衆派のリーダーと見なされ、一三九三年の民衆蜂起の際には賢明な調停役を果した。

(6) リナルド・ジャンフィリアッツィは一三八一年騎士を叙任され、また同年正義の旗手に選ばれた。ドナート・アッチャイウォーリは一三七八年、チオンピの反乱当時騎士に任命されたが、その翌年には公職から追放され、その後政界に復帰して、一時期活躍。

(7) アントニオ・デ・メディチは老コジモの父と曾祖父を同じくする系統。27章にも登場。

26

(1) ミケーレ・アッチャイウォーリは、この事件以外については不明。

(2) ニッコロ・リコーヴェリは一三五四年以来、少なくとも四度総代を務めた。

(3) アラマンノ・デ・メディチ。コジモらとは相当遠い別の系統で、あまり公職には就かなかったようだが、アラマンノは何故か第四巻11章にも登場。時期が違うので、別人らしい。

27

(1) 六人とも若くして追放されて、公務に加わるチャンスはなかったらしく、この事件以外には記録がないようだ。

(2) ピッジェッロは一三七八年と八〇年に追放され、本来は反チオンピ派の筈だが、反乱沈静後の体制でも役職についていない。バロッチョについては不明。

（3）「ニギットーザの回廊」は、現在のカルツァイオーリ通りの近くにあったとされている。

28

（1）ミラノ公ジャンガレアッツォ・ヴィスコンティのこと。

（2）サンミニアート。この人物についても不明。

（3）サルヴェストロ・カヴィッチューリ。同右。リッチ家もカヴィッチューリ家も紛争後世代が交代して小粒化しているようだ。

（4）トンマーゾ・ダヴィージ。早くも一三六〇年に譴責処分を受けた人物の名前だが、実際に捕えられたのはその息子のフランチェスコ。

（5）実際は、リッチ家五人、メディチ家一人、ストロッツィ家三人だったとされている。

（6）ビンド・アルトヴィーティ。実際はストンド・ディ・ビンドで、ビンドの息子だった。

（7）ベルナルド・アディマーリ。一二八九年の総代にこういう名前の人物がいるが、もちろん別人。ベルナルドは同家でよく用いられる名前だったらしい。

（8）実は十年間ではなく、二十年間。

（9）第三巻14章の注（4）参照。

29

（1）「ピサへの遠征」ピサはジャンガレアッツォの支配下にあったが、その死後ジャンガレアッツォの息子ガブリエーレ・マリーアが、フィレンツェに売った。ピサ市民が抵抗したため、八か月の包囲後、一四〇六年十月九日にピサは飢えて降伏した。

(2)「序文」注(12)参照。ただしラディスラーオ王が占領したのはペルージャ附近までなので、マキァヴェッリはその活動をかなり誇張している。

第四巻

2

(1) ニッコロ・ダ・ウッザーノ(一三五九〜一四三二)はグレーヴェ川渓谷の領主に由来する家柄だが、古くからフィレンツェ市民となり、マーゾ・デッリ・アルビッツィの盟友で、マーゾ、ジーノ・カッポーニとともに三頭政治家の一人に数えられた。

(2) バルトロメーオ・ヴァローリ(一三五四〜一四二七)は総代に三度、正義の旗手に一度就任し、ラディスラーオ王や教皇マルティヌス五世への大使、十人委員会委員などを務めた政治家。

(3) ネローネ・ディ・ニージは銀行家ディオティサルヴィ家に属し、ルッカ戦争の十人委員などを歴任。

(4) リナルド・デッリ・アルビッツィ(一三七〇〜一四四二)。この巻の主人公とも言えるマーゾ・デッリ・アルビッツィの息子で、一四一七年の父の死後、その派閥を率いてメディチ派の台頭と戦う。

（5）ネーリ・ディ・ジーノ〔・カッポーニ〕（一三八八～一四五七）とは、カッポーニ家の一員でマーゾの盟友ジーノの息子だが、アルビッツィ派とメディチ派の争いの調停役を務め、コジモの帰国を支援。メディチ体制下でも独自の地位を保ち、また自らもフィレンツェ史の記録を書き残す。

（6）ラーポ・ニッコリーニは富裕な毛織物業の商人で、正義の旗手に五度も就任している。

3

（1）「献辞」注（2）参照。銀行家として大成功し、メディチ家の財政的基盤を築くとともに、追放から帰国後、市政を牛耳る。

（2）トンマーゾ・ダ・カンポ・フレゴーソ殿（一四〇二～八五）はジェノヴァ統領に三度就任した。なおフレゴーソ家は、十三世紀以後ジェノヴァの政治に加わり、十四世紀以降十三人の統領を出した。なおフィレンツェの役職の場合と違って、この数字は本当の人数である。

（3）一四二〇年に結ばれた条約。マーグラ川はトスカーナ州とリグーリア州をへだて、パーナロ川は主にエミリア地方を流れるポー川の支流。

4

(1)「ボローニャの教皇使節」とは、有名なエジディオ・アルボルノス枢機卿の甥アルフォンソ枢機卿。

5

(1) アントニオ・ベンティヴォーリオは教皇庁と妥協して帰国後、斬首されたアントン・ガレアッツォ（一四三五年没）。ベンティヴォーリオ家は、ジョヴァンニ一世が、一四〇一年にボローニャ領主となるが翌年失権し、このアントン・ガレアッツォが復権して、ほぼ一四二〇年から三五年まで曲がりなりにも支配した。

(2) ジョルジョ・オルデラッフィ。十一世紀よりフォルリに記録が残るオルデラッフィ家は、一三三三年、フランチェスコが支配権を確立した。一四二三年没。

(3) ティバルド・オルデラッフィは父の死後、母の摂政下でフォルリを統治したが、ミラノに送られ、以後、教皇庁の直接支配が続くが、一四三三年同族のアントニオがフォルリを奪回した。

(4)「ティバルドの母親」とは、ロドヴィーコ・アリドージの娘ルクレツィア。

(5)「フェルラーラ侯」とは、ニッコロ三世・デステ（一三八三頃〜一四四一）。

6

(1) アーニョロ〔またはアンジェロ〕・デッラ・ペルゴラは、十五世紀で最も有能な傭兵隊長の一人(一三七五~一四二八)。

(2) これは一四二四年二月のこと。モディリヤーナとはフォルリ県の地名。

(3) アルベリーゴ伯は第一巻34章注(1)と同一人物。イタリア人初の傭兵隊長で、当時ザゴナーラの領主。現在のザゴナーラは、ラヴェンナ県ルーゴ市内の小村。

(4) ロドリーゴ・デッリ・オピッツィはザゴナーラへの遠征に反対していた、ルッカ亡命者の傭兵隊長。マキァヴェッリは一四二四年七月二十八日の、この敗戦の人的被害を過小に表現している。

7

(1) 一四二二年のこと。

(2) 第一巻38章注(5)参照。

(3) マルティヌス五世(在位一四一七~三一)。

(4) ジョヴァンナ二世は一四二〇年、アラゴン王アルフォンソを養子にした。

8

(1) オッド伯(一四二五年没)はブラッチョ・ダ・モントーネの長子。当初、父譲りの大軍を擁していた。

(2) ロレンツォ・リドルフィは十三世紀の商人リドルフォの子孫、法律家で、多くの君主の許に派遣された大使。この時期(一四二四年七〜八月)正義の旗手。その一族は、正義の旗手九人と総代三十九人を出した。

(3) フランチェスコ・ジャンフィリアッツィは、この時期の総代の一人。

9

(1) バルド・マンチーニは一三八七年、ベネデット・アルベルティ等が追放された時期の正義の旗手。

11

(1) アラマンノ・デ・メディチ。このアラマンノは一三九六年に追放された人物のことか。ジョヴァンニの五代前に分かれた別の系統に属しているらしい。

(2) ジョヴァンニの息子コジモ。コジモは一三八九年生まれ。アラマンノ追放の時期には七歳なので、疑問の余地がある。

(3) セル・マルティーノは、セルの称号でわかる通り公証人で、正式にはセル・マルティーノ・ディ・ルーカ・マルティーニといい、この時はメディチ派だったが、後にリナルドに接近し、ルッカ戦争を十人委員の一人として推進した。パーゴロまたはパオロは、セル・パオロ・ディ・ランド・フォルティーニ。フォルティーニ家はメディチ体制下でも政治に加わり続けた。なおこの争いでは、セル・マルティーノもその翌年には解任されたという。

12

（1）ビアージオ・デル・メラーノ。チオンピの反乱時代にルーカ・デル・メラーノが有罪宣告されており、おそらくその一族で反チオンピ派の小貴族か。

（2）ザノービ・デル・ピーノ。一三〇四～〇五年の正義の旗手にトゥッチョ・デル・ピーノがいる。あるいはその一族か。その場合、フィレンツェの黒派の小貴族兼商人と考えられる。

（3）「蛇」の絵。ヴィスコンティ家の紋章が蝮であったため、その絵を食べさせた。

13

（1）「ファエンツァの領主」。当時ファエンツァは一四一七年の領主ジャンガレアッツォの死後、グイダントーニオ（一四四八年没）、アストルジョ二世（一四六八年没）、ジャンガレアッツォ二世の三兄弟が、母親ジェンティーレ・ディ・ガレオット・マラテスタの摂政の下で治めていた。

（2）一四二五年十二月のこと。カルマニョーラに関しては、第一巻39章の注（2）参照。

14

（1）この税制の基礎となる資産台帳を綿密に分析した研究が、ハーリヒとクラピッシュ・ジュベルの共著『トスカーナ人とその家族――一四二七年フィレンツェのカタストの研究』（パリ・一九七八）である。

15

（1）「教皇使節」とは、ニッコロ・アルベルギ枢機卿。

（2）一四二七年十月十二日のマクローディオの戦い。マクローディオは、ロンバルディーア州ブレッシャ県の小村。

16

（1）コジモの生涯は、本書でくわしく述べられる。「献辞」注（2）参照。ロレンツォ・デ・メディチ（一三九五～一四四〇）は、コジモの弟で、後にその一統は権力から離れて「市民の〔メディチ家〕」と呼ばれるが、その子孫からコジモ一世等トスカーナ大公の系統が生じた。

（2）一四二九年二月二十日のこと。

17

（1）下層民のジュスト〔・ランディーニ、一四二九年没〕を、マキァヴェッリは「総代（プリオーレ）」としているが、ジョヴァンニ・カヴァルカンティは「長老（アンツィアーノ）」としていて、職業は靴職人、または靴屋だとする。

（2）「コントゥージ」は原文にも初期の版にもなく、後に推測で付け加えられたらしい。

（3）「隊長」とは市民軍隊長。その名はロレンツォ・ディ・ジョヴァンニ・グラッソ。

（4）パッラ・ストロッツィ（一三七二～一四六二）はリナルドとともに当時のフィレンツェ政界を代表する政治家。優れた人文学者でもあったが、一四三四年メディチ派によって追放された。古文献の蒐集でも著名。

（5）パーゴロ〔パオロ〕・グイニージ（一三七六～一四三二）。以下パオロと記す。大銀行家の父フランチェスコ（一三八四年没）を継いで、一四〇〇年にクーデターによりルッカの君主となるが、一四三〇年に失脚。

（6）ジョヴァンニ・カヴァルカンティの『フィレンツェ史』ではエルコラーノと記されている。この兄弟についての詳報はない。

18

（1）ブラッチョ・ダ・ペルージャ。既出の傭兵隊長ブラッチョ・ダ・モントーネ（第一巻38章注（5））のこと。

（2）ニッコロ・フォルテブラッチョは一四三三年ミラノ公に仕えて教皇領に侵入、一四三五年ローマで戦死。

（3）イアコポ・ヴィヴィアーニ。ヴィヴィアーニ家は十二世紀末にすでにルッカの派閥のリーダー、ロドルフォを有していた豪族の一つで、イアコポも大使として大いに活躍した。

19

（1）パオロにとって致命傷となったのは、一四二〇年代のフィレンツェ－ミラノ戦争で、フィリッポ・マリーア・ヴィスコンティの味方をしたことだった。

20

（1）ポポロの評議会三百とコムーネの評議会二百五十の総計五百五十人の内の九十八で一七・八パーセント。あるいは、前出の出席者四百九十八人中の一九・六パーセント。

（2）アストルレ・ジャンニ。ジャンニ家とは、清新体派の詩人ラーポ・ジャンニやメディチ家体制以前に多くの総代や正義の旗手を出したフィレンツェの旧家。

（3）セラヴェッツァはルッカの西北約三〇キロの田舎町（現在の人口一万三千）。

22

（1）〔カッポーニ〕第二巻41章注（2）参照。ネーリ・ディ・ジーノは、父の跡を継いでアルビッツィ派だったが、コジモの台頭に直面し、これに抵抗し続けた（一三八八〜一四五七）。なおカッポーニ家はすぐれた記録者や歴史家を出しているが、彼もその一人。

（2）アラマンノ・サルヴィアーティ。サルヴィアーティ家は、十二世紀以来記録が残る名家で、二十人の正義の旗手と六十二人の総代を出す。同家にはアラマンノが何人もいる。

23

（1）フィリッポ・ブルネッレスキ（一三七七〜一四四六）はルネサンス芸術、特に建築と彫金の開拓者とされる、フィレンツェの司教座教会サンタ・マリーア・デル・フィオーレの円屋根の設計者。

24

（1）ジョヴァンニ・グィッチャルディーニ（一三八五〜一四三五）は、チオンピ時代に活躍したルイージの反メディチ派の息子。

（2）アントニオ・デル・ロッソ。シエナのモンタウリの年代記では、一四二九年に「若くて大いなる勇気と大きな背丈と立派な一門の騎士アントニオ・ディ・ケコ・ロッソ・ペトルーチ・ダ・シエナ殿が、この時ルッカのコムーネによって法務長官に選ばれた」とあり、何度も九人委員を出した法律家の一族ペトルッチ家の出身者だと分かる。なおこの時は、法務長官には就任しなかった。が、後に大使としてルッカを訪問し、重大な影響を及ぼした。

(3) サルヴェストロ・トレンタとリオナルド・ブォンヴィージ。トレンタ家はグイニージ家の姻戚で、セルカンビの年代記にも何度か登場するルッカきっての名門。ブォンヴィージ家は十六世紀以後にルッカ政界に重きをなすが、この時代にはまだ新興だったらしい。

(4) ボッカッチーノ・アラマンニは後に大物文学者ルイージ・アラマンニを出す商人の一族の一人。アラマンニ家は、正義の旗手二人と総代二十人を出した新興の家だった。

(5) パーゴロ〔パオロ〕・ダ・ディアッチェート。ダ・ディアッチェート家は、正義の旗手五人と総代三十人を出した家。

(6) ジョヴァンニ・マラヴォルティはシエナの名門貴族。マラヴォルティ家については29章の注(1)参照。

(7) カヴァルカンティはドゥカートでなく、フィオリーノという単位を用いている。

25

(1) チェンナーミ家もカストルッチョ・カストラカーニの姻戚で、トレンタ家と並ぶルッカきっての名門だが、ダ・キヴィッザーノ家は不明。

(2) ランツィラーオ。一四〇四年九月二十四日父パオロ、母カルレット侯カルロの娘イラリアより、ラディスラーオ、またはランツィラーオが生まれる。

(3) グイニージ家は本来、銀行家で商人の一族で、大物フランチェスコの死後一四〇〇年にライヴァルのフォルテグエルラ家の圧力に先手を打つ形で、当時旗手であった有名な政治家でノヴェッラ集と『年代記』等の作者でもあったジョヴァンニ・セルカンビ等の支援によって領主権を握り、絹織物工業や農業、大理石採掘業の振興などにも尽くした。

(4) ウルビーノ伯。グイダントーニオ・モンテフェルトロ(一四四三年頃没)。

(5) カヴァルカンティは「ルッジェーリ・ダ・ペルージャ殿の息子」とだけ記して、本人の名前を記していない。そこでマキャヴェッリも記録できなかった。

(6) これらの土地は、ピサの亡命者である傭兵隊長アンドレーア・ダ・ポンテデーラが占拠。

(7) ミケレット。カヴァルカンティが「スフォルツァ(ミラノ公フランチェスコの父親ムツィオ・アッテンドロ)の甥」だとしている、ミケーレ・アッテンドロ。

(8) イアコポ・アッピアーニ二世(一四四一年没)。

(9) 実際は一四三三年四月二十六日の協定。

26

(1) アヴェラルド・デ・メディチ(一三七三〜一四三四)はコジモの従兄で、一四三三年ナポリに追放された。

(2) プッチョ・プッチは鐘作り職人の息子で、市内のお触れ役などを務めた有名な民衆詩人アントニオ・プッチ(一三八八年没)の息子。コジモに協力して富裕になる。

(3) プッチョ派。イタリア語で「プッチーニ」と呼ばれていた。

27

（1）ニッコロ・バルバドーロ〔バルバドーリ〕。バルバドーリ家はチオンピの反乱の際に処刑された政治家ドナートを出した銀行家の一族で、ニッコロ自身もダ・ウッザーノと同時代に活躍。なお家名の単数形バルバドーロはイタリア語で「黄金の髭」を意味する。ほとんどメディチ体制以前に、正義の旗手二人と、総代十七人を出している。

（2）22章注（1）参照。

（3）十三世紀より有力だったティオティサルヴィ家の一員として、一四三四年コジモの帰国に尽力、その最高助言者として、ローディの和平を推進。コジモの死後その息子ピエロに反逆、六六年の陰謀に加わり、市外に追放されて一族は全てを失い、エステ家等を転々とした後ローマで死去（一四〇一または三～八二）。ネローニ宮殿は今も残る。

（4）ルーカ・デッリ・アルビッツィは、兄への反感の他、メディチ家の女性を妻としていたため、メディチ派についた、とされている。その子孫はメディチ家支配の下でも、正義の旗手や総代を多数出し続けた。

（5）ピエロ・グィッチャルディーニ（一三七〇～一四四一）は、メディチ体制下で要職を歴任。正義の旗手に三度就任した。

（6）ソデリーニ家では、当時の体制派についたフランチェスコは無名で終るが、グッチョの息子でメディチ派についたニッコロ（一四〇一～七四）とトンマーゾ（一四〇三～八五）はこの後大立者に成長した。

（7）この演説は架空のものだが、当時の状況を的確にとらえているとされる。

28

（1）一四三二年。

（2）グァダーニ家は十二世紀末にフィレンツェに移住した貴族で、グェルフィ党と共に栄え、アルビッツィ家に協力した。ほとんどがメディチ体制成立以前に、十人の正義の旗手と十九人の総代を出した。

（3）一四三三年九月七日。

29

（1）フェデリーゴ・マラヴォルティは、当時の執政府宮殿の警備隊長。この名誉心の強い監視役の存在は、コジモ生存のための不可欠な要素で、一見その言葉は信じ難いような印象を与えるが、その一族マラヴォルティ家がシエナ屈指のグェルフィ党の名門で、一二八二年から一三七一年までの期間、一人を除いてシエナの司教は全員この家の出身者だったという事実や、その後も永く大物政治家を輩出させている事実を考えると、この当時メディチ家よりもはるかに名門だったと見なしうる貴族の、コジモに対する保護者的な態度や、兵士達との根深い関係も理解できるように思われる。

（2）ファルガナッチョ。カヴァルカンティはフェルガナッチョと呼んでいる、正義の旗手の衛兵に雇われた庶民らしい。

(3) なぜか、ここでもフィオリーノではなくてドゥカートが用いられている。

30

(1) マリオット・バルドヴィネッティ。バルドヴィネッティ家は主にメディチ体制以前のフィレンツェで、四人の正義の旗手と三十五人の総代を輩出させた中堅的な家、マリオットはその最後の大物。

(2) アーニョロ〔アンジェロ〕・アッチャイウォーリ。何人もいるアンジェロの一人だが、メディチ家とともに追放され、ともに帰国して活躍したが、後に反メディチ派となって追放される(一四六七年以後没)。

(3) ニッコロ・ディ・コッコ。ジーノ・カッポーニの『フィレンツェ共和国の歴史』は「新人であまり富裕でなく、昇進を熱望する者の一人」だとしている。コッキ家は、主にこれ以後六人の正義の旗手と二十四人の総代を出した。なおこのジーノとは、カッポーニ家の末裔で、一八一三年外交使節としてナポレオンに敬意を表したこともあるが、政治・経済的にイタリア統一の動きを支援し、後に歴史家に転進、『アルキーヴィオ・ストリコ・イタリアーノ』誌の創刊(一八四二)に係わるなど、イタリア近代の歴史研究の先駆者(一七九二〜一八七六)。

(4) ドナート・ヴェッルーティ。ヴェッルーティ家は、ドナート・ヴェッルーティ(一三七〇年没）が有名な『家族年代記』を書き残している一族だが、勿論別人で、メディチ体制以前はかなり積極的に市政に参加したが、以後も間欠的に総代の地位についた古い一族。

（5）17章注（5）参照。

31

（1）リドルフォ・ペルッツィはマーゾの存命中から、ほぼペルッツィ家を代表して活躍した政治家。

（2）一四三四年九月二十六日。

32

（1）エウゲニウス四世（在位一四三一～四七）。

（2）ジョヴァンニ・ヴィテッレスキ（一四四〇年没）。第五巻27章注（1）参照。

1492 西欧文明の世界支配　ジャック・アタリ　斎藤広信訳

1492年コロンブスが新大陸を発見したことで、アメリカをはじめ中国・イスラム等の独自文明は抹殺された。現代世界の来歴を解き明かす一冊。

憲法で読むアメリカ史(全)　阿川尚之

建国から南北戦争、大恐慌と二度の大戦をへて現代まで。アメリカの歴史は常に憲法を通じ形づくられてきた。この国の底力の源泉へと迫る壮大な通史!

専制国家史論　足立啓二

封建的な共同団体を欠いた専制国家・中国。歴史的にこの国はいかなる展開を遂げてきたのか。中国の特質と世界の行方を縦横に考察した比類なき論考。

暗殺者教国　岩村忍

政治外交手段として暗殺をくり返したニザリ・イスマイリ教国。広大な領土を支配したこの国の奇怪な活動を支えた教義とは?　(鈴木規夫)

増補 魔女と聖女　池上俊一

魔女狩りの嵐が吹き荒れた中近世、美徳と超自然的力により崇められる聖女も急増する。女性嫌悪と礼賛の熱狂へ人々を駆りたてたものの正体に迫る。

ムッソリーニ　ロマノ・ヴルピッタ

統一国家となって以来、イタリア人が経験した激動の歴史。その象徴ともいうべき指導者の実像とは。既成のイメージを刷新する画期的ムッソリーニ伝。

中華人民共和国史十五講　王丹　加藤敬事訳

八九年天安門事件の学生リーダー王丹。逮捕・収監後、亡命先で母国の歴史を学び直し、敗者たちの透徹した認識を復元する、鎮魂の共和国六〇年史。

ツタンカーメン発掘記(上)　ハワード・カーター　酒井傳六／熊田亨訳

黄金のマスク、王のミイラ、数々の秘宝。エジプト考古学の新時代の扉を開いた世紀の発見の全記録。上巻は王家の谷の歴史と王墓発見までを収録。

ツタンカーメン発掘記(下)　ハワード・カーター　酒井傳六／熊田亨訳

王墓発見の報が世界を駆けめぐり発掘された遺物が注目を集める中、ついに黄金の棺が開かれ、カーターは王のミイラと対面する。　(屋形禎亮)

王の二つの身体(上)
E・H・カントーロヴィチ小林公訳

王の可死の身体は、いかにして不可死の身体へと変容するのか。異貌の亡命歴史家による最もラディカルな「王権の解剖学」。待望の文庫化。

王の二つの身体(下)
E・H・カントーロヴィチ小林公訳

王朝、王冠、王の威厳。権力の自己荘厳のメカニズムを冷徹に分析する中世政治神学研究の金字塔。必読の問題作。全2巻。

世界システム論講義
川北稔

近代の世界史を有機的な展開過程として捉える見方、それが〈世界システム論〉にほかならない。第一人者が豊富なトピックとともにこの理論を解説する。

裁判官と歴史家
カルロ・ギンズブルグ
上村忠男/堤康徳訳

一九七〇年代、左翼闘争の中で起きた謎の殺人事件。冤罪とも騒がれるその裁判記録の分析に著者が挑み、歴史家のとるべき態度と使命を鮮やかに示す。

中国の歴史
岸本美緒

中国とは何か。独特の道筋をたどった中国社会の変遷を、東アジアとの関係に留意して解説。初期王朝から現代に至る通史を簡明かつダイナミックに描く。

共産主義黒書〈ソ連篇〉
ステファヌ・クルトワ/ニコラ・ヴェルト
外川継男訳

史上初の共産主義国家〈ソ連〉は、大量殺人・テロル・強制収容所を統治形態にまで高めた。レーニン以来行われてきた犯罪を赤裸々に暴いた衝撃の書。

共産主義黒書〈アジア篇〉
ステファヌ・クルトワ/ジャン=ルイ・マルゴラン
高橋武智訳

アジアの共産主義国家は抑圧政策においてソ連以上の悲惨を生んだ。中国、北朝鮮、カンボジアなどでの実態は我々に歴史の重さを突き付けてやまない。

ヨーロッパの帝国主義
アルフレッド・W・クロスビー
佐々木昭夫訳

15世紀末の新大陸発見以降、ヨーロッパ人はなぜ次々と植民地を獲得できたのか。病気や動植物に着目して帝国主義の謎を解き明かす。(川北稔)

民のモラル
近藤和彦

統治者といえど時代の約束事に従わざるをえなかった18世紀イギリス。新聞記事や裁判記録、ホーガースの風刺画などから騒擾と制裁の歴史をひもとく。

増補 大衆宣伝の神話　佐藤卓己

祝祭、漫画、シンボル、デモなど政治の視覚化は大衆の感情をどのように動員したか。ヒトラーが学んだプロパガンダを読み解く「メディア史」の出発点。

ユダヤ人の起源　シュロモー・サンド　高橋武智監訳　佐々木康之／木村高子訳

〈ユダヤ人〉はいかなる経緯をもって成立したのか。歴史記述の精緻な検証によって実像に迫り、そのアイデンティティを根本から問う画期的試論。

中国史談集　澤田瑞穂

皇帝、彫青、男色、刑罰、宗教結社など中国裏面史を彩った人物や事件を中国文学の碩学が独自の視点で解き明かす。怪力乱「神」をあえて語る！（堀誠）

同時代史　タキトゥス　國原吉之助訳

古代ローマの暴帝ネロ自殺のあと内乱が勃発。絡みあう人間ドラマ、陰謀、凄まじい政争を、臨場感あふれる鮮やかな描写で展開した大古典。（本村凌二）

秋風秋雨人を愁殺す　武田泰淳

辛亥革命前夜、疾風のように駆け抜けた美貌の若き女性革命家秋瑾の生涯。日本刀を鍾愛した烈女秋瑾の思想と人間像を浮き彫りにした評伝の白眉。

歴史（上・下）　トゥキュディデス　小西晴雄訳

野望、虚栄、裏切り――古代ギリシアを殺戮の嵐に陥れたペロポネソス戦争とは何だったのか。その全貌を克明に記した、人類最古の本格的「歴史書」。

日本陸軍と中国　戸部良一

中国スペシャリストとして活躍し、日中提携を夢見た男たち。なぜ彼らが、泥沼の戦争へと日本を導くことになったのか。真相を追う。（五百旗頭真）

カニバリズム論　中野美代子

根源的タブーの人肉嗜食や纏足、宦官……。目を背けたくなるものを冷静に論ずることで逆説的に人間の真実に迫る血の滴る異色の人間史。（山田仁史）

近代ヨーロッパ史　福井憲彦

ヨーロッパの近代は、その後の世界を決定づけた。現代をさまざまな面で規定しているヨーロッパ近代の歴史と意味を、平明かつ総合的に考える。

アレクサンドロスとオリュンピアス　森谷公俊

彼女は怪しい密儀に没頭し、残忍に邪魔者を殺す悪女なのか、息子を陰で支え続けた賢母なのか。大王母の激動の生涯を追う。（澤田典子）

古代地中海世界の歴史　本村凌二／中村るい

メソポタミア、エジプト、ギリシア、ローマ——古代に花開き、密接な交流や抗争をくり広げた文明を一望に見渡し、歴史の躍動を大きくつかむ！

増補 十字軍の思想　山内進

欧米社会にいまなお色濃く影を落とす「十字軍」の思想。人々を聖なる戦争へと駆り立てるものとは？その歴史を辿り、キリスト教世界の深層に迫る。

向う岸からの世界史　良知力

「歴史なき民」こそが歴史の担い手であり、革命の主体であった。著者の思想史から社会史への転換点を示す記念碑的作品。（阿部謹也）

増補 魔都上海　劉建輝

摩天楼、租界、アヘン。近代日本が耽溺し利用し侵略した街。驚異的発展の後なお郷愁をかき立ててやまない上海の歴史の魔力に迫る。（海野弘）

子どもたちに語るヨーロッパ史　ジャック・ル・ゴフ／前田耕作監訳／川崎万里訳

歴史学の泰斗が若い人に贈る、とびきりの入門書。地理的要件や歴史、とくに中世史を、たくさんのエピソードとともに語った魅力あふれる一冊。

法然の衝撃　阿満利麿

法然こそ日本仏教を代表する巨人であり、ラディカルな革命家だった。鎮魂慰霊を超えて救済の原理を指し示した思想の本質に迫る。

親鸞・普遍への道　阿満利麿

絶対他力の思想はなぜ、どのように誕生したのか。日本の精神風土と切り結びつつ普遍的救済への回路を開いた親鸞の思想の本質に迫る。（西谷修）

歎異抄　阿満利麿訳／注／解説

没後七五〇年を経てなお私たちの心を捉える、親鸞の言葉。わかりやすい注と現代語訳、今どう読んだらよいか道標を示す懇切な解説付きの決定版。

親鸞からの手紙　阿満利麿

現存する親鸞の手紙全42通を年月順に編纂し、現代語訳と解説で構成。これにより、親鸞の人間的苦悩と宗教的深化が、鮮明に現代に立ち現れる。

行動する仏教　阿満利麿

戦争、貧富の差、放射能の恐怖……。このどうしようもない世の中ででも、絶望せずに生きてゆける、21世紀にふさわしい新たな仏教の提案。

無量寿経　阿満利麿注解

なぜ阿弥陀仏の名を称えるだけで救われるのか。法然や親鸞がその理解に心血を注いだ経典の本質を、懇切丁寧に説き明かす。文庫オリジナル。

道元禅師の『典座教訓』を読む　秋月龍珉

「食」における禅の心とはなにか。道元が禅寺の食事係である典座の心構えを説いた一書を現代人の日常の視点で読み解き、禅の核心に迫る。（竹村牧男）

原典訳 アヴェスター　伊藤義教訳

ゾロアスター教の聖典『アヴェスター』から最重要部分を精選。原典から訳出した唯一の邦訳である。比較思想に欠かせない必携書。（前田耕作）

カトリックの信仰　岩下壮一

神の知恵への人間の参与とは何か。近代日本カトリシズムの指導者・岩下壮一が公教要理を詳説し、キリスト教の精髄を明かした名著。（稲垣良典）

十牛図　上田閑照／柳田聖山

禅の古典「十牛図」を手引きに、自己と他、自然と人間、自身への関わりを通し、真の自己への道を探る。現代語訳と詳注を併録。（西村惠信）

原典訳 ウパニシャッド　岩本裕編訳

インド思想の根幹であり後の思想の源ともなったウパニシャッド。本書では主要篇を抜粋、梵我一如、輪廻・業・解脱の思想を浮き彫りにする。（立川武蔵）

世界宗教史（全8巻）　ミルチア・エリアーデ

宗教現象の史的展開を膨大な資料を博捜し著された人類の壮大な精神史。エリアーデの遺志にそって共同執筆された諸地域の宗教の巻を含む。

ちくま学芸文庫

フィレンツェ史《し》　上《じょう》

二〇一八年四月十日　第一刷発行

著者　ニッコロ・マキアヴェッリ
訳者　在里寛司（ありさと・かんじ）
　　　米山喜晟（よねやま・よしあき）
発行者　山野浩一
発行所　株式会社　筑摩書房
東京都台東区蔵前二―五―三　〒一一一―八七五五
振替〇〇一六〇―八―四一二三
装幀者　安野光雅
印刷所　三松堂印刷株式会社
製本所　三松堂印刷株式会社
乱丁・落丁本の場合は、左記宛にご送付下さい。
送料小社負担でお取り替えいたします。
ご注文・お問い合わせも左記へお願いします。
筑摩書房サービスセンター
埼玉県さいたま市北区櫛引町二―六〇四　〒三三一―八五〇七
電話番号　〇四八―六五一―〇〇五三

Printed in Japan
ISBN978-4-480-09857-3　C0122